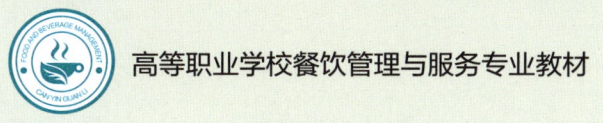

高等职业学校餐饮管理与服务专业教材

宴会项目筹办管理实务

梁崇伟 著

中国轻工业出版社

图书在版编目（CIP）数据

宴会项目筹办管理实务/梁崇伟著. —北京：中国轻工业出版社，2019.6

高等职业学校餐饮管理与服务专业教材

ISBN 978-7-5184-2062-9

Ⅰ.①宴… Ⅱ.①梁… Ⅲ.①宴会–商业管理–高等职业教育–教材 Ⅳ.①F719.3

中国版本图书馆CIP数据核字（2018）第179764号

版权声明：

中文简体版通过成都天鸢文化传播有限公司代理，经华立图书（股）公司授予中国轻工业出版社独家发行，非经书面同意，不得以任何形式，任意重制转载。本著作限于中国大陆地区发行。

责任编辑：方晓艳　　责任终审：劳国强　　整体设计：锋尚设计
策划编辑：史祖福　　责任校对：晋　洁　　责任监印：张　可

出版发行：中国轻工业出版社（北京东长安街6号，邮编：100740）
印　　刷：艺堂印刷（天津）有限公司
经　　销：各地新华书店
版　　次：2019年6月第1版第1次印刷
开　　本：787×1092　1/16　印张：15.75
字　　数：320千字
书　　号：ISBN 978-7-5184-2062-9　定价：58.00元
邮购电话：010-65241695
发行电话：010-85119835　传真：85113293
网　　址：http://www.chlip.com.cn
Email：club@chlip.com.cn
如发现图书残缺请与我社邮购联系调换

161088J2X101ZYW

PREFACE 前言

迎接宴会服务组织与管理的新时代

自人类有了文明的历史之后,"宴会"的举行就成为人类群体相互交流与权力(包含利益)竞逐的重要场合。时至今日,宴会的办理更是结合了企业管理与项目管理的思维与应用。"宴会项目"其实是一门横跨许多专业领域的综合性知识与学问,不只是单一学科内的研究,而其所探讨的问题、资料的整理与归纳、研究的理论与方法也跨越数个学科领域,其中包括餐饮、社会、心理、宴会礼仪、国际礼宾、政治及项目管理等不同领域的学科内容。因此,"宴会项目管理"就属于一种"跨学科整合研究"(Interdisciplinary Integration Approach)。另一方面,"宴会项目"更是属于实务的应用,只有实际通过许多次不同性质与种类宴会的筹办,才能积累筹办宴会的宝贵经验并领略执行项目的诀窍。

现今社会,宴会的举行非常频繁,但这不代表"办餐会"已是大众普遍熟知与认可的专门学问,他们还以为此等工作仅是"跟餐厅打电话订位子"而已。而且,委托餐饮业者(餐厅饭店等)办理宴会的业主(团体与个人),往往并不具有基本的餐饮知识,更遑论还需更进一步的组织与管理技巧,也只能全权委托承办的餐饮业者代为处理。然而,根据作者多年的观察与经验,宴会的成效在彼此间产生了许多认知落差。简而言之,这些争议与问题,并非皆可归咎于餐饮业者的责任,委托者(业主)本身也有许多应该尽到的义务,因为业主必须以"主人"的角色来思考,例如:主人(主办单位)想要突显什么主题?有多少预算?宾客的性质如何?类似的问题与所具备的条件,只有主办单位与负责宴会的办理者才能了解与掌握,餐饮业者充其量只是扮演协助与提供餐饮以及相关服务的角色而已,其中许多关键性的方向与目标,必须由业主自己来做抉择,宴会的成效(或说是成败)也是办理者自己要承担的责任。然而,讽刺的是,绝大部分的宴会办理者只是偶有机会才接触宴会的办理,缺乏相关知识与经验,多在摸索中结束宴会工作,如果能够顺利完成,只能说"运气颇佳"。但对于宴会的筹办来说,实际上必须整合多项资源而组织成一项项目,在当今的社会,不论国内与国际间,或是公务与私谊间,宴会的举行非常频繁,因而成为一种人际关系互动的平台(也可说是舞台),因此,宴会筹办的理论与实务,便可自成一门专门的学科。

与宴会办理相关的专门行业,近年来也颇为兴盛,例如:会展公司、大型公关公司、婚礼项目公司、婚礼顾问、婚宴公司、宴会公司等,宴会办理也是其营业外包项目之一,但许多是餐饮业者自行承办餐宴服务包装与额外代办繁琐事务的项目,如果就角色而言,也还是站在餐饮业者的角度来营业,而且再把进一步的"宴会组织工作"纳入营利的服务项目之中,可见,对"宴会的组织管理"的专业知识与经验的掌握,也成为一项商机。当然,消费者如果觉得经费许可,把此等工作全部外包以图一劳永逸,这也未尝不可。但是,如果您自己或是所属的单位或公司,必须自己处理所有办宴会的流程与工作,您该怎么做？又该向谁询问？还是全然听从宴会承办方（餐饮业者）的说法？

　　作者从事国际礼仪、礼宾事务与餐会项目办理工作已将近20年，除累积实务经验之外，也一直保持着对于礼仪与礼宾的相关事务的专注与研究的热情；本书撰写的原始动机是鉴于市场上许多有关于宴会管理或餐饮管理的丛书许多是翻译国外书籍，内容与实务多有不符合我们日常餐饮工作的实务与习惯，甚至就翻译的忠实度来说，仍有许多待斟酌之处，对读者仅能做有限的参考。此外，其他有关"宴会管理"的书籍，实际上仅为"饭店餐饮宴会部经营"，而非真正的"宴会办理与管理"，两者实际上有很大的差异。而本书则是以"宴会办理者"（organizer）的地位与宏观角度来分析论述，兼顾业主与餐饮业经营者的立场与想法，本书也可弥补现今相关书籍的不足之处，而成为全面的宴会组织管理图书。

　　本书的章节内容涵盖了宴会的历史、有关餐饮部门的组织架构及分工、各式餐饮基本设备的认识、目标与绩效管理、预算编列、宾客如何邀请、座次如何安排、举办宴会的交通与场地布置注意要点、餐桌布局与摆设、菜色内容设计、餐宴用酒实务。此外，针对外包项目、婚宴项目、新兴的会展产业中的宴会详述其工作实务内容，也针对宴会流程管控、评估与检讨分析。本书将重要观念编排成图表，图片丰富，也容易让读者了解吸收，同时举出许多实例讨论，分享作者的实务经验。本书作为传统的餐饮专业的主要课程教材，也适用于旅游、航空、会展产业、商业行政、秘书工作、婚顾产业等专业与从业人员，属于跨领域的实用书籍。同时，本书符合目前产业的发展趋势，对读者来说，兼顾理论与实务经验，也居于餐饮业者及消费者（业主）的平衡眼光、立场与看法，甚至对教师而言，也有许多新颖的观点与论述。在教学上，本书章节论述内容完整，教师可依课时数、必修与选修等限制，酌情挑选章节讲授，从而组合成不同的课程内容，如将本书完整内容作为课堂内容，则可设计为两学期以上的专业课程，给讲授者提供相当大的弹性空间与帮助，对学习者而言，更可为未来的工作提供坚实的知识与实务能力。

　　对办理宴会有兴趣的学生与从业人士而言，本书是基于服务业的"易位思考"精神，让读者深刻了解与认识餐宴会项目的业主所担任的角色、定位与思考模式，从而协助宴会项目筹划者与餐饮业者共同完成宴会的办理，相信这也将使对客户的服务达到更完善的境界！

梁崇伟

CONTENTS 目录

01 对宴会的基本认识

- 第 1 节　宴会的定义 ……………………………… 2
- 第 2 节　宴会的历史 ……………………………… 5
- 知识分享　宴会营销案例 ………………………… 12
- 第 3 节　宴会的分类与性质 ……………………… 16
- 第 4 节　举办宴会的重要性 ……………………… 19
- 第 5 节　宴会项目管理者所扮演的角色 ………… 19
- 本章重点复习 ……………………………………… 21
- 问题与思考 ………………………………………… 21

02 宴会部门的组织架构与分工

- 第 1 节　宴会工作组织架构的编成与所属职责 … 24
- 知识分享　组织范例分享 ………………………… 29
- 第 2 节　餐饮业者与宴会部门的核心价值与经营观念 …………………………………………… 30
- 知识分享　餐饮服务价值衡量标准的辩证 ……… 31
- 第 3 节　宴会部门人员的从业伦理、工作要求与服务理念 …………………………………… 31
- 本章重点复习 ……………………………………… 35
- 问题与思考 ………………………………………… 35

03 餐饮基本设备介绍与准备

第1节　桌椅类 ································· 38
第2节　厨房内场基本设备 ········· 41
第3节　外场餐具类 ······················ 42
第4节　设备器材与餐具的维护要点 ······ 50
本章重点复习 ································· 52
问题与思考 ····································· 52

04 宴会项目的组织与管理

第1节　宴会筹办就是一项"项目管理" ·········· 54
第2节　宴会管理的协调系统与组织 ············· 55
第3节　宴会项目的"目标管理"：4W1H ········ 60
第4节　宴会项目经理人的基本能力、工作认知与准则 ········· 62
本章重点复习 ································· 66
问题与思考 ····································· 66

05 预算编列与执行绩效管理

第1节　宴会内容与基本项目 ···················· 70
第2节　访价与预算编列 ··························· 70
第3节　优惠争取与经费节约 ···················· 72
第4节　执行绩效的管控与达成 ················· 72
第5节　"外烩"的实务工作与注意事项 ······ 74
第6节　合约的签订 ································· 75
本章重点复习 ································· 78
问题与思考 ····································· 78

06 宾客邀请

第1节　如何拟定宾客名单 ································ 81
第2节　邀请方式 ······································· 82
第3节　出席情况的掌握：宾客回复工作 ······················ 86
本章重点复习 ··· 91
问题与思考 ··· 91

07 座次安排礼仪实务

第1节　宾客名单排序的基本原则 ·························· 94
第2节　座位安排的基本原则 ····························· 94
第3节　中式餐宴座次安排 ······························· 95
第4节　西式餐宴座次安排 ······························· 98
第5节　操作范例 ······································ 102
第6节　桌次安排原则 ·································· 104
<mark>知识分享</mark>　不同的观点就有不同的座位安排 ················ 107
本章重点复习 ·· 108
问题与思考 ·· 108

08 宴会便利性与气氛的营造：交通安排与场地布置

第1节　选择适当的地点 ································ 112
第2节　选择合适的餐宴场所 ···························· 113
第3节　灯光、影音设备条件与效果管控 ··················· 116
第4节　宾客接待处的设置、入场路线与注意事项 ············ 116
第5节　宾客入场、离场路线指引与指示牌的设立 ············ 118
第6节　舞台与主广告牌制作 ···························· 118
第7节　场地鲜花布置 ·································· 119
第8节　消防安全与餐饮卫生管理 ························ 119
第9节　礼宾接待人员的配置与工作 ······················· 120
本章重点复习 ·· 122
问题与思考 ·· 122

09 西式与中式餐宴桌面的布局、餐具摆设与服务

- 第1节　餐宴通用的桌面设置与布局 …………… 124
- 第2节　转盘、桌花与桌号立牌的摆放 ………… 126
- 第3节　全桌面布局构划的起始：设定"定位点" ……………………………… 126
- 第4节　座椅的摆放 ……………………………… 127
- 第5节　西式餐宴的餐具摆设 …………………… 128
- 第6节　中式餐宴的餐具摆设 …………………… 128
- 第7节　餐巾摆设 ………………………………… 129
- 第8节　"餐桌上的文书称谓礼仪"——宾客座位名牌卡 ……………………………… 130
- 知识分享　座位卡礼仪 …………………………… 131
- 第9节　西餐上菜的服务程序 …………………… 131
- 本章重点复习 …………………………………… 137
- 问题与思考 ……………………………………… 138
- 实操练习 ………………………………………… 138

10 菜色安排与菜单项目设计

- 第1节　决定菜色内容的考量要点 ……………… 140
- 知识分享　饮食禁忌的案例：对穆斯林的饮食，仍缺乏基本认识 ……………………… 141
- 第2节　菜色拟定的注意事项 …………………… 143
- 第3节　"试吃"的要点 ………………………… 143
- 第4节　新时代菜色制定新思维 ………………… 144
- 第5节　菜单的印刷设计 ………………………… 148
- 本章重点复习 …………………………………… 151
- 问题与思考 ……………………………………… 151

11 宴会用酒实务

- 第 1 节　对餐宴用酒的基本认识 …………………… 154
- 第 2 节　宴会酒类使用安排实务 …………………… 155
- 第 3 节　酒杯酒器的使用安排 ……………………… 157
- 第 4 节　琼浆玉液、觥筹交错：谈餐宴饮酒
　　　　　程序安排与敬酒礼仪 ……………………… 162
- 本章重点复习 ………………………………………… 163
- 问题与思考 …………………………………………… 163

12 外烩项目的办理技巧

- 第 1 节　什么是"外烩" ……………………………… 165
- 第 2 节　外烩项目流程模型的建立 ………………… 166
- 第 3 节　外烩项目业务的评估因素与规划 ………… 167
- 第 4 节　外烩前置作业：相关准备事项 …………… 169
- 第 5 节　外烩工作的工作流程 ……………………… 173
- 第 6 节　外烩工作的产出与效益达成 ……………… 174
- 第 7 节　外烩实务上补充注意事项 ………………… 174
- 第 8 节　"外烩项目"的完整阶段与反馈体系 …… 175
- 本章重点复习 ………………………………………… 178
- 问题与思考 …………………………………………… 179

13 欧式自助餐会、酒会及茶会项目

- 第 1 节　自助餐会与酒会、茶会的特性 …………… 181
- 第 2 节　各种"招待会"的形式与说明 …………… 181
- 第 3 节　"招待会"场地布置与桌形摆设要点 …… 189
- 第 4 节　有关"招待会"的其他注意事项 ………… 190
- 本章重点复习 ………………………………………… 192
- 问题与思考 …………………………………………… 193

14 宴会项目在会议会展产业（MICE）的应用

第 1 节　什么是会展活动 ································· 195
第 2 节　什么是"会展产业"（MICE）················· 195
第 3 节　"会展产业"（MICE）所涉及的产业范围 ································· 196
第 4 节　世界当今国际会展产业的专业化体系 ······· 197
第 5 节　会议的种类 ·· 199
第 6 节　宴会与餐饮准备在会展节目活动中的联结角色 ································· 200
本章重点复习 ·· 201
问题与思考 ··· 201

15 婚宴项目管理

第 1 节　婚宴筹办的 5W1H ······························ 204
第 2 节　幸福产业：有关婚礼顾问、婚礼企划与专业人员 ································· 218
第 3 节　针对婚宴项目管理特殊要点的补充与提醒 ································· 219
本章重点复习 ·· 221
问题与思考 ··· 221

16 餐宴进行中的流程管控

第 1 节　宾客再次确定 ···································· 224
第 2 节　重要宴会的程序 ································· 224
第 3 节　对工作人员与宾客随员的照料 ··············· 225
第 4 节　供餐服务顺畅与否是宴会的成败关键 ······ 225
第 5 节　宴会即将结束时，宾主间的"兴辞"原则 ································· 226
本章重点复习 ·· 228
问题与思考 ··· 229

17 宴会结束后的评估与检讨

第 1 节　餐食检讨 ································231
第 2 节　供餐服务质量 ··························231
第 3 节　对宾客联系接待组织工作的评价 ··········232
第 4 节　费用检讨与项目归档 ····················233
第 5 节　宴会项目管理新视野：对于商务宴会创新与改良的新思维 ·······················233
本章重点复习 ····································236
问题与思考 ······································236

参考文献 ··237

第一章
对宴会的基本认识

The definition of banquet, catering project and history

学习目标

详读本章，您应该了解：

- 宴会的完整定义
- 中国宴会的历史概要
- 欧洲宴会的历史概要
- 宴会分类及其所属特性
- 为何宴会办理在现代社会如此重要
- 办理宴会的负责人需要担任的角色与地位

本章概述

  对于承办宴会来说，先将"宴会"的定义、范围与性质明确界定，才能对相关的组织管理工作有所帮助；而要对宴会的相关事务作深入的研究，就不能不回顾历史，毕竟"宴会"在人类文化上占有相当重要的地位，扮演着一种"人际关系互动舞台"的角色，甚至许多历史上的大事都在宴会中发生。

  如果要把"宴会办理"当成一门学问研究，也必须了解不同性质宴会的分类与形式，而办理宴会者，在"宾客"与"承办者"之间处于何种地位，扮演何种角色，在本章也将一一论述。

引言

对于"吃"这件事情来说,属于满足生物的最基本的需求与本能,但对于人而言,除满足起码的生理需求之外,把"吃"再进一步带入人类的群体生活与社交活动,这就超出了个人的温饱与味觉享受的层次。我们常说"吃饭",实际上指的是"吃菜肴",并不仅是光吃白米饭而已;而将"吃饭"一事带入人际互动中,这就变成了"宴"。如果我们把"宴"字拆开解释,"宀"代表着房屋或室内,具有庇荫的场所,"妟"则有"安全""安稳"的意义。因此,单是一个"宴"字,便可以了解,把饮食带入人类的生活中,可以满足生理以及心理上的不同层次的需求,最起码,进食时总是希望在"安全"与"舒适"的情况下进行与完成。

因为进餐取食对人类生活具有重要意义,所以把"用餐"带进人群关系与互动之中,这也是很自然而然的事情了。我们可以把人群用餐的地方与时机,当成一场人际互动的场合,或者是发展彼此关系与完成一项集体目的平台,人群互动越密切、人际网络越复杂,众人聚集餐饮的功能就越能彰显。从历史的角度来看,餐宴早就已经超出了"维生"与"果腹"的基本生理需求,而建构出一套以"享用餐食"为名义,而实际上为达到一定的"主旨"与"目的"的活动,而在这一过程中,也必须经过相当的"组织"与"管理",而这一整套的过程,融合了食物本身的材料与烹调方法,以及其他周边环境的安排,之后再以建立人际关系为导向出发,而建立起一套"宴会办理"的完整体系,这些宴会工作并不是近代才有的,它在东西方世界已经具有相当的历史,只是当今我们采用现代的管理学思维与工具加以组织与运用而已。

第1节 宴会的定义

什么是"宴会"?曾有学者认为"宴会"就是"以餐饮为中心的餐会,其特色为通过订席,使多数人共聚一堂,采用同一款菜单、饮用相同饮料。"[①]而该定义显得粗略且未能明确规范宴会的真正含义,其中所谓"多数人"究竟为多少?而宴会的举办一定要通过"订席"吗?自行委托厨师烹煮难道不能算是宴会?而且,所谓"采用同一菜单、饮用相同饮料",恐怕也不尽然,实际上如有饮食上的避讳与特殊要求,提供的菜单与饮料也大不相同,况且如从历史上的深度来看,不同的阶级在同场餐宴中,所享用的菜色内容

宴会的界定必须加以明确,相关的管理工作才能加以组织与完善。

---
① 定义来自许顺旺的《宴会管理——理论与实务》。

也不相同；更有甚者，连使用的餐具也有等级之分。因此，如果以这种简略说明来定义"餐会"，从历史考证与内容含义两方面来看都大有问题。那么，什么才是"宴会"真正的定义呢？

本书认为

宴会，是指主人欲达到一种或多种目的，通过邀请特定的对象，多人在同一场合以共同餐饮的方式，来进行彼此交往的全部过程。

根据以上的定义，"宴会"具有以下特点。

一、具有"目的性"及"功能性"

对于宴会的举行，一定有主人想要达到的目的，为了实现这个目的，就有许多宴请的名义（名目），例如："迎新""送旧""接风洗尘""送行饯别""感谢""庆功""晋升""联谊""结婚"等。当然，以上餐宴具有非常清楚的事由，但有时邀请宾客参加的餐会，不见得会有非常明显的主题，然而，主人举行此餐会的目的，或许是要增加彼此的"交情"、增加未来的"商机"、营造一种有别于正式拜访或会谈的"气氛"，而让一般场合无法达到的沟通功能，借由餐宴中的进餐交谈，甚至酒精性饮料的催化，让多数人之间有相当的时间，进而达到主人宴客的目的。此外，也可运用宴会舒适美好的场地与布置、烹调美味的菜肴，甚至安排一些精心策划的表演节目，增加餐会的欢乐气氛；在办理一些规格较高的宴会上，更会预先规划餐会进行的程序，妥善安排每位宾客的座位，这些工作可以彰显对与宴者的重视与尊重，进而达到举行餐宴的预定目的与主要功能。

每个宴会都有某项特定的目的与功能，希望借由餐宴中的进餐交谈，甚至酒精性饮料的催化，让宾主间有相当的时间，能在较为轻松的环境下交流互动，从而增加彼此间的交情。

二、有"特定的对象"

举办宴会要达到原先设定的目的，就一定会有宴请"对象"的设定。这个对象可以是指名道姓某位确定的人士，也可以是以"职位"或某些明确的"设定条件"为邀请的与宴对象。如一般联谊性质的"校友餐会"，邀请的对象就可以是毕业的校友、师长与相关重要人士；"婚宴"邀请对象就为双方亲朋好友；最隆重的"国宴"，与宴对象的拟定就更加严谨，还必须秉持着"对等"原则拟定宾客名单，据以邀请来访国的外宾与本国宾客。大致说来，宴会的参与者，可以分为"主人（含女主人）""主宾"与"陪宾"。

> **Tips**
>
> 对于拟订一份正式餐宴的宾客名单，成员的"铁三角"构成要素就是"主人""主宾"与"陪宾"。

三、"计划性"

"宴会"的办理属于一种"项目管理"[①]工作,先就"时间"的管理来看,筹办宴会可以分成两种时间进程:一是从决定举办宴会开始到宴会结束,甚至包括账务结清与归档管理,这从"无"到"有"的所有过程都必须预先规划,包括为了配合宴会的"主题""目标"与"达成效果",就必须确定邀请的宾客对象、举办地点、交通处理以及餐食安排等相关事宜,因为事多繁杂,必须做出详细规划;另一种时间进程指的是宴会当天进行时的时间区段,工作包括"礼宾接待""餐食的烹调""供餐与服务"等全部的工作内容,也必须先做分工协调,并做预先的规划。因此,在较为严谨定义下的宴会办理,不太能临时随性所致,这便是"宴会"预先计划的重要性。

为了配合宴会的"主题""目标"与"达成效果",就必须确定邀请的宾客对象、举办地点、交通处理以及餐食安排等相关事宜,因为事多繁杂,必须事先做出详细规划。

四、"分工性"

如前面所提,宴会项目工作必须借助恰当的分工,各司其职且多工同时进行,相互间更需有良好的协调,宴会项目的执行才有可能达成原先设定的目标。

五、"程序性"

宴会办理工作具有次序性,即便是宴会举行当日,也会有一定的进行流程,不论是宾主之间的互动,还是各种餐食的先后次序,都有一些原则甚至是规范,这便是宴会举行所具有的"程序性"。

六、"规范性"

从宴会筹办的角度来说,常常必须根据"对等"与"平衡"原则,来考量邀请对象的"阶层""身份"及"人数"等因素,这便是举办宴会的"规范性";而对与宴宾主来说,经过人类文化历史的长期淬炼,又发展出一套"用餐礼仪"的规范,也已自成为一项专门的学问。

七、"社交性"

宴会的主体是"人","宴会"的举行就是提供一种人际互动的"载体"(甚至说是"舞台"也不为过),让宾主之间根据公谊或私交建立或加强彼此间的人际关系,这便是宴会所具备的"社交性"。

[①] "项目"(project)是指依据一个特定的目的与达成既定的目标,所规划的一连串相关工作,通过对资金、设备、人力等资源的运用,在一定的时间内所完成的任务。而"项目管理",指的是一项活动的办理,必须就"时间""成本""范围"以及"执行成效"4种因素作有效管控的工作。

以上七项特点也可以说是"宴会"的成立条件,从人类历史与现代化的餐宴而言,都可以包括"时间深度"与"种类广度",如此才是"宴会"的真正定义。

"宴会"的举行就是提供一种人际互动的"平台",让宾主之间根据公谊或私交建立或加强彼此间的人际关系,这便是宴会所具备的"社交性"。

第2节 宴会的历史

康涅狄格大学(University of Connecticut)考古学者孟罗(Natalie Munro)与研究团队,在以色列加利利地区(Galilee)的一处遗址中,发现烹煮过的乌龟与野牛残骸,以及一个地位崇高疑似担任巫师的女性坟冢,这个遗址的年代可上溯至12000年前,从这个考古遗址的洞穴现场所出土的物件观察,它伴随着宴会举行完毕后的残物[1];可见人类把食物带进丧礼或祭祀仪式中的历史久远,因此,从人类的历史来看,宴会的起源有可能从"祭祀"开始。考古学者也考证,就人类在"协商"与"巩固社交关系"中,以及"社群融合"与"减少对立关系"上,宴会扮演相当重要的角色。人类"宴会"的起源从新石器时代就具有初步形式,借着某一仪式或场合聚集众人享用餐食,也具备一定的功能与目的,可见"宴会"在人类文化历史中占有相当重要的地位。

从中国历史来探究,宴会的起源以"祭祀"为目的与发生的场合是较为主流的说法,人类"同餐共食"的习惯与方式,也促成了"餐会"形态的发展。此外,人类自从进入农业时期,食物来源稳定,而谷物与果实有了储存的需要性,酿酒技术与饮酒习惯随之被带入饮食中,自此餐食的文化中也缺少不了饮酒的部分,自然而然"宴会"中的"饮酒文化",也占据了相当重要的分量与地位。

人类"同餐共食"的习惯与方式,也促成了"餐会"形态的发展。

---

[1] 孟罗将此研究发现发表在美国"国家科学院学报"(Proceedings of the National Academy of Sciences),请见http://today.uconn.edu/blog/2010/11/getting-the-party-started-2/。

一、中国各朝代"宴会"历史的特点

把中国历史的时间拉长到"夏"与"商"时期来看,那时尊神事鬼为尚,"祭祀"多结合着"宴会",饮酒风气也非常兴盛,各种食器、酒器材质与种类繁多,这种属于贵族阶级的宴会,又常常搭配音乐歌舞助兴,对于宴会的举行来说,会有具体的日子与地点,参与者的身份也多有特定。

在周朝以至春秋战国,"宴会"的举行是以"礼制"为规范的核心,尤其在阶级上,更是从餐宴所用的器具等级与数量来清楚区分,彼此之间不得僭越。孔子曾说:"席不正,不食",表现了餐宴

中国历史上古时期,"祭祀"往往结合着"饮宴"活动。

中对礼节的重视。我们至今常说"宴席""席次""入席",在当时人们都是席地而食,当时铺上席子就是代表"位子"与"席位"的意思,即便今日,宾客赴宴或参与会议都有座位入座,但是"入席"的讲法与观念,却自古以来深深地影响着中国人的想法与习惯。此外,在中国上古时期,"尊老"的观念与实际做法深深影响着中国的礼俗与思想,在《礼记·祭义》写到:"昔者有虞氏贵德而尚齿,夏后氏贵爵而尚齿,殷人贵富而尚齿,周人贵亲而尚齿,虞夏殷周,天下之盛王也,未有遗年者。年之贵乎天下,久矣;次乎事亲也。""尚齿"便是以老为尊,显现敬老的礼制习俗自古代中国即已体现于宴会中;此外,餐宴中的菜肴内容也展现南北地方不同的特色,料理做法各有模式,也有上菜的顺序与规定;根据《礼记·曲礼上》所记载:"凡进食之礼,左殽右胾,食居人之左,羹居人之右。脍炙处外,醯酱处内,葱渫处末,酒浆处右。以脯脩置者,左朐右末。"可见连菜肴摆放的方式布局,都有特定位置,从现代餐宴管理实务的角度来看已是十分专业,由此可见当时社会对宴会的注重程度,实在不亚于现代。

在秦汉及魏晋南北朝时期,政治与社会的核心阶层是以"士"为中心,对这些居上层的统治阶级而言,"宴饮"的场合是相当重要的活动场所与往来交谊的舞台,也经常在宴会进行中搭配着歌舞表演,更是一种精神上的寄托与飨宴食欲上的满足。在宴饮的场合中,也常有文人雅士吟歌作赋,例如:在东晋穆帝永和九年(公元353年)农历三月三日,王羲之与谢安等30余人在绍兴兰亭宴饮赋诗37篇,赋诗成集后,由王羲之挥毫为序,行书书法行云流水,这便是著名的"兰亭集序"。

就饮食的用具来讲,"食案"在汉代就成为常见的用品,"举案齐眉"的成语中

南唐顾闳中所绘的《韩熙载夜宴图》,描绘韩熙载于府邸设宴并歌舞欢乐的场景。全图分为"听乐""观舞""歇息""清吹"与"散宴"五大部分,充分表达出当时宴乐的细节。

指的就是食案，而以此食案献食，吃一道献一道，也成为了"宴会服务"的起源。而在宴会的用餐环境中，如有地位尊贵者，则会设有"帷幄"，让餐饮多了一份隐秘性与尊荣性，由此可知，宴饮餐会的举办，也是突显身份地位的一种表征；而在汉朝叔孙通制订朝仪，也包括了朝廷宴饮的规矩，在进退应对与席次高低安排上，都有尊卑之分，位阶井然有序不可僭越；在魏晋南北朝时，低矮"胡床"的使用，也开始改变用餐的姿势与用餐习惯；到了隋唐五代时期，"高脚桌椅"的出现，使得进餐方式有了革命性的变化，因为用餐者在同一桌进食，使得"同盘共食"的方式成为趋势，直至宋代才确定"同盘共分食"的形式，深刻影响后世并沿用至今；至于"中菜西吃"这种一道一道上菜的方式，虽是"同桌"却是"分食"的形式，这也已经是近几十年才出现的供餐方式，因此就中国宴会历史而言，桌椅的使用对用餐的方式影响十分深远。

> **Tips**
>
> "同盘共食"的方式起源于"同桌共食"，至今仍深深影响中餐供应的方式。

使用的餐具也有根据不同的阶级而使用不同器皿的规定与习惯，例如酒器，皇帝使用玉杯，大臣与使节使用金杯，其他人则使用银杯。

在宋元时期，帝王官宦宴会风气崇尚奢靡，琼浆玉液及美味珍馐动辄百道以上，餐宴进行时还演奏乐曲及歌舞助兴，甚至有些上桌的菜肴，只作"装饰"用，称之为"看盘"，不是真的供宾客取食，奢华缀饰可见一斑。此外，使用的餐具也有根据不同的阶级而使用不同器皿的规定与习惯，例如酒器，皇帝使用玉杯、大臣与使节使用金杯，其他人则使用银杯。

在明代与清代，由于社会经济的蓬勃发展，对举行宴会的需求更为殷切，食材的多元丰富、刀工的细致与烹调做法的繁复，甚至是规模与场面的盛大，都是以前各朝代所不能及的。此时期从宴会设计的角度来看，场地与装饰皆有所要求，餐具精美细致，甚至每件都可成为一项艺术作品，餐饮食器成套使用，每种菜肴搭配专用的餐具器皿，十分讲究。

中国古代帝王宦官宴饮奢华，弦歌不缀。

明代皇室中的宴会根据《大明会典卷》第七十二记载，可分为"大宴""中宴""小宴"与"常宴"四种，而举行的日子可顺应节气或逢皇族生日举行，或者因为"祭祀""新科取士"等原因举行宴会。至于清代皇帝设宴，依《清史稿》卷八十八所载"大宴仪"部分的内容记载，名目可为"改元建号""贺岁节令""征捷"等原因，主要可分为"满席"与"汉席"两种，并且各自区分成不同的等第，每种宴会层级也都各自有其相对应的菜肴内容、配料、餐具以及入席与宴的对象，而这些也都有明文规定，次序井然且分际明晰。

二、中国历史上有关宴会的"管理化"与"专业化"

本书研究中国宴会的历史，主要集中在官方的宴饮场合，毕竟民间经济能力相当有限，官场需要借由"宴饮"的场合来拓展关系与显示尊荣，甚至是用以展现奢华与侈靡，来显现地位的崇高与阶级的特殊。因此唯有官方的财力、人力及物力的充裕，才可能将宴会予以"分工化"，雇请甚至有专属的"专业人力"（如厨子、仆役等），接着总管组织并管理整体工作，各司其职，"宴会项目管理"其实历史上早有例可循，只是我们从现代的"组织管理学"或"项目管理"的角度来看，确实是符合某些定义并具有相关的工作特性。

而观察中国各代的"宴会"筹办，还有哪些例子符合"宴会管理"的特性与要求？

观察中西历史上具规模宴会的办理，通常食材的种类必须多样才能衬托出餐宴的丰富与气派，因此"宴会"是表现"权力""地位"及"财富"极为重要的舞台。

（一）宴会经营的市场化

历史上具规模宴会的办理，通常食材的种类必须多样才能衬托出餐宴的丰富与气派，这是因为大量的需求而产生相关食材与饮食专业供应的行业，据考证，至少在汉朝时期，饮食行业已经相当发达，例如许多"肉摊""食铺"与"酒肆"等饮食行业，而这些行业也正是支持"宴会"发展的重要条件之一。

（二）宴会的流程管理

从宴会正式开始到结束为止，正是一场餐宴的上场表演时间，在餐宴进行时，如果规划有一定的"程序"，每段程序都会掌控时间长短与次序，那么这场餐宴便符合宴会的"流程管理"。就宴会的各项程序来说，可以是"上菜次序的设计或规定""娱乐节目的安排"，或者是"上酒的顺序"，这些在宴会上对"程序"的讲究，便是"礼仪"与"礼制"在餐宴上的运用。中国

在中国古代，科举考试的新科进士都要宴请宾客庆祝及第，代办筵席承烩业者的出现，也表明"宴会办理"的专业化已有相当长远的历史。

古代的"燕礼"（"燕"同"宴"），是国君为笼络臣下所举行的宴会，行"主"与"宾"之礼，既严格又讲究，礼宾席次井然有序，依君、卿、大夫与士等阶级尊卑排序就席，在宴席程序上，宾主之间酬酢敬献酒都有规定与次序，借助"宴饮"的场合而表现出"君臣大义"。

北宋时期为皇帝所举办的寿宴中，进行程序是以御赐"九杯寿酒"为衡量节点，皇帝每赐一杯寿酒，都代表着一段节目的上场表演与菜肴上桌，清朝时据《清史稿·礼七嘉礼一》所述，各式宴会也都有进行的程序，礼制严谨而阶级分明，因此从中国历史上的飨宴观察，宴会的流程控制就成为项目时间管理的一项特色。

（三）宴会筹办相关事务的分工化

从现代的宴会管理角度观察，宴会的筹办就是一项"项目管理"，依照前一节对"宴会"定义的特点来说，"分工"是一项项目管理的特色，古代的宴会筹办也有事务的分工化。例如，唐代新科进士为酬谢主考官的提拔赏识，会举办所谓的"杏园探花宴"（又称"闻喜宴"）；当进士及第时

便与同榜登科者同办此宴，酬谢考官以表谢恩之意，为了办理这项谢恩宴，便组织分工，分为"主宴""主酒""主乐""主茶"及"探花"（一种宴会上的象征性节目，选任同榜二人担任"探花郎"，为使金榜题名餐宴中的气氛达到高潮）等职务；又例如清朝光禄寺办理餐宴，谓"礼部主办，光禄寺供置，精膳司部署之"，分工精细。中国古代餐宴不论名义上的举办者，还是真正承办宴会者，都各有分组的工作职责与任务，"分工化"使中国古代的"宴会"正式成为一项符合"宴会管理"的项目工作。

（四）代办餐食专门职业的出现与发展

就现代的宴会项目来说，委托餐饮业者如饭店甚至是办桌到府，或到某场所举行场外餐饮（Off Premise Catering），是非常稀松平常的事；然而，像这种专门以为他人筹办餐食宴会等繁杂事务的专门职业，至少早在唐代就已经出现。《唐国史补》中记载，唐僖宗任吴凑为京兆尹，并且命他尽速赴任，当时按照传统惯例，升任新职都要设宴宴请宾客，除了邀请宾客，同时另外委请长安市面上的"礼席"到府代办宴席，这与现代的"餐厅外烩服务"是一样的情况，该史籍还特别说明："三五百人之馔，可立办也"，可见当时外烩业者承办宴席的规模与能力已相当强大。

除以上宴席外烩专门职业外，也有一种专以"承揽"宴会为生的行业，尤其在每次科举新科进士都要宴请宾客庆祝及第时，正所谓"有需求便带来供给"，像这种承包宴席的中间人，自己本身并不负责煮食供餐，而是将"需求方"与"供给方"之间搭上线，一方面招揽业主的生意，另一方面寻找搭配协力的餐饮业者，或是厨子杂役来负责宴会的供餐与服务，这便类似一种"宴会中介"或是"宴席掮客"的角色，若从现在"专案管理学"的角度来看，这种行业与从业者，实际上就是一种"餐会项目经理人"，负责餐宴的"营销招揽""组织分工""人员管理"与"效果管控"的工作。

上面所谈的宴会承揽行业，唐代称为"进士团"（他们可不是真的"进士"，而是承揽"进士"庆贺宴会的承包商），在宋代也有这种专门承揽办理宴会的专门职业，在汴京有酒楼（如同现代的饭店）外出服务包办宴席，也不单是煮食供餐，还包含场地桌椅摆设、餐具酒器的提供与相关的服务，复杂程度与精密分工实在不亚于现代的餐宴项目。

（五）官方办理宴会事务专责单位的出现

在唐代，皇室公主举行宴会以献食皇帝，唐玄宗时曾出现"检校进食使"，这职位专门负责处理献食宴会事宜；而各朝代官方最具制度化的便是隶属礼部的"光禄寺"，是主掌朝廷餐宴的专责单位。就是因为经常办理"餐宴"并处理宫廷与官府宴会的大小事务，因此主办与掌理"宴饮"专司单位的设立，就有其必要性了。

> **历史探源**
>
> 南宋临安有所谓的"四司六局"承揽宴会的办理：
> 根据《都城纪胜》记载：
> "官府贵家置四司六局，各有所掌，故筵席排当，凡事整齐，都下街市亦有之。常时人户，每遇礼席，以钱请之，皆可办也。
> 帐设司，专掌仰尘、缴壁、桌帏、搭席、帘幕、罘、屏风、绣额、书画、簇子之类。

厨司，专掌打料、批切、烹炮、下食、调和节次。

茶酒司，专掌宾客茶汤、荡筛酒、请坐咨席、开盏歇坐、揭席迎送、应干节次。

台盘司，专掌托盘、打送、赍擎、劝酒、出食、接盏等事。

果子局，专掌装簇、盘、看果、时果、准备劝酒。

蜜煎局，专掌糖蜜花果、咸酸劝酒之属。

菜蔬局，专掌瓯、菜蔬、糟藏之属。

油烛局，专掌灯火照耀、立台剪烛、壁灯烛笼、装香簇炭之类。

香药局，专掌药碟、香球、火箱、香饼、听候索唤、诸般奇香及醒酒汤药之类。

排办局，专掌挂画、插花、扫洒、打渲、拭抹、供过之事。

凡四司六局人祗应惯熟，便省宾主一半力，故常谚曰：烧香点茶，挂画插花，四般闲事，不许戾家。若其失忘支节，皆是祗应等人不学之过。只如结席喝犒，亦合依次第，先厨子，次茶酒，三乐人。性质亦同。"

由上可知，承办宴请的专门行业分工精细，组织工作各司其职，不但宴会承揽、承烩与承办所有事务巨细靡遗，独立成为一项专门职业，更是一项非常完整的"宴会项目"业者，有些项目与工作精细程度甚至是现代餐宴办理所不能及的。

（六）齐之以"礼"的行动准则与要求

"宴会"在中国历史上，不但用以表达"宫廷威仪""阶级次序""丰盛飨宴"以及"气派豪华"，更是一种用以体现"礼制"的方式；换言之，就是一种人际关系应对进退的表演舞台。从最早的夏商时代，用"礼"敬天驭人、崇天事鬼，将礼制用于祭祀中，宴会附属于祭典中，自然以"礼"为餐宴进行的准则。而后中国历史统治的阶级，崇敬对象核心从"天"转为"君"（君王往往自称为"天子"），"礼制"尊重的对象自然而然转为君王，相对于"餐宴"来说，则是附属于礼制中的一环。

因此中国古代宴会的宴请对象、坐席方位与位置、流程进行、不同等级菜肴享用的对象，甚至连食具都有区分，各种餐宴谨守礼之分际，丝毫不能僭越等级。举例来说，周代即有"燕礼"，君臣之间次序井然。

三、中国历史上著名的宴会

"宴会"，在历史上是一种社会文化表现的场合，不单是餐食、饮酒，最重要的是在人际之间、甚至是同"阶级"之间将彼此关系建立起来，或是拉近相互间距离的平台。简而言之，"宴会"就是人际关系甚至是利益关系的表演舞台。前段内容所陈述的，是中国历代与餐饮管理思想概念有关的沿革与历史，下面列举的许多知名的宴会，也在中国历史与文化上占了一席之地。

乡饮酒礼

这是一种流传已久，在乡州邻里之间以敬老为中心定期举行的聚会宴饮，据考证，最早可追溯到周朝。依据《礼记·乡饮酒义》所记载："乡饮酒之礼，六十者坐，五十者立侍，以听政役，所以明尊长也。六十者三豆，七十者四豆，八十者五豆，九十者六豆，所以明养老也，民之尊长养老，而后乃能入孝悌。……教之乡饮酒之礼，而孝弟之行立矣。"

唐朝睿宗曾于公元710年7月间，下诏各州须遵行此"乡饮酒礼"，而在明朝与清朝时仍有此宴饮依旧礼实施。

历史探源

在《礼记·曲礼》中记载：

"凡进食之礼，左殽右胾，食居人之左，羹居人之右，脍炙处外，醯酱处内，葱渫处末，酒浆处右，以脯修置者，左朐右末（以上讲的是桌上菜肴摆放位置），客若降等，执食兴辞，主人兴辞于客，然后客坐。主人延客祭：祭食，祭所先进，殽之序，遍祭之。三饭，主人延客食胾，然后辩殽，主人未辩，客不虚口。侍食于长者，主人亲馈，则拜而食；主人不亲馈，则不拜而食。共食不饱，共饭不泽手。毋抟饭，毋放饭，毋流歠，毋咤食，毋啮骨，毋反鱼肉，毋投与狗骨，毋固获，毋扬饭，饭黍毋以箸，毋嚽羹，毋絮羹，毋刺齿，毋歠醢（以上谈的是个人进餐礼仪与仪态所不适当的举止）。客絮羹，主人辞不能亨。客歠醢，主人辞以窭。濡肉齿决，干肉不齿决。毋嘬炙。卒食，客自前跪，彻饭齐以授相者，主人兴辞于客，然后客坐。侍饮于长者，酒进则起，拜受于尊所。长者辞，少者反席而饮。长者举未釂，少者不敢饮。长者赐，少者、贱者不敢辞。赐果于君前，其有核者怀其核。御食于君，君赐余，器之溉者不写，其余皆写（以上叙述饮宴上君臣与长幼之间应对的规定）。"

由礼记中的描述可知，中国历史典籍对于餐宴中个人进食礼仪，以及各阶级相互间应对进退的分际，说得清清楚楚，这也是"餐宴管理"的基本元素见诸史册的明确证据。

鸿门宴

秦末楚汉相争，刘邦军队先攻入咸阳。公元前206年，项羽采取范增计策，于咸阳城外的鸿门举行宴会并邀请刘邦，并想在宴中趁机对刘邦不利，餐宴中范增安排"项庄舞剑"，并伺机行刺刘邦，而项羽并未得逞；"鸿门宴"后来就成为"不怀好意的筵席"，或者再引申为"不怀好意的邀约"。可见在历史上，以"宴会"作为某项计策的舞台，也成为许多典故的背景，重要性不言而喻。

探花宴

根据唐朝李淖的《秦中岁时记》所载："进士杏园初宴谓之探花宴"，也就是唐朝的进士及第者，多于杏园初会，就称之为"探花宴"。

鹿鸣宴

古时在科举考试结束后，会由地方县官宴请主考官与及第的考生，相传在宴会上多会吟唱《诗经·小雅·鹿鸣》，故称之为"鹿鸣宴"。

烧尾宴

在唐代，凡是打胜仗、金榜题名以及升了大官，都有向皇帝"献食"的惯例。例如，根据《册府元龟》（宋代四部类书之一，初名《历代君臣事迹》）记载：唐高宗时总章元年（公元668年）10月，"癸丑文武官献食贺

古时在科举考试结束后，会由地方县官宴请主考官与及第考生，相传在宴会上多会吟唱《诗经·小雅·鹿鸣》，故称之为"鹿鸣宴"。

破高丽帝御玄武门之观德殿宴百官设九部乐极欢而罢"，描写军事胜利后群臣设宴宴请唐高宗；而唐中宗时，"兵部尚书韦嗣立新入三品、户部侍郎赵彦昭假金紫、吏部侍郎崔湜复旧官"，也都"受命"设宴请客。至于这种升官请客宴，有一种特别的名称谓"烧尾"，后来类似这种因升迁、及第中举而办理的宴会，就称为"烧尾宴"。

"鲤鱼跃龙门"的比喻说法最能显出"烧尾宴"的主旨，毕竟荣升及第，从鱼化为龙，身份自有不同，其意义与精神在此。

据《辨物小志》记载："唐自中宗朝，大臣初拜官，例献食于天子，名曰烧尾。"可见"烧尾宴"，一是在官场同僚间举行，另一种则是由大臣敬奉宴食给皇帝。为何称作"烧尾"？在中国古代大致有三种说法：

一说是新的羊进入其它羊群，因为羊群中老羊都会欺生，只有将新羊的尾巴烧断，才得以合群融入。

二说是老虎如果变人，但是尾巴还在，只有烧掉其尾，才可完全转化成为人形。

三说是"鲤鱼跃龙门"，鱼跳过那一道成龙的关卡之后即有云雨随之，此时会有"天火"（应为闪电）烧掉其尾，如此才得以转化为龙。

上面的三种说法，"鲤鱼跃龙门"的比喻说法最能显出"烧尾宴"的主旨，毕竟及第与荣升，好比从鱼化为龙，身份自有不同，其意义与精神在此。

唐代的"烧尾宴"规模气派、菜色丰富，唐人韦巨源曾经记载菜单菜色，展现出唐朝丰富的饮食文化，而唐朝公主们似乎也不甘寂寞，就算是没有官可做，也仿照官吏办个"烧尾宴"以献食于皇帝，办得热热闹闹，可见当时餐饮风气之盛。

知识分享

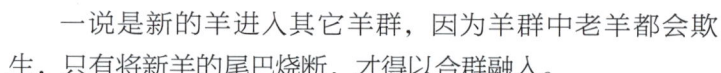

宴会营销案例

预祝金榜题名，快来订桌"烧尾宴"

近年来，在中国台湾阳明山的餐饮业者，也曾以唐朝"烧尾宴"为促销手段吸引顾客光临，说是举行这宴席以求学子考上理想学校。因此，宴会的主办者，甚至是餐饮业者，是不是也可用本章的历史典故，作为一种营销创意，来丰富宴会的文化深度，让所举行的宴会更能增添有趣的话题，也更引人瞩目！

曲江宴

唐时春榜进士与朝廷官员，常于长安东南的曲江亭举行庆祝宴，称之为"曲江宴"。《旧唐书·卷十三·德宗本纪》："二月戊辰朔，百僚会宴于曲江亭，上赋中和节群臣赐宴七韵。"

以上所谈到的"探花宴""鹿鸣宴""烧尾宴"与"曲江宴"，举行宴会的缘由与目的都与新科及第与荣迁高升有关。

诈马宴

历史上对元代的餐宴着墨不多，但是有一项宴会却不能不提，那便是"诈马宴"。这是元代最隆重的宫廷宴会，也称为"质孙宴"，"质孙"是蒙古语"颜色"的意思，此宴会对与宴者的服饰有一定要求，都必须为同一种颜色，并按照尊卑位次入席，席间供应烤全羊、奶制品、葡萄酒与马奶酒等，也安排歌舞与角力等表演，通常举行多日才结束。

千叟宴

在清朝康熙年间，为了表达敬老尊长的教化意义，清宫便举办"千叟宴"，邀请一千九百余位耆老；乾隆年间举办的千叟宴，参加人数更多达三千九百人；在嘉庆元年，也曾再次举办这种宴会。清代昭梿所著的《啸亭续录》中曾记载：

"康熙癸巳，仁皇帝六旬，开千叟宴于乾清宫，预宴者凡一千九百余人。乾隆乙巳，纯皇帝以五十年开千叟宴于乾清宫，预宴者凡三千九百余人，各赐鸠杖。

丙辰春，圣寿跻登九旬，适逢内禅礼成，开千叟宴于皇极殿，六十以上预宴者凡五千九百余人，百岁老民至以十数计，皆赐酒联句。百余年间，圣祖神孙三举盛典，使黄发鲐背者欢饮殿庭，视古虞庠东序养老之典，有过之无不及者，实熙朝之盛事也。"

清朝康熙、乾隆及嘉庆年间共举行四次"千叟宴"，清朝皇帝借由举办"千叟宴"，表达对老者的尊敬（有论者谓系"笼络"民心为其目的），宴会的举行实际上具有相当的政治宣示作用。

> **Tips**
>
> 根据《清史稿》所记载的名称，"千叟宴"又称"千秋宴"。

朝皇帝借由举办"千叟宴"，表达对老者的尊敬，宴会的举行具有相当的政治宣示作用。

四、西方历史上的宴会

如果谈到西方历史上的宴会筹办，早在公元2世纪左右，在巴比伦与美索不达米亚地区，当君主在军事胜利、使节来访、宫殿神庙完成之时，都会举行盛大宴会，隆重的排场目的是为了"炫耀"其丰功伟业，远古的宴会是以祭祀为主要目的，到了"君权"时代，自然要从古希腊时代的欧洲说起。

在希腊时代，宴会办理中的安排，包括音乐、歌唱、依照阶级次序安排座位，以及服务的分工（厨子、奴隶、仆役、专司斟酒者等），都构成了宴会组织工作的一部分。对于入席宾客的身份，通常是相同地位的人才能同桌共食。因此，能够入某一主人的宴席，显示的是一种荣耀与某种身份地位的象征，宾客之间都是拥有一定权力与身份标识的人，这时期的宴会都是由男人参与，宾主都是斜躺于躺椅上进食，在重要节日或隆重宴会甚至安排舞蹈、音乐、吟唱及杂耍等表演。

而在古罗马时期，宴会依然以斜躺着进餐为流行，供食与饮酒都有一定的程序与仪式，阶级区分明显，甚至依照不同等级的宾客对象而供应不同的餐食。此阶段罗马帝国的王宫餐宴在历史上以豪奢出名，稀奇食材的使用令人叹为观止，然而餐宴上的暴饮暴食与花费巨资却在历史上留下恶名。

在罗马帝国君士坦丁大帝（Flavius Valerius Aurelius Constantinus）即位后，基督教的影响力大增，对餐饮的内容与行为方式都产生了影响，这一阶段对于饮食行为的规范与限制，就初步形成了"餐桌礼仪"，有些甚至流传至今，对当今的餐宴礼仪产生影响。例如，因为名画《最后的晚餐》与

《堕落的罗马人》(The Romans of the Decadence)是库提赫(Thomas Coutuer, 1815-1879)19世纪的画作，现珍藏于法国的奥赛美术馆中，描绘罗马人在宴会中奢靡无度的情况。

宴人数为13人，迄今，参加宴会人数也会尽量避开"13"这个禁忌的数字。

在13世纪，初步的"餐桌礼仪"是基于修道院餐厅里的一些规矩，同时也融合了一些骑士精神的原则，"餐宴礼仪"的出现，更强化了"宴会"或是"餐宴"的社交功能与阶级认同。简单来说，就是除了有某一种身份与资格的人出席餐宴，在宴中也必须具有一定的行为模式与表现，才符合出席者的身份与地位，"餐宴礼

因为名画《最后的晚餐》与宴人数为13人，迄今，参加宴会人数也会尽量避开"13"这个禁忌的数字。

仪"的形成是将宴会"仪式化"的重要因素之一。这个时代的宴会，根据绘画与文献记载，对于参加宴会的客人，从以前的斜躺方式进餐，逐渐改为坐着用餐，同样也是庆贺作战胜利与庆典的舞台，其功能属于一种封建制度的权力展示场所，也就是同属权贵才有资格同餐进食。此外，对于宴会的组织工作来说，服务的进行由一位"典礼官"监督餐饮的供应，并控制菜肴的次序与分量，欧洲中世纪的王室与贵族宴会，菜色丰富而且分量足，这是为了宴会结束后可以将剩余的菜分发给穷人享用，目的是显示贵族阶层的恩惠施予和炫耀心理，此做法延续了几世纪后，法国王室宫廷宴会仍是如此。

在14世纪，约东罗马帝国几近灭亡之时，欧洲宴会的演进也进入一个新的时代，贵族王宫对于餐宴的办理，相关的组织工作愈见精细与专业分工，除食材与烹调之外，对场所的布置、餐桌的摆放、座位的安排、邀请宾客的严谨与对等性，以及宴中的表演余兴节目安排更是非常讲究。考证绘画中，甚至在餐宴中会统一由一位手持指挥杖的宴会总管指挥调度上菜与服务，甚至常办理餐宴的豪门贵族，还必须设置相关的部门，例如："餐具部"办理餐具的准备与维护，"酒水部"负责购买及准备葡萄酒及其他饮料与供应上桌，"厨房"当然就负责餐食的烹煮与料理，等等，至于人事的分工也就依照分工部门各行其是，所需工作人员与服务更是可观，例如负责整场宴会且居于最高地位的内务总管，则负责宾客排序与座位安排，其下则设有总务官，掌管桌椅摆放与相关布置，甚至还有称之为"施舍官"的人员，负责将每次餐宴剩余食物分送给在户外等待的穷人，为了餐宴事务，职位分工各有所司。总结14世纪及15世纪的欧洲，餐宴事务已出现了"菜单""食谱"及"餐宴礼仪"（针对贵族）与相关的规定，如按照本书对"餐宴管理"的定义来说，从这阶段宴会办理工作的组成部分来观察，要素条件皆已完备。

五、从绘画中考证宴会管理的历史

中古世纪（大约1412至1416年间），在林博格兄弟（Limbourg brothers）所绘的名为《贝利公爵富有的时刻》（图为局部）的绘画中，中央手持长杖者，便是整场宴会中指挥调度仆役上菜等服务的宴会总管，可见欧洲于中世纪对于宴会现场的管理，早已有了"场控人员"与管理制度。

从此图可以看出，中古世纪欧洲贵族宴会的排场盛大，也每每安排大阵仗的演出，图中即为表演两军对峙的场面；宴会中的剩菜残羹，不是送给外头的贫民，就是直接丢给餐桌下的狗。

值得一提的是酒在宴会中的地位。欧洲早在14世纪，对于现今法国波尔多（Bordeaux）与勃艮第（Burgundy）两个地区出产的葡萄酒，就被视为质量最佳的酒品，也对现代餐饮产生非常大的影响。而对于餐食品质与分量的供应来说，这个时代对等级也有相当的区分，在同一场餐宴

中，例如肉类好的部位，宴会总管就会指挥切肉工将此部分优先分给地位较高者，分量也会加大，供给位尊者，甚至会安排地位第一高者最多道菜、其余宾客依等级供应不同道数的菜肴，因此餐宴中地位的高低不仅表现在座位的安排上，也表现在餐食享受等级的高低之上；甚至在王宫里对于阶级的差别待遇，还表现在椅子的形式，例如：有靠垫有扶手的椅子专供地位显赫的王室成员使用，有靠背无扶手的椅子层级次之，无靠背的凳子再次等，最低层级的则用长板凳；至于一些身份卑微的人员，如宾客带来的随从仆人等，就只能另外安排在其他房间进食，其所使用餐具及饮食的粗劣，自不在话下。

贝利公爵富有的时刻

在法国宫廷餐食的供应中，喜好表现出丰富与奢华，于是习惯于将各道菜依人数加倍供应，主人为自己与宾客一一分菜，之后各道菜的盘数逐渐加量并且要在餐桌上以对称方式摆盘上菜，由此可知，吃到最后整桌的菜盘数目之可观，奢侈豪华可见一斑，当然剩下的大量菜肴又可施舍给外面的穷民以示恩惠。像这种喜好将菜肴摆满整桌且为宾主自己动手分菜的供应方式，就称之为"法式上菜"的供餐方法，即便一般餐宴一次把所有菜肴全数上桌，也是属于这种法式上菜供应方式，像这种供菜方法，优点是所有菜都一次展现在餐桌上，突显出餐宴的气派，然而缺点是取食忙碌且菜肴很快就凉掉，非常影响口感。

接下来在文艺复兴时期，约在16世纪30年代，英国开始使用Banquet（宴会）这个词，此词来自"bench"（长凳）这个词，原指同坐在长凳上吃喝，即"宴会"的雏形，而参加者通常具有一定的身份，因而Banquet尤指正式和庄重的餐宴。此外，欧洲在宫廷里开始正式设有主掌宴会的贵族官员，工作从所有餐食准备到掌控宴会过程中所有的细节，值得一提。在17世纪后半期，发明了香槟酒的制作办法，之后随着海上贸易与欧洲各国对国外农产品等资源的搜寻与开拓，可可、咖啡与茶也进入欧洲世界的餐饮，至今成为餐宴中极为重要的一部分。

在中世纪结束后，法国的宴会对欧洲影响很大，甚至到后来居于领导的地位，这不单单是对法国王宫的做法与制度的仿效，而对后世餐宴影响甚巨者，跟后来1789年发生的"法国大革命"其实也有着很大的关系；法国大革命在本质上也是对王室及贵族奢华无度的一种反应与对抗。然而，随着王室的崩解与贵族的没落，原先在宫廷中那些分工精细以供应精美豪华宴会的专门人员，包括厨子、仆役甚至总管等人力，自然丧失了原有的舞台，却又因为商业贸易的兴起而培养出另一批新的资产阶级，有财力之后也可以仿效原先贵族过的那一套生活方式，宴会当然也不例外。于是乎，原先释放的宴会人力又被新的资产阶级重新吸纳，对于法国餐食与服务而言，产生更加深入与广泛的影响力，甚至对而后全世界的餐饮方式影

欧洲在宫廷里开始正式设有主掌宴会的贵族官员，工作从所有餐食准备到掌控宴会全过程中所有的细节。

响很大，例如具有一定水平的西方餐宴菜单，还是使用法文来书写表现，法国宴会的影响力由此可见一斑。

西方的宴会演变历史到了近代，随着18世纪后饭店业的兴起，开始成为了一项独立产业，餐饮庞大的组织分工更加专业化与职业化，20世纪更导入企业管理与信息管理等现代化的观念与经营方法，时至今日，"宴会管理"也就随着人类历史的进程，迈向了一个新的时代。

第3节 宴会的分类与性质

如果要把"宴会"分门别类，可以依以下几个方面来作区分。

一、依所属性质

依所属性质可分为"私人宴会"与"公务"或"商务宴会"。私人宴会是因为作东者自己的人际交往，或为了私人的目的所举行的宴会，例如同窗宴会、家宴、婚宴等。另一方面，如果是因公务上的往来与目的所举行的宴会，则为"公商务宴会"，这种类型的餐宴则属于定义较为严谨的餐会，筹办流程都有一定的规定与规范，要求也有一定的标准。

二、依举办规模

依举办规模可以分为"小型""中型"与"大型"宴会。本书将此三种规模人数定义如下：席开一桌或约18人以下的餐宴，可称为小型宴会；19人以上至100人之间的宾客，可称为中型宴会；至于100人以上的规模，就可称之为大型宴会了。

三、依举行的时间区分

依举行的时间可分为"早宴"或"早餐宴""午宴"及"晚宴"。通常依照国际上的习惯，以及在其所象征的意义上，"晚宴"要比"午宴"感觉更正式与隆重。

四、公务餐宴

依照接待的层级与正式性来举行宴会，常见的几种宴请形式如下。

（一）宴会

宴会的种类，依照其所代表的正式性，又可分"国宴""正式宴会"与"便宴"。

1. 国宴（State Banquet）

国宴就是国家元首款待来访友邦元首的正式宴会，通常

现代的国际社会中，举行宴会是一项非常重要的交谊活动，借着宴会的举行，可以表示彼此的友谊并拓展相互间的关系。

是以隆重的晚宴方式进行，总统夫人是否参加，视来访友邦元首有否偕夫人而定，严谨的仪节、精致的菜肴加上乐团现场演奏是其特色。

这里必须强调的是，国际上对于国宴的要件认定，并非"国家元首"宴请"国家元首"的宴会都可称之为"国宴"，而是邦交国元首前往地主国的访问层级，必须定义为"国事访问"（State Visit），而国事访问通常会以军礼迎接，并且在对方元首到访的当天或是隔天晚上，举行"国宴"来欢宴国宾，宴中的路线与宴会场地一定会悬挂或放置两国国旗，并且演奏两国的国歌，也会安排双方元首致辞与敬酒，像这样具有高度仪式性与高层级的宴会，才能称之为"国宴"。

> **Tips**
>
> 就国际官方互动来说，依来访层级的高低，可以区分为四种层次：
> 1. 国事访问（State Visit）
> 2. 官式访问（Official Visit）
> 3. 工作访问（Working Visit）
> 4. 私人访问（Private Visit）

2. 正式宴会（Banquet）

在国际官方的宴会中，不挂国旗也不演奏国歌，也可称之为"官宴"；正式的官宴有时也会安排乐队演奏，座位的礼宾次序也很讲究。目前在许多国家，正式宴会仍有其严谨性与正式性，对宾客出席的服装也颇有要求，就正式宴会的功能来看，尤其当今国际间互访与交流频繁，即便是元首来访，如不是有其必要性，地主国也多以"正式宴会"的层级来接待，也已具有相当的礼宾规格。这种规格的宴会如果是在中午举行，便称之为"正式午宴"（Luncheon）。

英国国宴（英国女王为主人）。

至于民间的宴会，如果正式以书面（请柬或邀请卡）邀请宾客，也有详细进行的程序并准备精美的菜肴，甚至也有节目表演或音乐演奏，也可称之为"正式宴会"。

3. 便宴（含"工作餐会"，Working Dinner）

规模与严谨性比正式的宴会稍低，在中午举行称之为午间便宴(Lunch)，在晚上举行的称之为晚间便宴（Supper），这类宴会形式较小且简便，也没有安排致辞，供应的菜肴道数也可酌减，在公商务的安排上，就是所谓的"公务便餐"。

"工作餐会"是现代国际商务上经常采用的一种非正式餐宴形式，即利用用餐时间，边吃边开会，以交流意见、听取建言或商讨解决问题的方案，是具有"工作"或"会议"功能取向的餐会。

此外，还有一种在目前各国官方与国际商务上经常举行的餐宴形式，是以"召开会议"为主要目的，只是会议时间就是用餐时间，顾名思义，就是餐会以"工作会议"为取向，并同时供应餐点。这种讨论与商议工作性质很强的餐宴，若依照用餐的时间，又可分：

- 早餐会（Working Breakfast）
- 工作午餐（Working Lunch）
- 工作晚餐（Working Dinner）

（二）招待会（Reception）

招待会是指各种不供应正式菜肴，而代之以小点心、酒水果汁等饮料，通常也不安排固定座位，宾客可以自由走动取食与聊天，方便宾客彼此的交谊，通常都会有一定的举办主旨，例如"庆祝""开幕""产品发表会"等事由，宾客仍需正装前往（重要的酒会或茶会甚至须盛装参加），还是具有相当的正式性；在开始前通常会进行致辞与程序介绍，完成后宾客才开始用餐与自由交谈，这种形态活泼的宴饮场合，在现代的商务活动中颇为常见，适用场合与功能性上的运用也很广泛。"招待会"的形式又可以区分为以下几种。

1. 自助餐会（Buffet）

这种宴请方式是先行摆设所有的冷热餐食，餐具也陈设在餐台上，供宾客自行取用，也不安排固定座位，客人可自由取食与交谈，举行的时间适用于中午及晚上的用餐时间。

2. 酒会（鸡尾酒会，Cocktail）及茶会（Tea Party）

如果不是在中午及晚上的用餐时间，便可以举行这种方式的活动，进行的场合，举行的目的多有一种功能上的目的与主轴，例如：开幕酒会、庆祝酒会等，也多会安排主持人或司仪先进行相关的流程，例如贵宾致辞、来宾介绍等仪式，行礼如仪之后，参加宾客便可进行酒会或茶会的交谈与联谊。这种招待会形式性质上更为活泼，现场准备有红酒、潘趣酒（Punch）、果汁、矿泉水与一口式的小餐点（finger food），不设座椅，顶多设置高脚小桌，以方便客人随意走动，服务更周到的酒会或茶会，现场还会有服务人员端着点心或酒水供宾客取用（pass around service）。若是以"以茶代酒"的方式进行，便称之为"茶会"。

自助餐会这种宴请方式是先行摆设所有的冷热餐食，餐具也陈设在餐台上，供宾客自行取用。

宴会是以"人"为主体，"宴会"的举行就是提供一种人际互动的"平台"。

酒会或茶会举行的时间具有相当的弹性，只要不是中午或晚上用正餐的时间，都可以举办酒会或茶会。主办单位如有发送邀请卡，那么卡中只注明整场活动起讫时间即可，宾客可以自行决定抵达与离去的时间，宾客离开时也无须知会主人与告辞。但必须特别注意的是，基于礼貌与尊重，参加的宾客最好在会前的致辞或相关仪式进行之前到场较为妥当与礼貌，否则容易遭人误会参加只是为了吃喝而已。

综合上面的分析，再加上各种类型餐宴的特点，可以将所属活动归纳汇整成表1-1。

表1-1 各种类型餐宴的特点

	类别	安排座位及席次	致辞	餐前酒会	餐中备酒	音乐或表演节目安排
宴会	国宴	有	有	有	有	有
	正式宴会	有	有	视情况	有	视情况
	便宴	有	无	无	有	无
招待会	自助餐会	无	无	无	视情况	视情况
	酒会	无	无	无	有	视情况
	茶会	无	无	无	无	视情况
便宴	早、午、晚餐会	有	无	无	无	无
	工作餐会	有	有	无	无	无

在酒会会场会中,有时会安排服务人员端上酒水点心于会场中供宾客取用,也方便客人自由交谈与享用点心。

第4节 举办宴会的重要性

如同本章在"宴会"定义要素"社交性"中所提到的,宴会是以"人"为主体,"宴会"的举行就是提供一种人际互动的"平台",如果举办的层级更高,相对来说举办的细节会更加严谨,宾主之间的互动也就更加引人关注,此时宴会的举办说是搭建"舞台"的工作也不为过,成功的宴会可使宾主间建立或加强彼此的人际关系与情谊,这便是现代国际社会中举办宴会的必要性。

广义来说,"宴会办理"实务工作也属于"礼宾工作"的一环,在公商务的活动中是结合了"心理上的尊荣"(座次安排)、"仪式"或"节目"的安排,并结合了人类活动中最重要"共同进食"的群体生活习惯,而安排这些共同活动在讲求规格与细节的要求下,就必须要有相当的组织能力与管理能力。时至近代也出现了专门行业与从业人员,现今在国际化与全球化的趋势与潮流下,世界各国人士交流频繁,各种场域都少不了"餐宴"的举行,不论是为了进行公务、促进商机,或者是私人间的联络感情,"宴会"营造了一种融洽的气氛。如果是正式的宴会,更能提供与宴者一种尊荣的感觉,进而达成餐宴主人所想达到的效果,而这些社交与沟通功能往往是其他活动所不能完全企及的。因此,如何办理"成功的宴会"便是一项专门的学问与技术,甚至是一种"艺术"工作,对当今的社会来说,举办餐宴的重要性实在无法替代。

第5节 宴会项目管理者所扮演的角色

如前节所述,举办宴会在现今的社会功能中是如此的重要,而宴会的办理更需要一定的"专业知识与技能",甚至必须累积相当的经验来应对各种不同情况与所具备的条件,因而成为一种"艺术"工作。那么本书所探讨的角度,便是以"宴会项目经理人"与"管理者"的地位与身份来论述,而并非如目前坊间各种餐饮管理书籍一样,都是以"饭店餐厅经营者"的角度来编写,这是本书所必须强调的。

图1-1简单的图解说明,便可以了解本书是以"宴会项目承办者"(Organizer)的角度来探讨论述,来讨论怎么办好一场成功圆满的餐会;因此,承办者对餐饮业者来说,是与"主人"(Host)

及"宾客"（Guests）站在同一立场，而并非是站在酒席承办者（Catering）的地位来讨论餐饮事业的事务经营，也就是说，宴会项目办理者对于承烩的餐饮业者来说，也是属于"业主"的身份。

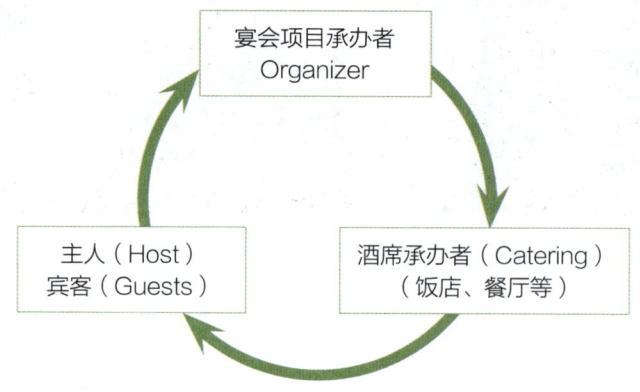

图1-1　宴会项目管理者所扮演的角色

结　语

如果要把"宴会办理"视为一项高度专业与具有系统性的学术，那么，我们就必须要把这方面的学问，予以"回顾过去""观察现在"与"规划未来"，这便是把"宴会"纳入组织与管理的过程。首先，如何才能称之为"宴会"，就必须赋予其严谨的定义，再从中西方历史来观察，"宴会"的举办已有千年历史，甚至以现代管理学的眼光与观察角度来看，宴会的组织与分工早已卓然成形，甚至还有专门配合的行业与专业人员，只是因为在君权时代对于所谓"宴会"的办理，充满着"阶级"与"礼制"的约束，千年来无论王朝如何更替，也只有君王与官宦统治阶层才有能力与财力，来组织与运作宴会筹办的相关事务；时至君权时代瓦解后，近代以降从打破阶级的区分，加上民间财富的增加，"宴会筹办"就已日渐普遍，需求也越来越殷切。

在现代社会的所有人际往来与关系建立中，"宴会"提供了一个极重要的舞台。因此，读者可从本章了解各种餐宴的种类，再从各种分类熟悉所属的特性与办理要求，这是从事宴会项目办理最基础的知识，请务必熟悉与了解本章的要点。

本章重点复习

1. "宴会"的定义
宴会是指主人欲达到一种或多种目的,通过邀请特定的对象,在同一场合以共同餐饮的方式,来进行彼此交谊的全部过程。

2. 宴会的特性
① 具有"目的性"及"功能性"　　⑤ "程序性"
② 须有"特定的对象"　　　　　　⑥ "规范性"
③ 预先"计划性"　　　　　　　　⑦ "社交性"
④ "分工性"

3. 人类文明历史上的宴会里程碑
（1）考古的种种证据显示,人类宴会发轫于"祭祀"。
（2）中国历史上,春秋与战国时代就非常讲究"饮食礼制"。
（3）从汉朝以后,宴会的"经营管理"就已经有了成熟的发展。
（4）宴会在西方世界的发展,特别是就欧洲历史而言,早在希腊时代,宴会的办理组织分工已臻成熟,进而在罗马帝国时代,宴会的豪华与盛大,对于宴会办理的管理工作,分工与程序亦极为繁琐,相对而言更是形成了一套组织与指挥系统,基督教对于餐桌进食的行为方式影响颇大,甚至由此导致"餐桌礼仪"的兴起。
（5）在欧洲的历史上,餐宴的举办多为王公贵族所专属的活动,具有相当的阶级性。
（6）在14世纪左右,欧洲宴会办理的专业特性,大致皆已完备,特别是法国宫廷的餐宴在中世纪结束后,对西方世界影响很大,从而全世界又随之依循相关的做法,例如菜色内容与做法、服务方式、菜单的表现等,许多方法与习惯至今仍被奉为圭臬。
（7）对于现代的餐宴分类,根据形式与性质,可以分为:
① 宴会:又可依正式与严谨程度分为"国宴""正式宴会"与"便宴"。
② 招待会:例如"自助餐会""茶会"与"酒会"。
③ 工作餐会:属于商讨相关实质议题的餐会,属功能性取向。
（8）广义来说,"宴会办理"实务工作也属于"礼宾工作"的一环,在公商务的活动中是结合了"心理上的尊荣"(座次安排)、"仪式"或"节目"的安排,并结合了人类活动中最重要的"共同进食"的群体生活习惯,办理"成功的宴会"是一项专门的学问与技术,甚至是一种"艺术"工作。因此,举办餐宴相关的组织与管理工作的重要性,对当今社会互动密切的人际交往来说,重要性不言而喻。

问题与思考

思考1　什么是"宴会"?

思考2　民间宗教或地方习俗所办的"流水席",是否可以称为"宴会"?也请解释理由。

思考3　机关企业或学校组织所附属的餐厅或大众食堂，办理与提供膳食，是否可以称为"办宴会"？

思考4　关于人类文明宴会的起源，最初是为什么目的而举行的？

思考5　请举出几个中国历史上宴会"专业化"与"管理化"的实例。

思考6　请略述14世纪欧洲举办宴会管理上的几个特点。

第二章

宴会部门的组织架构与分工

Organizational structure of banquet operations and responsibilities

学习目标

详读本章，您应该了解：

- 餐饮业者"宴会部门"的组织架构
- 各部门的业务管理
- 以"客户价值"为导向的餐饮服务观念
- 餐饮人员的从业伦理、工作要求与服务理念

本章概述

　　诚如本书第一章对于宴会历史的说明，中国南宋时期，承办宴会的人员已经有了"四司六局"的专业分工，对于现代来说，规模大小不同的餐厅或饭店业者，为了经营餐饮宴会过程中所有的事务，也有相当健全的分工与部门，本章即在说明一家具有规模与制度的餐宴专业工作与组织中，大致会区分的部门以及所属的职责与功能；此外，餐饮事务就是一种服务业，服务的对象有其目标性，大致来说都是一种对"人"的服务与相关安排，而一连串合理且有效率的服务安排就形成了一套"管理"，餐饮事务对内管理就牵涉到所属部门员工的组成与工作分派；当然，根据餐饮业的特性也必须对所属成员在服务工作上有所要求，这便形成了餐饮业工作纪律与服务理念，这是餐饮服务者必须加以训练与培养的工作素养。而对于一个专业的"宴会项目办理人"或组织来说（公关业或会展业等），也必须了解所委托的承办单位的组织构成，有助于彼此间的沟通与协调，对于餐宴项目的办理将有很大的裨益。

引言

对"餐饮业者"来说,其规模可大可小,服务项目从简单到复杂,服务人员从数人到上百人,从小规模的餐厅到五星级的大饭店,只要有工作的分派,就有分工的范围与责任,随之便有了管理方式与阶层,而这些要件的组成,便形成了"组织"与"架构"。

如果单就"宴会"的事务办理来说,如果属于餐厅的规模,那么"宴会"及"一般性餐宴"便是营业项目的全部;如果是规模较大的饭店业者,宴会与餐宴的业务项目,就可能只是其中的一项而已,因为饭店的营利项目还包括住房、会议项目等服务。本书所探讨的餐饮业者的宴会组织架构,当然就仅聚焦于"餐饮服务"的提供部门,至于一般组织内的人事、财务等部门均不列入架构图中讨论。

第1节 宴会工作组织架构的编成与所属职责

一、中小型餐厅组织架构

以图2-1某中式餐厅为例:

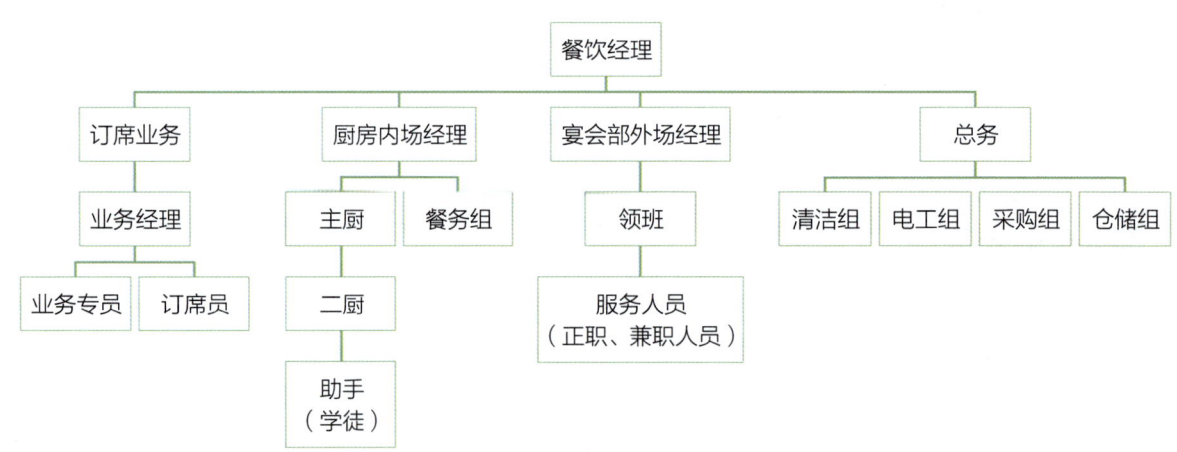

图2-1 中小型餐厅基本的组织架构图

以上即为中小型餐厅基本的组织架构图,各餐饮业者会因为规模的大小或掌管业务的不同,有可能将此图的某一部分精简整合,或者是因为某项特殊的业务与功能,而另外设立部门,各阶层的隶属关系也可能有所不同,这是必须加以注意的。

二、中小型餐厅职务分工

(一)餐饮经理

管理餐厅全部的餐饮事务,需负责客户开发、业务招揽、内外场的经营管理以及营利绩效的达成,还须掌控人员的招募与训练等行政管理,并且协调内外场与客户的服务,在这种中小型餐厅的组织中,直接对餐厅经营者或投资者负有盈亏的责任,可称之为"餐厅CEO(执行长)",也相当符合实际。

(二)订席业务经理

(1)餐饮业务的招揽
(2)宴席预订事宜
(3)客户沟通协调与说明
(4)宴会订席客户的接待与项目说明
(5)达成公司预定业绩并负有服务顾客的责任
(6)居中协调客户的要求,并负责与内外场服务的联系与沟通事项

(三)厨房(内场)

职务范围包括:
(1)菜色拟定与开发
(2)食材准备事宜(采买与备料)
(3)菜肴烹调与摆盘
(4)菜肴与相关材料成本控制

厨房(内场)工作从主厨到助手分工负责,从菜色设计、采购与烹调皆为工作项目,还须兼顾美味及卫生。

（5）提出各场餐宴所规划的餐具种类与周转数量的需求
（6）厨房卫生管理与安全工作
（7）新菜色的研发与创新
（8）配合促销活动的设计与推动
（9）与外场密切联系与协调

（四）宴会部或宴会厅（外场）

（1）依订席所传达的规划与要求，决定服务的方式与人力调配
（2）宴会场所的桌椅布置与餐桌桌面摆设
（3）依内场提供的餐具种类与数量需求的准备事宜
（4）服务人员的训练与讲习
（5）走菜、上菜、秀菜、分菜与餐具撤收事宜
（6）酒水服务
（7）宴会服务的迎宾、带位及送客
（8）与内场密切联系与协调
（9）宴会结束的外场撤收与场地复原及清洁事宜
（10）酒水清点及相关结账事宜

（五）后勤（设备或总务）部门

（1）各项设备包括声光器材、桌椅的准备
（2）餐具及厨房设备的购置与维护
（3）餐具的洗涤清洁工作
（4）场地的清洁与维护

外场工作直接面对所有服务的宾客，因此形象管理及服务态度极为主要，餐饮服务及菜肴酒水供应技巧亦须熟练。

三、大饭店宴会部门组织

以图2-2某大饭店为例:

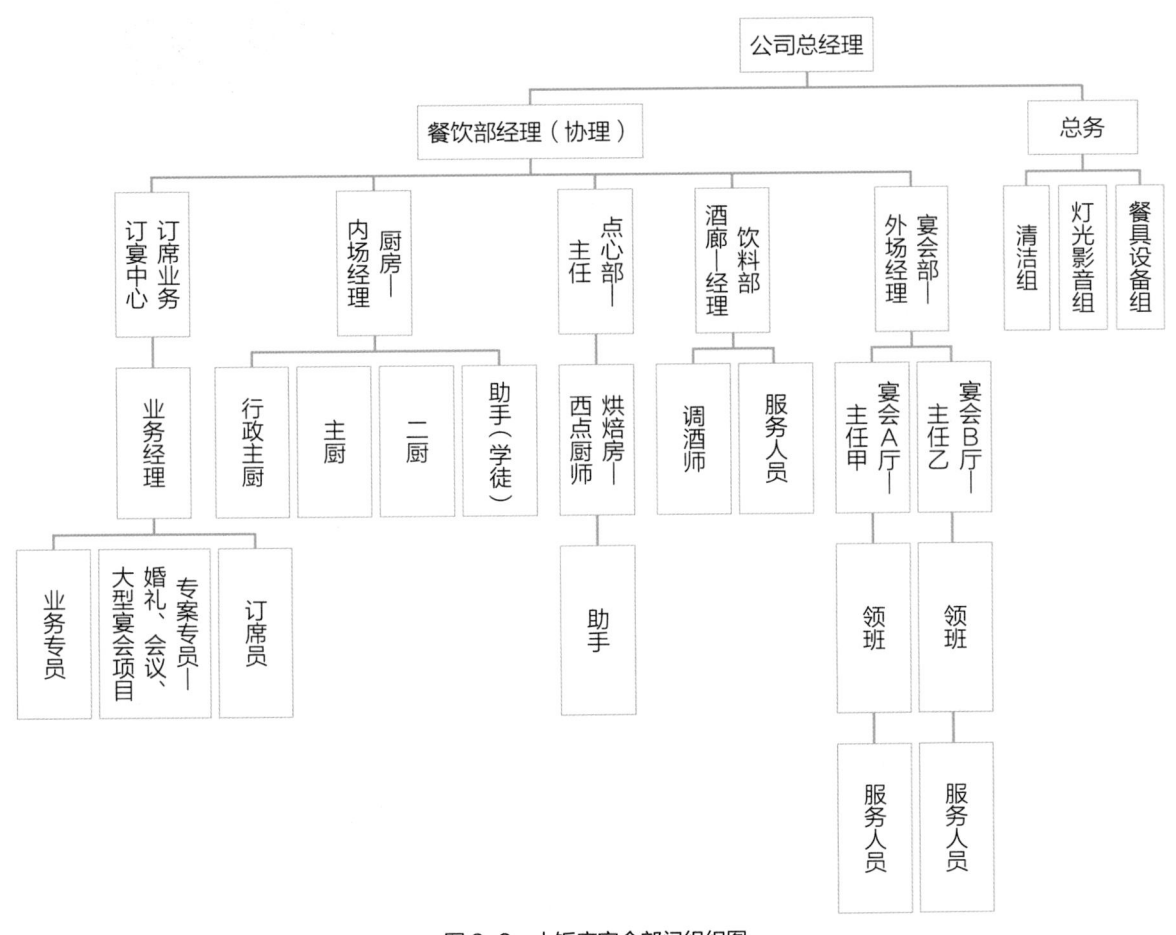

图 2-2　大饭店宴会部门组织图

对于大饭店来说,营业的项目最主要是餐饮与住房两大块,若仅就餐饮部分来说,其分工会较为精细,相对应的阶层与组织结构也就更加复杂。

四、大型饭店宴会部门的职务分工

(一)餐饮部经理(或协理)

餐饮部经理上对副总经理负责,达成公司政策与营运目的,综理宴会部门所有餐饮事务,包括宴会客户开发与业务招揽、内外场经营管理以及营利绩效的达成、人员的招募与训练等行政管理,并且协调内外场与客户的服务,这是除住房业务部门外,饭店的另一个营业主力。

(二)订宴中心或宴会业务部主任(或经理)

其属下业务专员与业务助理负责以下事项:

（1）餐饮业务的招揽与顾客拜访

（2）接受宴席预订等相关事宜

（3）与客户说明与沟通事项

（4）宴会订席客户的接待与项目说明

（5）各种宴会项目代客招商布置（花艺布置、气球布置等），以及专业人员（演奏人员、主持人或司仪等）代为联系安排。此项服务须视饭店经营策略而定

订宴中心是餐厅与客户沟通的枢纽，也是站在服务的第一线。

（6）达成公司预定业绩并负有服务顾客的责任

（7）居中协调客户的要求，以及与内外场服务的联系与沟通事项

（8）定期与不定期促销项目规划与营销

（9）婚宴、会议与大型宴会项目规划与营销事宜

（10）顾客评价、意见反映与调查事项

订席居于餐厅与客户间沟通的枢纽位置，就餐饮经营实务来说，属于公司营利的关键，也是站在对客户服务的第一线。

（三）厨房（内场）

职务范围包括：

（1）中西式菜色研发与拟定

（2）食材准备事宜（采买与备料）

（3）菜肴烹调与摆盘

（4）菜肴与材料"本益比"（即成本与利润间的比例）的掌控

（5）提出各场餐宴所规划餐具种类与周转数量的需求

（6）厨房卫生管理与安全工作

（7）新菜色的研发与创新

（8）配合促销活动的设计与推动

（9）与外场密切联系与协调

（10）外烩时配合餐饮设备需求的提出

（11）外烩场地的探勘（配合外场）

（四）点心厨房

在具有规模的星级大饭店，也设有西点烘焙的点心厨房来配合宴会厅的业务需求。

（五）饮料部

如有必要，特别饭店如有"酒廊"（Lounge Bar）的营业厅，也会有调酒师与服务人员的编制，有时也可支持酒会与外烩饭前酒会的工作。

（六）宴会部或宴会厅（外场）

（1）依订宴业务中心所传达的规划与要求，决定服务的方式与人力调配

（2）宴会场所的桌椅布置与餐桌桌面摆设

（3）依内场提供的餐具种类与数量需求的准备事宜

（4）服务人员的训练与讲习

（5）走菜、上菜、秀菜、分菜与餐具撤收事宜

（6）酒水服务

（7）宴会服务的迎宾、带位及送客

（8）与内场密切联系与协调

（9）宴会结束的外场撤收与场地复原及清洁事宜

（10）外烩时配合内场与业主探勘场地

餐饮供应的服务项目，也常有精致点心的需求。

（七）后勤（餐饮设备或工程）部门

（1）各项设备包括声光器材、电工等负责业务

（2）桌椅餐具及厨房设备的购置与维护；在一些饭店，餐具的准备工作划分给后勤部门，有些则是由外场部门自行负责筹备

（3）餐具的洗涤清洁工作

（4）场地的清洁与维护

> **知识分享**
>
> **组织范例分享**
>
> 从小餐厅的经营到五星级饭店的经营，都可以将以上组织加以整合或扩大与分支，而相互所属的执掌与分工更是相当具有弹性，这就端看经营者对组织经营的看法与管理。在此也可举出一实际例子，以图2-3"亚都丽致大饭店"所属宴会部门为例，相信也可为读者提供具规模饭店宴会部门的组织构成。

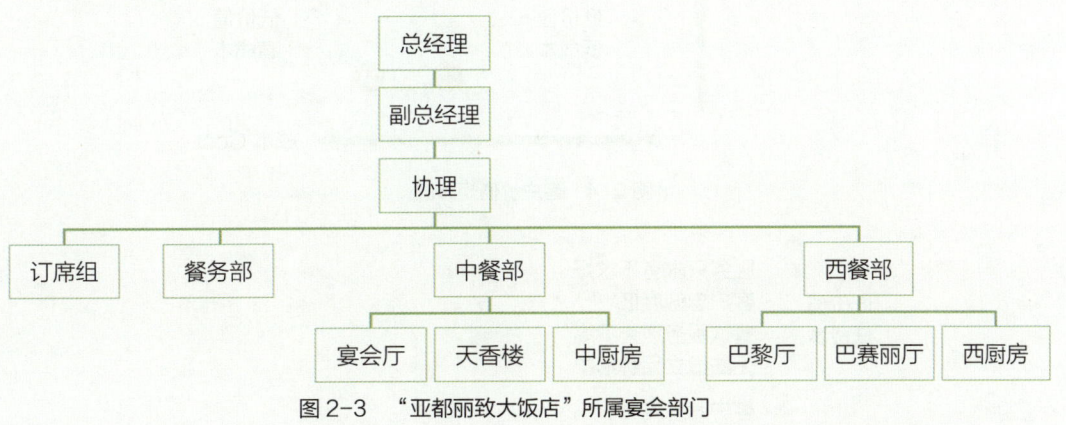

图2-3　"亚都丽致大饭店"所属宴会部门

取材自"亚都丽致大饭店官方网站-投资人讯息-公司治理-公司组织架构"，并就有关宴会的组织摘要重新绘制编写。

第 2 节　餐饮业者与宴会部门的核心价值与经营观念

餐饮业是标准的服务业，其从业人员所服务的对象以"顾客"（customer）为主体，在此也必须建立起一个"核心价值"，即是"客户价值主张"（Customer Value Proposition）。

♣ 什么是"客户价值"？

从经济学与企业管理的角度观察，假设当提供某一商品（goods，可指实际物品或劳力、服务等）予特定对象时，此接受的对象即为"顾客"。此"顾客"将会衡量其所要付出的成本（Cost），以及所能得到效益（Benefits），即会形成"客户价值"（Customer Value）：

客户价值=效益／成本

上述公式中的"效益"，指的是宾客主观认知的感知价值（Perceived Value），而"成本"，指的是客户为取得此有形、无形的餐饮服务，所支出的金钱、时间及相关风险。

因此，所谓的"客户价值主张"，即是指个人或企业对于所提供的产品或服务，能为客户提供相当的预期与承诺价值，这种"承诺价值"必须建立在真正满足客户需求的基础上，是确实为"客户"所真正需要的，而非企业或公司自己以为对方所想要的。在此可将"客户价值"矩阵化：

如图2-4所示，餐饮业者对于客户的服务提供，"成本"与"感知价值"之间可以产生4种可能性：

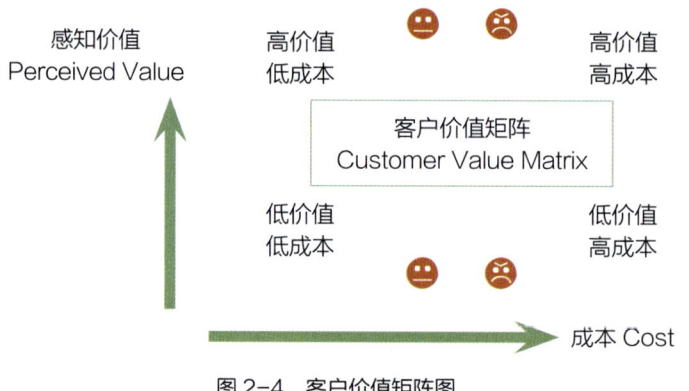

图 2-4　客户价值矩阵图

低价值 低成本	・服务只求有不求好 ・客户忠诚度低 ・餐饮服务声誉不高 ・无法建立品牌形象
高价值 低成本	・客户满意度高 ・客户忠诚度高 ・对商誉具有建设性 ・对业绩与营销具有帮助
低价值 高成本	・与客户期望差距大，易有纠纷与客户投诉 ・对公司声誉有负面影响
高价值 高成本	・为区分客户层的手段之一 ・为客户"定制化"提供服务的经营策略 ・营销与营运得法，可建立公司的品牌形象

由以上"客户价值矩阵"与提供服务的策略分析，各餐厅饭店餐饮服务提供经营者，便可以清楚了解顾客消费行为决策的心理因素，而这些也正为经营者提供了在餐饮服务定位的参考。

> **知识分享**
>
> **餐饮服务价值衡量标准的辩证**
>
> 近年来因媒体对餐饮美食的评论颇为兴盛，坊间流行有所谓"CP值"的说法，称此"CP值"越高，餐食也就越"划算"。实际上据考证，所谓"CP值"似乎并无学术上的根据，或有人认为是Cost（花费，即所谓"C"）除以Profit或Performance（收益，即所谓"P"），果真如此，应该是数值越低越划算才对；或有人认为CP值＝性能（Capacity）/价格（Price），然而餐饮服务感受的主观性，应不适合将满意程度与所谓商品的"性能"相提并论。
>
> 由此分析，关于客户对于餐饮满意度的衡量，用所谓"CP值"来描述并不正确。

第3节 宴会部门人员的从业伦理、工作要求与服务理念

正如前面所论述的，"服务业"是以"人"为对象，而工作人员的组成也是"服务"提供的主要来源，因此宴会部门人员的组成与素质是餐宴服务的关键所在。

一、人员的素养

对于餐饮从业管理阶层来说，必须具有以下素养。

（一）领导能力

领导能力包括所属人员的训练、人才培养、工作纪律的要求，使所带领的餐饮部门形成一个团队（team）。

（二）协调能力

餐饮业是高度人际关系互动的行业，因此作为一位管理人员，在人格特质上须具有"耐心""思维清晰""善于倾听"等条件，如此对内（公司高阶主管与基层员工）便可协调分工与精确执行公司政策与经营目标，对外（客户）工作执行也会符合需求与期待。

（三）具高情绪商数

在心理学上常用"情绪商数"（Emotional Quotient, EQ）来测定人的情绪及其变化的商数，但此专业用语也已成为通用的语汇，如果在人格特质上能察觉、了解、恰当管理情绪与做出适当反应者，便是具有高情绪商数的人。

（四）创造性思考

当今的餐饮服务也强调"创新"与"创意"，时时求新求变，例如规划新的促销项目与企划、新菜色的研发与设计等，都需要崭新的思维，不断地推陈出新来增加公司的竞争力。

（五）敏锐的观察力

就大环境而言，餐饮部门主管必须随时关注社会上、甚至是国际间的流行趋势、话题与时尚，这也可以帮助增进"创造性思考"；而对内部工作与客户服务而言，在人际关系与应对进退间，也必须保持一种高敏感度以及随机应变的能力。

如对一般餐饮服务人员来说，就营运与服务部门来区分，通常可分为"内场"与"外场"两大块。所谓"内场"通常指"厨房"工作等内业工作，或泛称不需要"见到客人"的餐饮工作场域；而"外场"则泛指需直接对宾客作餐食供应与服务的工作场域，例如宴会厅等。内外场的工作与服务人员，都必须具有以下素养：

1. 餐饮工作所需的熟练的职能技巧

这是基本的从业技能，必须熟练与顺畅才能胜任。

2. 良好的人际互动能力与应对技巧

尤其在外场的工作，是直接面对宾客并提供餐饮服务，面对形形色色的客人所提出的要求与想法，都必须秉持耐心倾听与迅速反应的态度，才能达到让绝大多数宾客满意的服务要求。

3. 多任务进行的能力

餐饮服务常需要在一特定时间内完成多项工作，因此，"耐心""高抗压能力"以及"冷静"，就是一位优秀的餐饮服务人员的特质。

> **Tips**
>
> 什么是"团队精神"，就是组织中的成员皆以团体的利益为目标，共同以协作精神来完成工作。必须注意的是，团队精神并非一定牺牲成员的个人利益，甚至仍可兼顾两者的目标，且多以"激励"或"奖赏"的方式激发成员的向心力与凝聚力。

二、从业伦理

餐饮业从业人员必须谨记"餐饮服务"是一项"良心事业"，有太多细节与服务都是在客人与外界所看不到的地方进行与准备，例如"场地安全""卫生""事前的缜密规划"等，也可以说餐饮服务是一项"用心事业"。因此，对于从业人员所秉持的核心伦理精神，便是在企业营运的基本理念下，总以"宾客"的角度来思考，以"易位原则"为思考习惯：如何才能让所服务的对象感觉便利与安心？如何能让宾客感觉宾至如归？也就是站在顾客的角度思考，模拟客人的心理，换个位子设身处地地为服务对象着想。此外，再运用"进位原则"的精神，在规划餐饮服务之前，就进一步想到宾客所未曾想到的，能预先准备并做好安排，甚至让宾客感到惊喜，这便是"贴心"感受的来源，服务精神的进一步发挥，就是"进位精神"的实践。

三、工作要求

如果将服务的核心价值进一步落实在实务工作中，餐饮服务人员必须要有以下认知与工作要求。

1. 工作特性就是团队服务

必须以使宾客满意为目的。

2. 培养自我肯定的心理

餐饮服务常须面对各种不同的宾客，或有已尽心尽力，却仍受到抱怨的情况存在，仍必须和颜悦色地面对所服务的对象，因此，自我与团队间的鼓励就显得非常重要。

3. 需留意良好形象的塑造

一个优质与训练有素的餐饮服务团队人员，在统一的服装与合宜的举止方面，就必须有严格的要求。

4. 工作中随时保持敏感度与警觉心

如前段所说明的，餐饮服务就是高度人际互动的工作，在工作进行中随时注意宾客的情况，一方面可以预先发现顾客临时的需求，另一方面，更可防范问题发生于未然。

实务案例新视野

实境探访，服务质量大现形

根据2007年11月1日所出刊的《远见杂志》第257期报道，该刊针对台湾地区服务业展开调查，安排20位具服务验证执照的"神秘客"，利用3个月的时间走遍台湾全省，亲自体验90个服务业的门市或营业店面并详细记录下感受；经过"神秘客"的讨论，此杂志从260份"神秘客"送回的体验调查检查表中，经严谨程序挑选出印象最深刻的"10个天使与魔鬼"服务。

什么是"神秘客"？在商业市场上，特别是针对服务业的服务状况，不论是企业本身想了解所属营业单位与人员的服务质量，还是政府、媒体等单位想要了解某特定服务业、某政府机关或私人公司企业所提供的服务质量，经常安排所谓的"神秘客"扮演成顾客亲临探访，期盼借此发掘优点的一种方法。"神秘客"正式的职称是"服务验证稽核员"，是接受政府或民间营利或非营利主的委托，从独立、客观的角度来评鉴服务质量，其实，就是一种"匿名"评鉴制度，能探访发掘出真实的状况，并且加以评论，继而提出建议与寻求解决改良的方法。

《远见杂志》所评鉴出服务业的"10个天使"，包括：

❶ 守护天使　顾客优先，客人权益比收益重要。
❷ 耐心天使　在他们眼中，没有"奥客"。
❸ 满足天使　正确又迅速，永远满足顾客需要。
❹ 专业天使　专业好感度让产品更有价值。
❺ 信赖天使　信任与尊重，不怕顾客不上门。
❻ 细心天使　伴随身旁，为你精打细算。

❼ 同理心天使　公职服务不官僚，做事设身处地。
❽ 热忱天使　主动积极，顾客的事就是自己事。
❾ 窝心天使　小事务大体贴，服务周到令人暖心。
❿ 微笑天使　笑容传递商品，服务加量不加价。

而"10个魔鬼"，则为：

❶ 无心魔鬼　服务沦为形式，失去热忱的心。
❷ 脾气魔鬼　效率不佳，态度傲慢，指责顾客。
❸ 推托魔鬼　视顾客需求为麻烦，拒绝协助。
❹ 懒散魔鬼　专业精神低落，工作场变菜市场。
❺ 敷衍魔鬼　只顾维持门面，忽略客人感受。
❻ 无礼魔鬼　消极不投入，吝于展现善意。
❼ 粗鲁魔鬼　吵嚷不自制，专业素质大扣分。
❽ 冷漠魔鬼　事不关己，给顾客造成不方便。
❾ 僵化魔鬼　不知变通，失去人性化服务本质。
❿ 势利魔鬼　无职业道德，欺瞒顾客只求己利。

以上提到服务业的10个"天使"与"魔鬼"特质，都各有实境描述，读者有兴趣可以再行深入查询。从这篇报导的实例研究可知，餐饮业也是标准的服务业，是"良心"与"用心"的事业，优秀的餐饮从业人员，不但可以从工作中获得成就感，不断地肯定自己的贡献，从总体社会效益的角度来看，也是促进社会经济进步的重要力量！

【本案例取材并改写自2007-11-01/《远见杂志》第257期】

餐饮业也是标准的服务业，是"良心"与"用心"的事业，优秀的餐饮从业人员，不但可以从工作中获得成就感，也是促进社会经济进步的重要力量。

本章重点复习

1. 餐饮业者的组织，大致可分为"订席业务""厨房（内场）""宴会厅（外场）"以及"后勤部门"。

2. 餐饮业是标准的服务业，其从业人员所服务的对象是以"顾客"（customer）为主体，"核心价值"就是"客户价值主张"（Customer Value Proposition）。

3. 餐饮业的管理阶层，必须具有以下能力：
   （1）领导能力，
   （2）协调能力，
   （3）具高情绪商数，
   （4）创造性思考，
   （5）敏锐的观察力。

4. 一般餐饮服务人员的本职技能包括：
   （1）餐饮工作所需的熟练的职能技巧，
   （2）良好的人际互动能力与应对技巧，
   （3）多任务进行的能力。

5. "餐饮服务"就是一项"良心事业"与"用心事业"。

6. 餐饮服务人员需秉持"易位原则"与"进位原则"的工作态度，才能将服务工作做得完善。

7. 餐饮服务的工作包括：
   （1）"团队服务"的思考与工作要求，
   （2）培养自我肯定与自信自励的人生观与工作态度，
   （3）注意良好形象的塑造，
   （4）工作中随时保持敏感度与警觉心。

问题与思考

名词解释

| EQ | 客户价值 | 内场 |

| 客户价值主张 | 外场 |

思考1 请说明一个中小型宴会餐厅基本的组织架构。

思考2 请说明一个大型饭店有关宴会部门的组织架构。

思考3 请说明成为一个良好的餐饮服务人员所需具备的条件;而根据这些条件的描述,你觉得是否合乎你的个性?

思考4 请说明一位优秀的餐饮业领导干部,所必须具备的能力与条件。假如你决定有心往这方面发展,也想有朝一日成为管理阶层,你认为自己还必须加强哪一部分的能力?

思考5 请说明从事餐饮服务在工作上的基本要求。

第三章
餐饮基本设备介绍与准备

Introduction of basic equipment and fundamental preparation of foods & Beverages service

学习目标

详读本章，您应该了解：

- 宴会部门的设备、器材与餐具的种类
- 各种桌型种类与尺寸大小
- 设备、器材与餐具的维护与应对策略

本章概述

  对于宴会厅的诸多工作流程，除了服务中"人"的要素，以及提供美馔佳肴之外，过程中必须利用到的相关设备与器材，也是极为重要的一环，特别是必须"见客"的餐具与相关设备，更须注重美观与实用性。我们可以说，亲切贴心的餐饮服务是"软件"，而便利与合宜实用的餐具则是"硬件"，彼此必须要密切搭配，才能产生令人满意的餐饮服务质量。在本章，不论是餐饮服务人员，还是宴会的筹办者，都必须认识基本的餐饮设备与餐具，以及其相关功能与配置，这不但对宴会厅的顺利运营具有影响力，也能将每一场宴会项目办理得尽善尽美。

> **引 言**
>
> 对于餐厅或大饭店的设备与餐具来说,种类项目相当繁多,而就基层的餐饮服务人员与宴会筹办人而言,只要将基本与常用到的设备及用品加以认识,对于宴会的办理与进行,即可胜任。

第1节 桌椅类

一、圆桌

圆桌尺寸可以依照入座最多人数作为衡量依据。

(一)6人桌

6人桌的直径为120厘米至160厘米。

此种尺寸圆桌如属于固定桌脚的形式,也多为可折叠式桌沿,收折后便成为4人方桌。

(二)10人桌

10人桌的标准尺寸为直径180厘米,即俗称的"六尺桌",以中餐方式供应最多可坐12人,如为供应西餐,则可坐10人。此外,在中式桌餐供应实务上,6尺桌以上多会搭配"中央转盘"(Lazy Susan),如下图所示。

(三)16人桌

16人桌即所谓的"七尺桌",也可安排14人或15人入座,宾客可坐得更宽松舒适些。

(四)其他特制尺寸的圆桌面

其他特制尺寸的圆桌面,例如最多可坐20人的大圆桌,但是这种大尺寸的桌子不见得每家餐厅或饭店都有,假如宴会办理人有特殊需求,必须事先询问洽商。

以上特制大桌最多可坐20人,实际上为求舒适,入座人数也可只坐18人。

(图:桃园住都大饭店提供)

(图:桃园住都大饭店提供)

(图:桃园住都大饭店提供)

（图：桃园住都大饭店提供）

（图：桃园住都大饭店提供）

（图：桃园住都大饭店提供）

二、正方形桌

4人座正方形桌每一边约72厘米，这是一般餐厅饭店的标准尺寸。

三、多功能会议型长条桌

尺寸长宽高可为180厘米×45厘米×75厘米，或为180厘米×90厘米×75厘米等款式，多为折叠形式，可供会议使用，也可合并成为长条桌的台面，铺上台布与百褶衬裙后，就可以成为长条形餐桌、接待桌或是宴会厅里的工作台面，使用相当广泛。

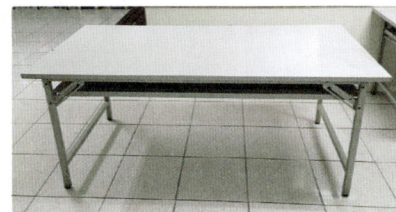

（图：桃园住都大饭店提供）　　　　　　　　　　　　　　　宴会工作台

接待桌形式　　　　　　　　茶会台面使用　　　　　　合并多张长条会议桌成为"冂"字形会议桌形式

四、月形桌（crescent table，弯形台桌）

右边第一幅图便是使用4张"弯形台桌"组合成一长条蛇形桌面，多运用于"自助餐会""茶会"与"酒会"的场合，依场地特性成为多种富有变化的组合，既美观又实用。

右边第二幅图中的椭圆餐桌，是运用多张长条桌与"弯形台桌"搭配组合，犹如七巧板一样，可组合成中空的"椭圆形桌"。

五、餐椅

餐椅的准备常常被人忽略，基本上椅子的高度必须适当搭配桌子的高度，如果以人的身材为基准，桌面高度离地面72～76厘米较为恰当，而适当的座椅面高度，约为桌面高度减去30厘米，亦即椅面高度为距离地板42～46厘米即可。目前一般宴会厅座椅多以不锈钢骨架为材质，必须坚固稳定，而在正式的宴会中多会再套上美观的椅套，且与桌面台布为同一色系和设计风格，使整个宴会场所美观且大方。

精致美观的椅套设计，缎带色泽及布料也与桌布的同一款式。

六、工作台

工作台可为固定式或附有滑轮而成为移动式。宴会厅里的工作台有许多抽屉等收纳空间，摆放与储存随时需要用到的餐盘、汤匙与刀叉，以及服务巾、开瓶器、餐巾或湿纸巾等物品。

七、送餐推车

送餐推车用于往来厨房与宴会现场（内外场）多份餐点的运送，对于节省送餐时间，并且增进服务效率有很大的助益。

固定式工作台　　铺上桌布与百褶裙而成的可推式的备餐台　　不锈钢材质的送餐推车　　铝材质骨架与塑胶盘面组合成的送餐推车

第 2 节　厨房内场基本设备

一、快速炉设备

二、烤箱

三、冷冻冷藏冰柜

四、不锈钢备餐台

第 3 节　外场餐具类

一、银器、不锈钢等金属类 (图：桃园住都大饭店提供)

刀具		
	主餐刀 dinner knife (table knife)	约22厘米，有锯齿
	牛排刀 steak knife	约20厘米，有较为锋利的锯齿
	沙拉刀 salad knife	约20厘米，西餐吃沙拉或前菜使用
	鱼刀 fish knife	约18厘米，刀锋无明显锯齿
	奶油刀 butter knife	约16厘米，虽有刀名，用途仅限于刮涂奶油于面包上使用
叉具		
	餐叉 dinner fork	长度约22厘米

续表

	叉具	
	沙拉叉 salad fork	长度约22厘米
	点心叉 dessert fork	长度约18厘米
	鱼叉 fish fork	长度约18厘米
	切肉类大弯叉 carving meat fork	两尖指式的大肉叉，主要为自助餐（Buffet）中切割大块肉类时使用
	田螺叉 escargot fork	长度约15厘米
	汤匙类	
	汤匙 soup spoon, bouillon spoon	也可分成圆形汤匙与蛋形汤匙
	咖啡匙（茶匙） demitasse spoon, coffee spoon, tea spoon	

续表

	汤匙类	
	热汤汤瓢或汤勺 soup ladle	
	鸡尾酒勺 cocktail ladle	
	夹子类	
	餐夹 food tongs	
	剪刀式餐夹 scissors tongs	
	缸类	
	鸡尾酒缸 punch bowl	
	冰桶 bucket cooler	

续表

		缸类	
		冰桶架 bucket cooler stand	

	盘类	
	圆形点心盘 round dessert tray	自助餐、茶会、酒会常使用，为各式甜点、咸点与水果的盛皿，甚至可摆放寿司
	长方形点心盘 oblong dessert tray	用途同圆形点心盘

	锅类	
	长方形滑盖式保温餐炉 oblong chafing dish	
	圆形滑盖式保温餐炉 Round top chafing dish	常见于自助餐使用，有可插电式或下燃酒精灯式
	方形掀盖式保温餐炉 Rectangular oblong chafing dish	

续表

锅类		
	圆形掀盖式保温餐炉 Round chafing dish	常见于自助餐使用，有可插电式或下燃酒精灯式
其他		
	红茶、咖啡桶	具有保温或保冷功能，在自助餐或茶会中可供宾客自行取用
其他		
	桌号立架 Table number stand	
	金属开瓶器 cork screw opener	包括红酒开瓶器与旋转式开瓶器

续表

	其他	
	冷水壶 Water Pitcher	
	毛巾盘 towel tray	也有使用瓷器或塑胶材质制作的
	例如盛装黑胡椒酱或蘑菇酱的"酱汁船"（sauce boat）等酱料皿	

二、瓷器类、玻璃类及其他材质（图：桃园住都大饭店提供）

	瓷器	
	底盘 show plate	直径约32厘米
	餐盘 Dinner plate	直径约28厘米
	面包盘 bread plate	直径约16厘米

瓷器		
	奶盅 creamer	可装鲜奶、炼乳、蜂蜜或糖液等液体
	小菜碟 side dish plate	圆盘直径约10厘米，可为3连式长盘，也可为单独使用的小圆碟
	中式瓷汤匙 porcelain spoon	
	筷架（筷枕） chopsticks rack	
	茶壶（供应乌龙茶、普洱茶、铁观音等中式茶） tea pot	
	中式瓷茶杯 porcelain cup	
	咖啡杯、红茶杯 coffee cup	
	杯碟 saucer	

续表

	瓷器	
	瓷碗 porcelain bowl	
	瓷汤盅 soup bowl	
	调味罐 seasoning bottle	

较精致的杯盘如采用"骨瓷"（bone china）等质量的瓷料，则为高等级的瓷器器皿。

	玻璃	
	咖啡壶 coffee pot	
	果汁杯 glass	
	酒杯、水杯 high ball glass	酒杯酒器请详见本书第十一章说明

	塑胶类	
	托盘 tray	直径约15厘米，服务人员盛放菜盘送菜与收盘使用

三、布巾类

在外场布巾类可包括如下几类。

(一) 台布 (桌巾, table cloth)

进行餐桌的摆设时, 可依照餐桌的形状与大小来决定台布的形状与尺寸, 基本上台布铺设完成必须以遮住桌脚为原则; 此外, 台布颜色的选定也必须搭配餐宴的性质, 这些都可与宴会办理者相互讨论沟通。

(图: 桃园住都大饭店提供)

(二) 口布 (餐巾, napkin)

口布的尺寸多为40~50厘米见方, 多以白色为主, 在桌面摆设实务上, 有着许多的花式摆法; 然而, 对现今的国际间餐宴而言, 口布的摆设已有从简的趋势。

(三) 服务巾 (service towel)

服务巾以纯白色为主, 是供外场服务人员送餐时, 用以衬垫或防止汤汁溅溢时使用。

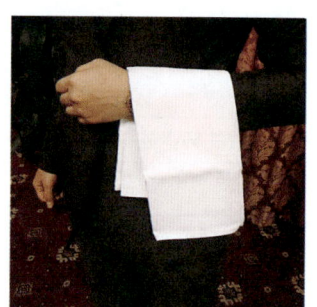

(图: 桃园住都大饭店提供)

第4节 设备器材与餐具的维护要点

对于餐厅或饭店宴会厅的经营与管理来说, 餐具与相关器材在使用、清洗、运送的种种过程中, 都有可能产生损耗, 这也是难以避免的, 尤其以瓷器与玻璃类餐具的损耗率为高。因此, 如何将餐具的损耗率降到最少, 也是餐饮管理者的重要课题之一。

所谓"餐具损耗率", 即以实际损耗的餐具数量与实际投入使用的餐具数量来计算比例, 管理者可以就某一单位时间内 (如半年等), 或以场次为计算母数, 来比较各个时间区段的损耗, 若某一时间区段内的损耗率较高, 就必须找出原因来加以控制。

如果探究餐具的使用循环流程, 可以简单归纳为以下过程:

① 库存仓储;
② 出库调配;
③ 清洗;
④ 餐饮使用;
⑤ 撤收;
⑥ 清洗;

⑦归库仓储。

如按照经验，在使用过程中的"撤收"阶段，是餐具损坏次数最多的过程区段，这有可能是因为服务人员在撤收工作中，因慌乱而使餐具产生剧烈碰撞从而导致损毁。此外，所谓餐具"损坏"的情形，可分为以下几种：

① 完全碎裂毁损：餐具完全无法使用，须直接淘汰。

② 缺角或变形：针对陶瓷类的餐具来说，如有缺角破损的情况，尤其在宾客进食与口接触的地方，或有手持或与皮肤接触之处，有责任的餐饮业者就必须断然淘汰此种餐具，以免发生危险。若是金属类餐具器皿，如有变形的现象，有可能是因为剧烈碰撞与挤压造成，倘仍堪用，建议不可于外场使用，以免影响观瞻与餐饮形象；若是塑胶类的器皿形状改变，有可能是因为受热或老化，建议立即淘汰换新方为上策。

③龟裂：陶瓷类餐具如发现有细微裂痕，最好立即淘汰，因为继续使用将有很大的风险存在，这也是基于安全的考虑。

④表面磨损或褪色：如陶瓷餐具，有时会有烧制的花纹、图案或烫金，长久使用后，就可能产生此种现象，或许使用"旧餐具"无伤大雅，也无安全顾虑，但是对于餐会筹办者来说，特别是重要与正式的宴会，宾客发现餐宴使用磨损的旧餐具，恐怕会招致负面的评价；对于餐饮经营者来说，特别是重视商誉与企业形象的知名饭店，即便是使用世界知名厂牌的骨瓷餐具（bone china），当餐具使用已久而产生此种问题，管理阶层也必须好好思考是否应该淘汰或换补。

当然，餐具与相关设备的损耗，起源都是"人"的原因，如果餐饮管理阶层想减少耗损率，可把握以下要点：

① 加强服务人员的熟练度与技巧。

② 赋予责任感与培养耐心。

③ 制定相关餐饮器具使用的"标准作业程序"（Standard Operating Procedure, S.O.P）管理。

④落实物流节点控制，即就设备与餐具申请使用时，将每个环节指定负责人检核，既可加强每个节点使用人的责任心，也可精确掌握餐具较易产生问题的关键。

餐具的保存储藏也是餐饮管理中不可忽视的重点工作，落实良好的餐具储存工作，也是维护卫生安全的其中一环。

本章重点复习

外场基本设备，大致包括：

一、桌椅类：包括圆桌、方桌、长条桌与月形桌。

二、餐桌桌面与椅面须保持约30厘米的差距较为适合。

三、餐具类可以材质区分为"金属类""瓷器类""玻璃类"与"塑胶类"餐具与用品。

四、外场的布巾类使用，常见的有"口布""台布"与"服务巾"。

五、"餐具损耗率"，即以实际损耗的餐具数量与实际投入使用的餐具数量来计算比例，管理者可以就某一单位时间内（如半年等），或以场次为计算母数，来比较各个时间区段的损耗。

六、餐具的使用循环流程，大致可归纳为：

①库存仓储；

②出库调配；

③清洗；

④餐饮使用；

⑤撤收；

⑥清洗；

⑦归库仓储。

问题与思考

📖 名词解释

| S.O.P | demitasse spoon | lazy susan |
| crescent table | 餐具损耗率 | 六尺桌 |

思考1 餐具类如依照材质来作区别，可以有哪些类型？

思考2 请说明外场所使用的布巾有哪些类？

思考3 请说明餐具的使用循环流程。

思考4 针对餐具"损坏"的状况分析，有哪些类型？试说明。

思考5 如果你是饭店餐饮部经理，试论如何降低宴会部门餐具的损耗率。

第四章
宴会项目的组织与管理

The organization and management of banquet project

学习目标

详读本章，您应该了解：

- "项目管理"的定义
- "宴会项目管理"须掌握的4个要素
- 办理宴会的管理系统
- 办理宴会的组织分工
- "宴会目标管理"4W1H管控要素
- 宴会办理分工计划的拟定
- 作为一个宴会办理人所需要具备的知识、能力、工作认知与准则

本章概述

办理宴会，其实离不开对"物""事"以及"人"的管理，如果要把餐宴办得有条不紊，对宾客也能设身处地贴心安排所有邀请的事宜，而目的是达到"宾主尽欢"，这才能算是一场成功圆满的宴会。因此，对于宴会的办理，就需要借助现代管理与项目规划的组织能力，并且设定想达到的效果并且依照计划进行，这才是现代化宴会的管理工作。

> **引言**
>
> 对于办理宴会来说，不论规模大小与人数多少，都需动员人力物力，还需配合事前的规划、进行时的管控以及完成后的归纳检讨，这便构成了一项项目活动的要件。所以，只要您所办理的宴会符合本书对于"宴会"的定义，相关处理的工作规划与流程，就有可能是一项"项目管理"。

第1节 宴会筹办就是一项"项目管理"

何谓"项目管理"？在这里我们先对项目下一个定义。

"项目"（project）是指为了一个特定的目的与要达成的既定目标，所规划的一连串相关的工作，其中包括对资金、设备、人力等资源的运用，以及在一定的时间内所完成的任务。

因此，对于各种"活动项目"加入"管理"的理念，使得活动项目的筹备与执行，符合时效性并达成所想要的成果，这一连串的规划与执行过程便称之为"项目管理"。对于"活动项目管理"来说，有4项需要掌控与完成的因素。

一、时间（Time）

项目的执行都会有起讫时间，也就是有一定的时间表（schedule），对于这项因素的控管就是"时间管理"。

二、成本（Cost）

或者称为"预算"（budget）或"经费"。

三、范围（Scope）

所有的项目一定会明确限定所有工作所要处理的界线，以免项目内容模糊不清，因而影响甚至导致项目成果不彰，范围通常会针对"被服务的对象（客户、顾客）""地区""服务的项目"等来做清楚的规范，这个因素的性质是属于"空间"上的。

成本（Cost）要素对项目的执行具有极为重要的决定性作用。

四、执行成效（Performance）

针对完整定义的目标（objective），而欲达成的效果，而这个成果多半是可以被"量化"（quantified）而观察衡量出来的。

我们所办理的宴会，就是通过对以上4项活动项目因素的有效管理，才能达成预定的成果与功效，这便是"宴会活动项目管理"的定义。

第2节 宴会管理的协调系统与组织

就宴会管理而言，大致可分为"对物"管理及"对人"管理（图4-1）。

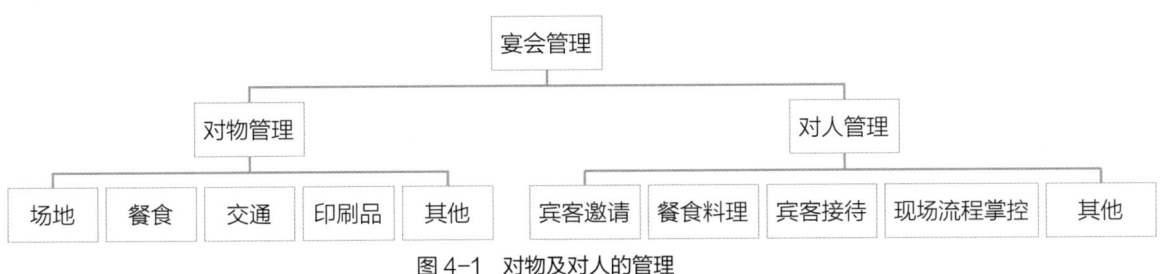

图 4-1 对物及对人的管理

以上简图可以表现出宴会管理工作项目的概念，也就是对物管理涉及餐食、交通与场地的安排，而对人管理则牵涉"被邀请人"（宾客）与主办人及工作人员的职责与分工协调事项。不论是对人还是对物的管理，这些要素彼此相互关联与影响，所以在制订宴会计划之前，就必须把这些项目一一确定，大方向明确后再一一规划所属的各种细节。

一、考量宴会举行的地点（图4-2）

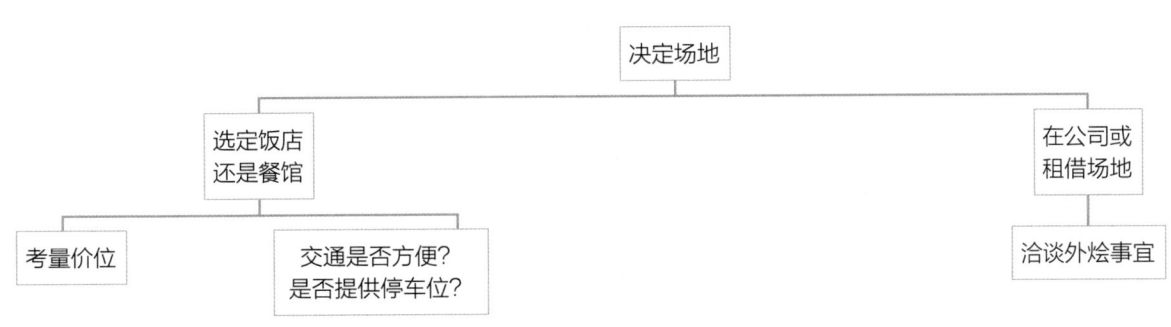

图 4-2 宴会举行地点考量

二、考量宴会内容

依照预算决定供餐方式与决定菜色内容。

```
餐食 ── 供餐方式：套餐、桌餐、 ── 依预算 ── 开菜单
        自助餐、酒会、茶会       决定价位
```

三、交通因素也极为重要

餐宴的举行必须秉持对"宾客"的"易位原则"，就是从受邀宾客的角度来设想，考虑地点与距离是否适当？是否提供停车位？相关的问题都必须考虑进去（图4-3）。

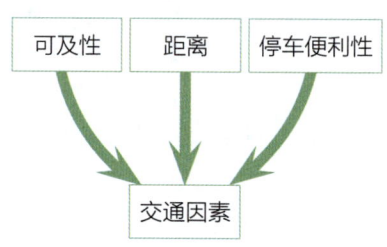

图 4-3　交通因素考量

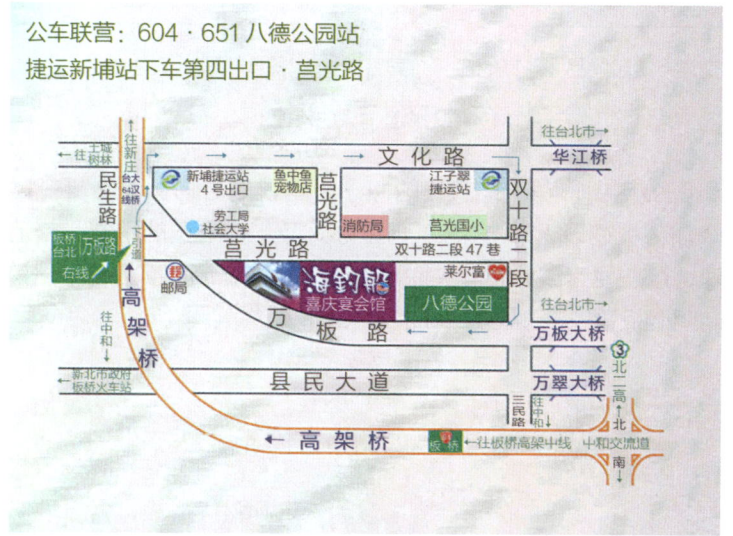

依实际经验观察，交通的方便与否，往往成为宾客决定出席与否的关键因素。

再如印刷品的制作、分送与使用，又有以下的工作考量（图4-4）。

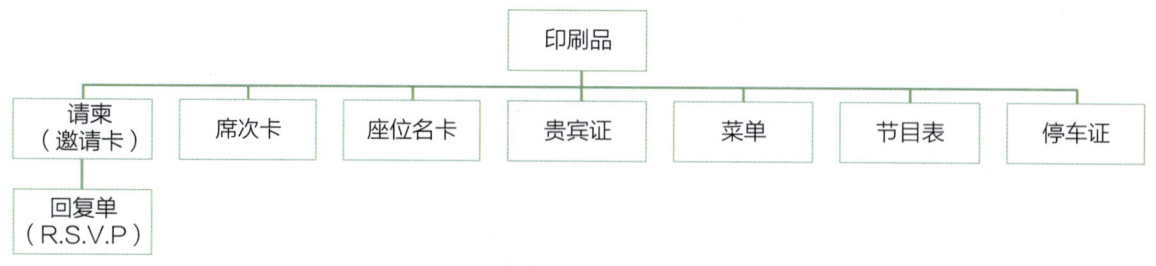

图 4-4　印刷品的制作、分送与使用

当然到了宴会现场，就不仅是餐饮，现场的设备与气氛，就有赖于场地设备的准备与布置（图4-5）。

就"对人"的管理来说，对外是邀请宾客，对内则是承办宴会工作分工的管理（图4-6）。

图4-5 场地设备的准备与布置

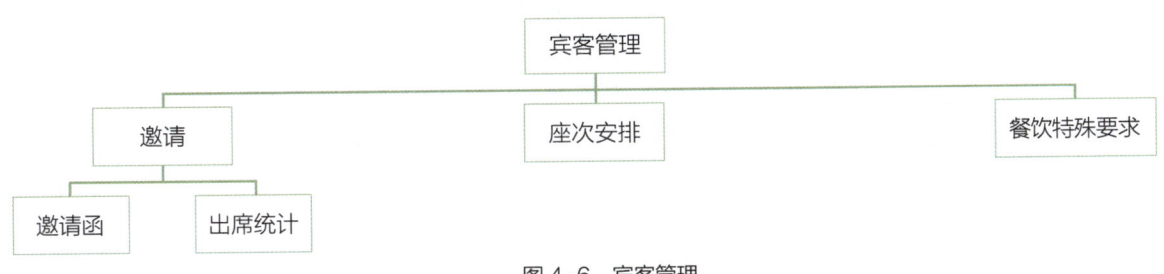

图4-6 宾客管理

宴会现场就是全部宴会项目上演的主要舞台，各项工作与设备的事前准备，都丝毫不能马虎。

> **实务案例新视野**

宴会办理组织管理想法与构思的辅助工具

当我们在筹办一项活动时，常会觉得千头万绪，不知道该如何进行。此时，我们可借助一些分析方法厘清办理活动的次序及条理，整合所有的资源，充分了解限制与期限，并且写下概要与逻辑次序，最常用的便是"鱼骨图（Fishbone Diagram）"分析法，依活动项目的逻辑，从而分析出各时间序列工作内容的重点。

"鱼骨图"也称为"石川图"（Ishikawa Diagram），由日本品管大师石川馨（Kaoru Ishikawa）提出，也称之为"因果图"（Cause-and-Effect Diagram），属于树形图（Tree Diagram）的一种，运用此种图像式的分析法，可以帮助宴会办理人写下工作进行的方向与重点。

"鱼骨图"分析法，不仅可用于宴会项目的筹办，也可运用于其他活动与简报的构思与逻辑推演，是当今除"思维导图"（Mind Map，类脑神经元分析法）之外，运用非常广泛的分析工具之一，读者可以加以练习构思，熟悉这种分析方法，对筹办宴会项目将有很大的帮助。

下图是以宴会项目为例所构思的鱼骨图，从鱼头到鱼尾，可依时间轴的序列来构思所要进行的工作与其内容，有时间先后与所要完成的工作项目，简单又明了。

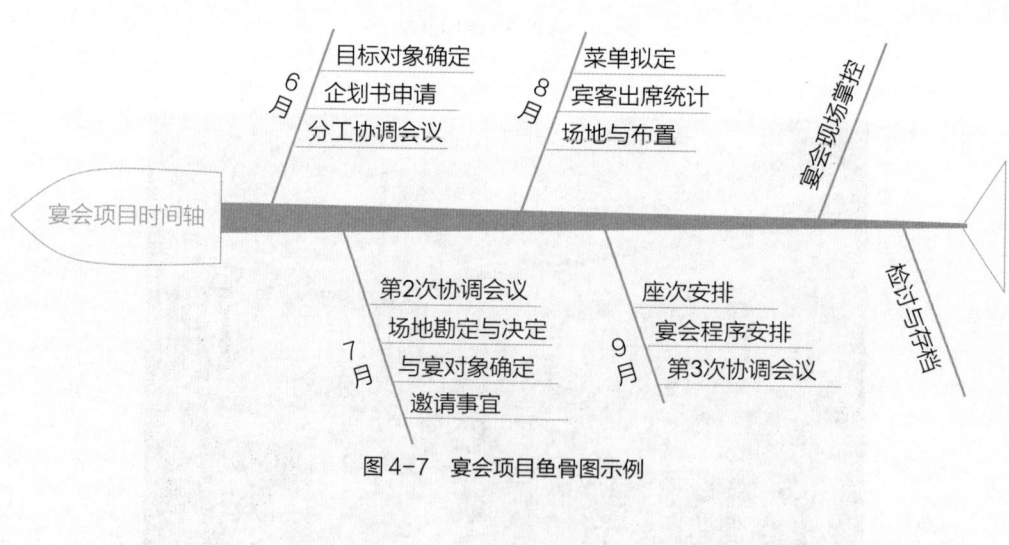

图4-7 宴会项目鱼骨图示例

礼宾接待与引导工作的目的，是要让宾客感受到尊重与礼貌的待遇。

而就"餐食料理"而言，就回到餐宴的核心事项（图4-8）。

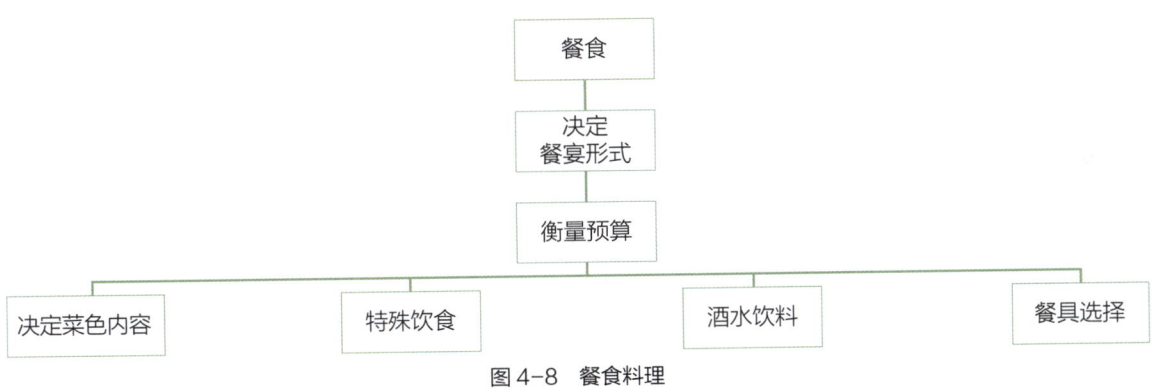

图4-8　餐食料理

至于宾客接待方面，则属于所谓狭义的"礼宾工作"，就是当客人到达宴会现场时，所必须进行迎接引导的程序，并且让宾客感受到尊重与礼貌的待遇，以下系统是以大型与正式的餐宴为例（图4-9）。

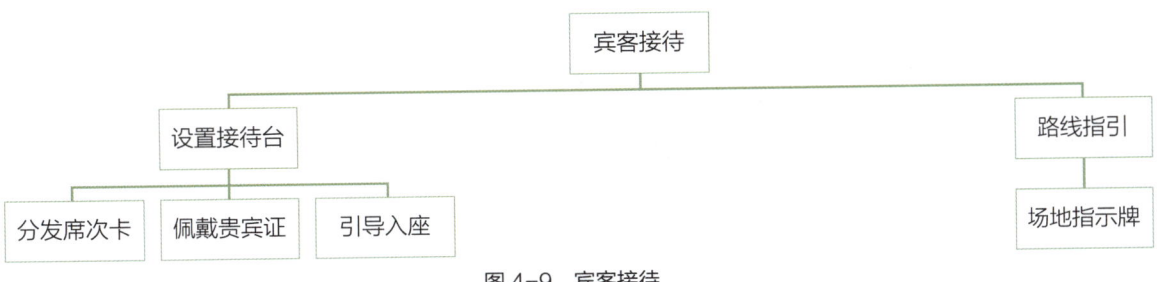

图4-9　宾客接待

就进行宴会现场的流程而言，具有正式性的餐宴就显得特别重要，因为对于餐食准备、宾客邀请等工作，多属于餐宴的前置作业，而对宴会流程的监督掌控，才是举办宴会的核心工作与成功关键，因为这是一种由宴会"项目经理人"与相关工作人员（司仪、主持人等）发挥现场指挥调度的能力，而且还要随机应变来进行工作，对人的管理与工作调派就成了一项艺术。

不论是对物还是对人的管理，两者之间是互相配合与相辅相成的，例如，对于宾客的邀请，也同时涉及"请柬"或"邀请卡"的制作。如果要完成宴会的项目，就要把两大方面的管理工作结合在一起，所有个别的协调系统完整地组合在一起，就可成为一套工作组织分工表；下面以一项大型宴会的分工组织图为例（图4-10）。

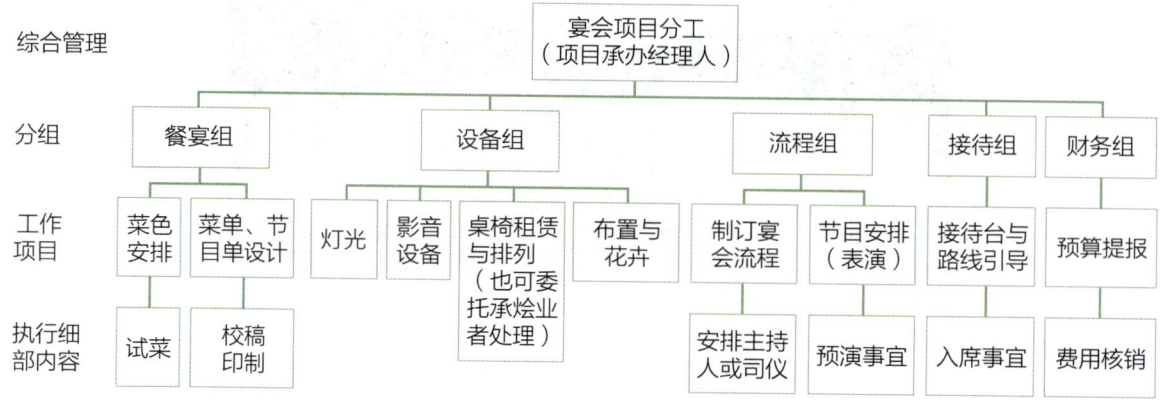

图4-10　大型宴会的分工组织图

以上大型宴会分工组织图可视承办单位不同的个案情况来调整，可以增加或减少分工分组与整合工作内容；相反，假如预算与人力尚称宽裕，就有更多的弹性空间来调整分工组织，来完成整个宴会的项目工作。

第3节　宴会项目的"目标管理"：4W1H

"项目管理"一定会有"目标管理"，就宴会的办理而言，其目标是什么？主人（主办单位）想要达到怎样的目的？这些问题都是在餐宴办理之前就必须确定的。因此，"宴会项目管理"中的"目标管理"采用以下要素来衡量并实施管控（图4-11）。

图4-11　4W1H的管控要素

一、为何举办以及想达到的成效或目的（What）

办理一场餐宴，不论规模大小，总有主要的目的与原因存在，可以是表示尊重、礼遇的一种方式（国宴、欢迎与惜别晚宴），也可以是功能性的取向，例如工作餐会，也可以是公务上联络交谊所举办的；如果属于私谊或个人关系方面的餐宴，如宗亲、家族、同窗好友间的宴会，甚至是婚宴，属于私人关系上的邀宴，目的是增进私谊、表达感谢或祝福，这些都是举办餐宴的主旨；那么，接下来餐会的筹办工作，都要围绕着主旨进行，如此工作才能有明确的方向。

二、适当的举办日期与时间（When）

选定适合的日期与恰当的时间，对于宴会筹办的成果会有很大的影响。例如，决定日期时，除非有特殊原因，否则最好要预留一段相当的期间，除显得对受邀的宾客较为尊重外，宴会的筹办在时间上也会较为宽裕。

依现代的餐宴礼仪，邀请宾客最好至少在宴会举行当日10天之前邀请，毕竟就目前的社会来说，每个人都相当忙碌，行程也多已预先安排，假如邀宴日期太迟，不但造成对方的困扰，也可能产生宴会出席率偏低的问题；此外，越是正式或大型的餐宴，邀请更要提早一些时日，除表达对宾客的尊重之外，也必须给承办者预留充裕的作业时间。如何选择适当的日期？主要是搭配"主宾"方便的日期与当日的时间，尽量避开大多数宾客比较不方便的时间（例如公休假日、重要年节或其他重要日子）；在一日中如何决定上、下午或晚上举行餐宴？除了配合"主宾"的时间，还需考虑其所代表的意义，一般来说，晚宴比午宴在含义上更为正式。

三、选择适合的地点（Where）

举行宴会的地点，也是影响餐宴效果的重要因素，对于地点的选择，可以分为外部的"交通因素"以及内部的"场地因素"（图4-12）。

图4-12　地点选择

对于宴会的办理，提供"便利性"是对宾客的一种尊重，也是影响办理成效的重要因素。举行宴会的所在位置，除了必须要在某个特定的地点，那么便可以尽量以宾客方便到达处为优先考量，例如：距离较近的、较适中的、容易寻找的、有较多大众交通工具可供选择的，或是有提供停车位的（更细心的，还可考虑车位数量是否足够的问题），这些都是选择宴会地点所要考虑的外部因素。

至于餐会的内部空间，更成为餐宴地点选择的主要考量；此时，须就餐宴的规模（也就是人数多寡）衡量宾客的容纳量，选择与考量空间的适当性（这空间不一定只有室内才算）。场地因素主要需考量两方面，一是"格局"，也就是考量场地的平面形状是否方正？场地内是否柱子过多或过粗？入场路线是否顺畅便利？因为这些都会妨碍到宾客就座后的视线（特别是看往讲台或舞台的方向），也会影响整体的空间感觉。而设备的完善与否，也对餐宴的气氛与效果有很大的影响，这方面包含灯光、音响、桌形摆设、花卉布置、舞台广告牌、指示牌设置以及其他现场装置设计，而这些都属于可以加分的因素。

四、宴会邀请对象上的衡量原则（Who）

对于符合餐会定义的餐宴，宾客邀请就是一种对人的管理，谁应该成为被邀请的对象？必须先针对餐宴的主旨（第1个W）以及地点的容纳量（第3个W）来作衡量。第1个W（What），指的是先根据举办餐宴的目的，譬如说想要在年终慰劳公司同仁，那么宴请对象就是全公司员工，如果地点人数容纳量（第3个W：Where）许可，经费额度也容许，也可邀请在工作上多有协助的人士与机关单位代表，这便是初步决定邀请对象所要考虑的要点。

> **Tips**
>
> "对等"与"平衡"原则，是所有国际活动所秉持的基本精神。

接下来便要考虑宾客邀请"层级"的问题：如果是对外的宴请，宾客名单就要依照"对等"与"平衡"的原则拟定。所谓"对等原则"，就是相同职位对等，例如：对方如果有副总经理列名，本公司也要请自己公司副总经理出席，人员可以由此类推。而所谓"平衡"原则，就是双方的人数大致保持平衡，人数不要相差太多以免导致宾主两方产生"失衡"现象。如果宴请国外宾客，餐宴入席的总人数就不宜是13位，因为这是禁忌。此外，除了职位高低相对等，还可以考虑"业务"上的平衡，

要考虑宾客邀请"层级"的问题：如果是对于外界的宴请，宾客名单就要依照"对等"与"平衡"的原则拟定。

对方有采购部经理，我方也可安排一位负责采购的主管参加宴会，就算是官方的宴会也是秉持这两项原则，一则这场商务宴会具有一定层级以上的代表性，二来也能促进相关业务单位的联系与沟通，就多年的实务来说，彼此负责的业务相近也比较有话聊，气氛也相对较为热络。

五、组织与分工计划的拟定（How）

餐宴办理中的4个W是原则上的确立，决定后便是执行的开始，不论宴会规模大小，此时便须指定主办的负责人员（项目经理）从事分工与协调工作，组织分工可以用之前所提过的分工组织图当作参考范例。

第4节　宴会项目经理人的基本能力、工作认知与准则

当宴会进入实质办理阶段，主办人员（或单位）便要开始扮演重要的角色，一场宴会便是一项

项目，如果要办好餐宴，项目经理人必须具备一些基本的知识与能力，最重要的，还是工作上正确的态度与观念的建立。

一、所需能力

承办宴会项目经理人所具备基本的能力，如图（图4-13）所示。

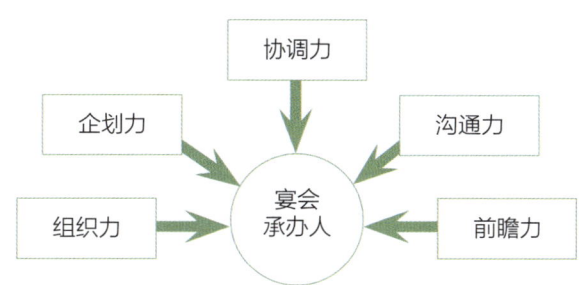

图 4-13　宴会项目经理人的基本能力

（一）组织力

宴会承办人必须了解工作内容与分类，再据此勾画分工与所属的负责内容，这便形成一种明确的分工组织图。

（二）企划力

承办人必须将宴会项目系统化，并加上时间进度的管控，无论此项宴会进行前是否有正式的书面计划书，只要负责办理人员接受此项目，就必须即刻勾画出宴会办理的程序、分工与进度管理。

（三）协调力

宴会的规模可大可小，可简单也可复杂，既然办理宴会将会形成一个协调系统，那么宴会项目负责人就成为掌控项目的"神经中枢"，各个分工部门或人员都必须发挥其职责与功能，而各个部门人员有可能发生问题与争议，或者是彼此之间权责不清，此时宴会项目经理人就必须发挥协调的能力，务必把工作界线厘清，以避免产生"三不管地带"或"三个和尚没水喝"的情况发生。总之，组织分工必须协调一致，成为一个以成果为导向的"问责"（Accountability）管理系统。

（四）沟通力

同样是协调，有人说得通，有人却不接受指令，因此宴会承办项目负责人必须具有相当的"说服能力""柔软身段""谈判能力"与相当的"决断力"，以使全体工作人员

宴会的规模可大可小，可简单也可复杂，既然办理宴会将会形成一个协调系统，那么宴会项目负责人就成为掌控项目的"神经中枢"。

同样是协调，有人说得通，有人却不接受指令，因此宴会承办项目负责人必须具有相当的"说服能力""柔软身段""谈判能力"与相当的"决断力"，以期全体工作人员都能为达成相同的目标而全力以赴。

都能为达成相同的目标而全力以赴。

（五）前瞻力

负责办理宴会有时要面对许多不可预知的变量与突发事件，具有经验的负责人，会把变量尽可能地减少，甚至预先做配置规划，而这项能力通常需要时间与经验的累积，加以磨炼与培养。

关于办理宴会相关的专业知识，包括"餐饮烹调""餐宴礼仪""礼宾实务"等，都是承办宴会的负责人必须进一步充实的，或许项目经理人并不能把宴会所运用到的全般事务都了如指掌，但是随着经验的累积，多加学习与餐宴有关的知识与学问，将会对宴会项目管理工作有很大的帮助。

二、"易位思考"与"进位思考"的工作态度

（一）什么是"易位思考"

易位思考就是站在被服务对象的角度来看事情。

当改变看事情的角度，而且是从"被服务的对象"（顾客）的想法与眼光思考，便可以知道宴会的诉求对象（主人与宾客）所想要达到的目的与效果。简单来说，就是假设你是参加宴会的宾客，你想要得到怎样的对待与感受？假设你是餐宴主人的角色，你想要获得什么样的餐宴成果？这便是以对方设想为出发点的思考方式，如此不但可以把事情做到最好，给宾主双方提供所想要得到的，工作上也可摒除"本位主义"的习惯，主办餐宴活动才会增加成功的可能性。

以对方设想为出发点的思考方式，不但可以把事情做到最好，给宾主双方提供所想要得到的，工作上也可摒除"本位主义"的习惯，主办餐宴活动才会增加成功的可能性。

（二）什么是"进位思考"

进位思考就是在对方还没有想到之前，我们就已经先想到了一些对方会在乎的细微处以及可能产生的需求。

"进位思考"是从事礼宾工作的基本思考态度，也可以说是"贴心服务"的先决条件。"服务工作"对象既然是"人"，就会有许多变量，举办餐宴更是对人的服务工作，也自然存在许多的变量，如果我们根据之前所累积的经验，就可以预先模拟筹办过程中所发生的各种情况，以及宾客所可能提出的要求，并且设想各种有可能发生的状况，筹办宴会项目必须秉持这种工作态度与思考模式，过程才会顺利，成果也会让人满意。总之，"进位思考"就是成功的关键！

我们根据之前所累积的经验，就可以预先模拟筹办过程中所发生的各种情况，以及宾客所可能提出的要求，并且设想各种有可能发生的状况，筹办宴会项目必须秉持这种工作态度与思考模式，过程才会顺利，成果也会让人满意。总之，"进位思考"就是成功的关键！

三、"弹性变通"的工作性质

宴会项目的办理存在诸多变数，例如：临时宾客的出现、缺席、时间与场地的变动，预先的计划到宴会开始的前一刻都可能有状况发生，所以宴会办理常常需要随机应变，在办理过程中联系协调事项繁多，往往需要在同一时间处理

许多事情，此时负责人必须保持冷静的头脑，果断判别哪些是重要的事情、哪些是急迫的事情，一一决定优先次序，"不怕烦、不怕难"才是宴会办理者正确的工作思维与态度。

四、替代方案的拟定

办理餐宴在各项重要的节点上，请用上述4W1H的要点作为主要参考依据，在这五项要点上预作"备案"。例如：

① 如果地点有所变动，还有哪些餐厅或饭店可供选择？
② 假若某项分工的人员因故（甚至中途）无法担任此项工作，还有谁可以承接？
③ 因为经费上的减少，是否可以从哪一方面进行节减？减少邀请人数、改变餐会方式（桌餐改成自助餐会甚至茶会方式）？还是减少鲜花布置？

以上都是宴会项目办理者可能面临的问题。因此，保持弹性处理的空间，预留临时条件变动的备案，工作中保持耐心协调与冷静调度的工作心态，"宴会项目"的办理，对您来说，就不再是一件辛苦的差事了！

结 语

当准备一场宴会时，项目承办人首先必须了解：

① 举办宴会的对象是谁？
② 想要达成的目标是什么？
③ 规模大小如何？
④ 所拥有的资源（人力、经费与时间）有多少？

如果宴会规模较小，办理人也有经验，亦可自行初步制订计划；但是如果宴会的规模很大，也需与其他活动串连配合，甚至是与其他单位协同合作，此时就必须组织一个工作团队，并且详加分工与指派任务，而在前期构思宴会活动的办理时，共同会商，集思广益，甚至是采取"头脑风暴"（brainstorming）的方法相互激发出创意与构思，也是很常见且有效的方式。

接下来，便是先行组织与构思相关的宴会工作，而这些可分为两大方向：

① 对人的管理
② 对物的管理

本章就是针对这两大方面进行解说，作为宴会项目承办人所必须具有的思考模式与方向，基本上就是采取"易位原则"来模拟宾客的心理，接着分析各种可能会发生的情况，再据此一一应对并作出安排。只要在宴会办理的构思规划工作能够缜密且周详，所谓"好的开始是成功的一半"，套用在宴会筹办之上，是再适合不过了！

本章重点复习

1. 所谓"项目"（project），是指根据一个特定的目的与要达成的既定目标，所规划的一连串相关的工作，其中包括对资金、设备、人力等资源的运用，以及在一定的时间内所完成的任务。

2. 把"活动项目"加入"管理"的理念，使得活动项目的筹备与执行，符合时效性与达成所想要的成果，这一连串的规划与执行过程便称之为"项目管理"。

3. "活动项目管理"有4项需要掌控与完成的因素：
   （1）时间（Time）　　　　　　（2）成本（Cost）
   （3）范围（Scope）　　　　　　（4）执行成效（Performance）

4. "宴会活动项目管理"就是办理宴会也是通过对以上4项活动项目因素的有效管理，才能达成预定的成果与功效。

5. 办理宴会的4+1个决定要素，包括：
   （1）举办缘由以及想达到的成效或目的（What）
   （2）适当的举办日期与时间（When）
   （3）选择适合的地点（Where）
   （4）适当邀请对象上的衡量原则（Who）
   （5）组织与分工计划的拟定（How）

6. 如何成为一位"宴会项目"筹办达人？
   承办宴会项目经理人必须培养基本的能力，包括："组织力""企划力""协调力""沟通力"以及"前瞻力"；在工作态度上面，要养成"易位思考"与"进位思考"的习惯，并且随着经验的累积，培养自信心并累积工作经验，灵活处理各种状况。

问题与思考

思考1　请说明"项目"的定义是什么？

思考2　如果把"宴会项目"的内容加以简化，就是对于"物"与"人"的管理。那么，请你说说看，"对物"以及"对人"管理的主要内容是什么？

思考3　如果你要决定宴会的场地，请说说看，有哪一些是必须要考虑的因素？

思考4　如果想要提高宾客的出席意愿，"交通"是必须考虑的因素之一，你认为该为客人做些什么准备，才能解决交通上的问题？

思考5　对于宴会场地的布置，有哪一些需要注意的事项？

思考6　请略述邀请宾客的重点。

思考7　办理宴会项目的"4W1H"管控要素是什么？

思考8　你觉得一位优秀的宴会项目经理人（办理人），有哪些能力与特质？

思考9　什么是服务工作上的"易位思考"？什么是"进位思考"？

第五章
预算编列与执行绩效管理
Budgeting and implementation of performance management

学习目标

详读本章，您应该了解：

- 办理宴会中经费与预算编列的观念与原则
- "宴会项目管理"预算的项目
- "宴会项目管理"预算的分配
- 预算表的编列技巧
- 如何让宴会办得既好又省钱
- 如何评估宴会办理的成效
- 什么是"外烩"（Off-premise Catering）
- 外烩的实务工作与注意事项
- 如何签订宴会合约

本章概述

俗语说："巧妇难为无米之炊"，对宴会办理而言，"经费"就是动力的来源，然而经费资源有限，不可能让宴会办理人随意"发挥"，而且就"项目管理"的角度来说，经费预算的限制就属于项目的特性之一，重点在于如何将有限的费用预算，充分发挥最大的效益，简单来说，就是"把钱花在刀刃上，仍可让人满意"，这就是预算编列与执行的基本目的。

对于宴会项目的办理，合理的经费预估与编列属于前期工作，在一些正式或大型的宴会中，甚至必须附在计划书中成为申请项目的一部分，并且进一步通过组织中的审查机制，来审核预算的编列项目、数量与单价等内容是否合理且翔实；因此，宴会项目预算的编列原则与方式，以及对于办理宴会绩效的评量办法，也是承办负责人所应该熟知的行政过程与技巧，特别是在成效评估方面，本书提出3C原则（花费Cost、舒适Comfort与满意度Content），其中对"花费"的评估属于"量化"（quantitative）的评估，其余两项则为"质化"（qualitative）的评量，综合三项评估指标，宴会办理才有较为客观的成果检验标准。

此外，本章再增加对于"餐宴外烩"的讨论，特别是对于外烩额外增加的项目与预算，提供实务上的经验分享。

本章最后针对消费者与宴会办理者较不熟悉，甚至是非常困扰的"签订合约"部分，详实分析应予以罗列的项目与相关注意事项，以提供业主与业者之间的信任与保障。

有了明确的邀请对象与人数，宴会的规模就可以确定，接下来再考虑哪些场地可以容纳这么多的人数，便可进一步寻找适合的饭店宴会厅或是某个方便的场所，决定餐食的方向后，便可进一步预估相关的费用。

引言

对于宴会举办的规模、人数、形式、菜色与场地等内容，与"经费多少"有直接的关系，"预算编列"是办理餐宴前期工作中最为重要的一个阶段，基本上，可以从两种思考方向决定预算的编列：

1. 确定所需要的项目与条件

假设对于餐宴的项目已经有基本的方案，那么对于预算的预估与编列，只要一一罗列确定想要的内容，例如：有了明确的邀请对象与人数，宴会的规模就可确定，接下来再考虑哪些场地可以容纳这么多的人数，便可进一步寻找适合的饭店宴会厅或是某个方便的场所，然后再决定是采用"套餐""桌餐""自助餐"，还是"茶会"或"酒会"的方式进行，与承办的餐饮业者再就特定的形式洽谈细节与预估费用。

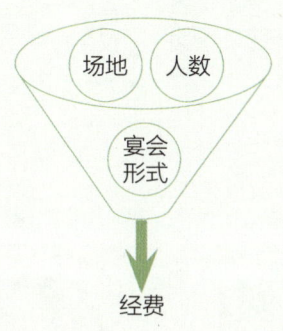

宴会项目必须决定各执行项目彼此之间的优先级，以及相互间的适当比例，以免超出预算金额而影响餐宴的执行成效。

2. 已先有预算总额，再就此总金额确定所需要的项目与条件

在一些情况之下，对于某宴会项目已经有确定的总金额，项目的承办人只能在此金额以下办理，且希望能将成效达到最大。此时就必须研究并列出必须的项目，而项目之间会存在彼此排挤的现象，因此也必须决定彼此之间的优先级，以及相互间的适当比例，以免超出预算金额或是影响餐宴的执行成效。右图即是某一场固定预算餐会项目内容与比例的范例：

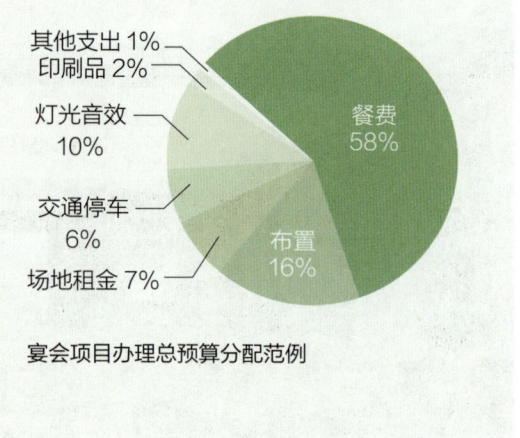

宴会项目办理总预算分配范例

第1节 宴会内容与基本项目

当计划筹办一项宴会项目，可以先就以下图表所示的项目进行检讨，哪些是需要的，哪些是可以省略的，由此再一一罗列项目明细以及单价与数量，基本的预算一览表就可以据以制作（图5-1）。

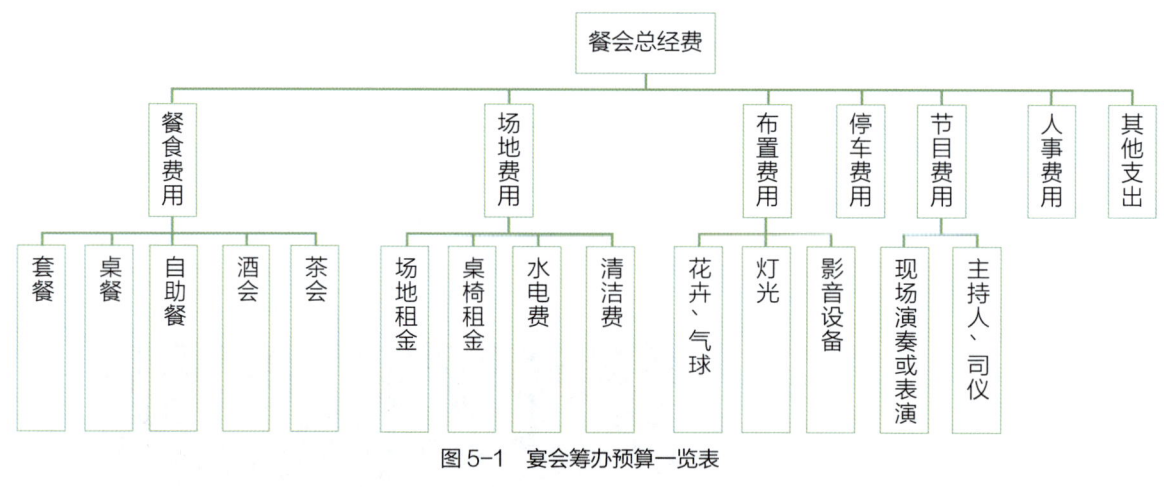

图5-1 宴会筹办预算一览表

第2节 访价与预算编列

如果宴会项目内容确定，就可以寻找适合的宴席承办者，进行详细的项目报价与讨论，而同一项目中也会因为包含内容与等级高低的不同，在价位上有所差异，宴会项目承办人必须考

量其必要性，来决定采用哪一种质量与等级，此时，承办宴席的工作人员很可能会提供许多意见与建议，你当然可以加以参考。然而，作为一个宴会项目负责人，只有你或你所属单位才知道主办单位或主人想要达到的"效果"与"目标"，可容许多少预算花费与支出，以及拥有多少资源与限制，这些主、客观的条件都不是受委托的餐饮业者全盘清楚的，需要哪些项目、舍弃哪些项目、容许何种质量以及可以负担哪些花费，这些都是要宴会项目主办单位或是主办人所要自行决定的。

当承办宴席的单位提报明细预估价格，有经验的宴会主办者可以从各项明细中考量其中的合理性，如有疑问可以与对方详加探询了解，可以衡量"质量"与"数量"的合理性，来决定接受与否，当每一种项目都没有问题，就可以编列餐会项目预算表；制作"预算表"的好处是，让宴会项目经费一目了然，除可供单位内部的签报审核之外，还可以在宴会结束后的经费结报阶段，一一审查核对检附单据结账，由此也可以清楚了解宴会项目的前置作业，而使整个宴会项目的办理更加有组织性并提升效率，这也符合"项目管理"的特性与要求。

表5-1"宴会经费预算表"，是以某大型餐会为范例，提供给读者参考，针对大部分的餐宴办理，就内容与项目而言，大多不离这些范围，其中单价为假设值，您在与承烩或承包业者洽谈时则以实际价格为主。

表5-1　2014年×月××日×××协会20周年庆祝晚宴预算表（例）

支出项目	数量	单价（新台币）	项目金额（新台币）	附注
宴前欢迎酒会	1	30,000	30,000	
桌餐	60	20,000	1,200,000	
果汁	240	300	72,000	
红葡萄酒	250	350	87,500	
矿泉水	1	55,000	55,000	以箱计
服务费	1	144,450	144,450	以上餐饮费用10%计算
宴会厅场租及水电费	1	100,000	100,000	
饭前酒会场地租金	1	10,000	10,000	
鲜花布置代办	1	20,000	20,000	
灯光及影音设备	1	30,000	30,000	
小计			1,748,950	
◎餐饮费用：以上由××大饭店承烩				
贵宾证印刷制作	600	5	3,000	
入口桌次海报制作	3	500	1,500	
小计			4,500	
◎印刷品费用：以上由××广告企业社承制				
管弦室内乐团演出费	1	50,000	50,000	
节目主持人费用	1	6,000	6,000	
小计			56,000	
◎节目费用：以上由××乐团担任				

续表

支出项目	数量	单价（新台币）	项目金额（新台币）	附注
交通费用	1	30,000	30,000	停车费
饭店货车及冷冻车运输费用	3	2,500	7,500	（仅外烩时产生）
外烩费（或人力费）	1	30,000	30,000	（仅外烩时产生）
人事费用	1	40,000	40,000	含工作人员餐食
其他支出	1	30,000	30,000	
◎以上共计新台币$1,946,950				

第3节 优惠争取与经费节约

当宴会执行单位已与宴席承办者进行洽谈，基本项目、内容细节与各项费用都已经大致掌握，可以再次就每一项仔细商讨，或许可以找出一些不太了解或不甚合理之处，再详加询问，宴席承办的说明倘若可以接受，便可以列入预算表之中。

有时饭店业者会有套装的宴会方案，通常会提供比较优惠的价格，类似的方案也可以当成参考，就其中的既定项目中酌情增加或减少服务内容，可以为举办餐宴项目省下一些费用，有时恰巧有宴会促销，宴会办理人如果详加研究其中的内容，或许所举办的宴会也可适用，如有必要再跟宴席承办者商讨调整项目。有时，也可以跟业者要求自带酒水以节省费用，当然大部分相当等级以上的餐厅或饭店会要求酌收"开瓶费"（有时以"自备酒水服务费或清洁费"等名义为账目列支），也许有机会请求免除这项费用，倘若你是有信誉的老客户，可能获得同意的概率也会大一些。

如果在进行办理餐宴的过程中，遭遇到一些临时变化的情形，而对经费造成压缩与排挤，例如：宾客增加、某项目的单价调整、临时项目必要的增加，此时，宴会主办者就必须就整个项目中的项目与数目重新商讨，而就其中各项目的重要性大致排列出优先级。举例来说，某个大型餐宴的预算已经固定，倘若临时增加许多宾客，或者是由于地点的改变而产生额外增加的费用，如果真的不能追加预算，也只能节约经费而将整场餐宴内容挪移调整，例如，将现场演奏乐团的经费改为音乐播放等方式来应变。

有时恰巧有宴会促销项目，详加研究其中的内容，或许我们所举办的宴会也可适用，如有必要再跟承烩业者商讨调整项目与内容。有时，也可以跟承烩业者要求自带酒水（Bring Your Own Booze, BYOB）以节省酒钱。

第4节 执行绩效的管控与达成

既然"宴会"的办理是一种"项目"，执行的成果就必须有客观的衡量与考评依据。那么，什么是评量"宴会项目"成果的标准？这就必须依据"3C原则"来加以考核（图5-2）。

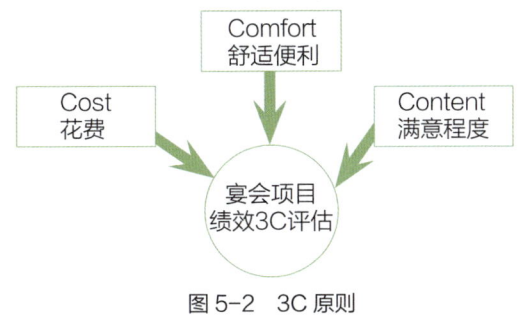

图 5-2　3C 原则

一、花费（Cost）

"项目"的基本特性，就是预算有一定的限额，倘若我们完成一个宴会项目，可先就实际各主要项目的花费与总金额来做商讨，如果花费在预算之内，以较节省的经费达到同样的效果或以同样的经费却可以做得更好，这在"花费"项目的评估上，就较具有成效。

二、舒适便利（Comfort）

宴会项目的承办者，如本书前章节所谈到的，必须以"易位"以及"进位"的方式思考，来模拟宾客行进的路线，以及有可能遭遇到的问题，再进一步考虑是否能尽量提供参加宴会的宾客各方面的便利性并感受到尊重。因此，在评估宴会成效的原则中，主办单位或是承办人员可以自行从"办理者"的角度，在宴会结束之后自我评价：

① 宾客是否容易找到宴会地点？
② 大众交通工具是否便利？停车是否方便？
③ 进场入席是否顺畅？
④ 宴会程序是否进行流畅？
⑤ 各桌上菜速度是否恰当（无过慢或感觉到赶菜）？酒水是否都能实时供应？
⑥ 特殊饮食的要求是否都能实时正确供应且无错误？
⑦ 餐食口味是否符合宾主要求？（如正式的重要宴会之前可以安排"试菜"，修正的结果可作为宴会验收的客观依据）
⑧ 餐宴气氛是否热络？以上问题假如大致上都能顺利达成，那么餐宴就具有相当的成效。

"项目"的基本特性，就是预算有一定的限额，倘若我们完成一个宴会项目，可先就实际各主要项目的花费与总金额来做商讨。

三、满意程度（Content）

"宴会项目"属于一种"服务性"的工作，因此，对于宴会成果的展现，也必须经由调查、询问或访谈主人以及多位与宴宾客的感受与评语，来作为办理餐会成果的依据，毕竟，他们才是宴会的主角。

"宴会项目"属于一种"服务性"的工作，因此，对于宴会成果的展现，也必须经由调查、询问或访谈主人以及多位与宴宾客的感受与评语，来作为办理餐会成果的依据。

以上对宴会项目绩效的"3C"评价标准中,"花费"与"舒适便利"属于"自评"项目,而"满意程度"则属于"他评"项目。

第5节 "外烩"的实务工作与注意事项

对于许多饭店餐厅,甚至是"办桌"业者来说,"外烩"(Off-premise Catering)是一项常见的服务项目,主要是配合业主(主持办理宴会者)到指定的场所承办宴会。对业者而言,是一种较为繁琐,甚至可以说是"麻烦"的承烩方式,因为有信誉、具经验的外烩业者,要将整套宴会设备,包括桌椅、锅具、食材、餐具、耗材,以及厨师与服务人员外移至业主所希望的特定场所,而此场所还不见得是熟悉的场地,业者必须克服场地的各种限制,却又必须呈现与在饭店或餐厅内所能享受到的同样的服务与餐饮水平。因此,对餐饮业者来说,"外烩服务业务"的门槛与所必须具备的条件较高,若没有能力与信心,是无法胜任与承揽这种业务的。

"外烩"对于许多饭店餐厅,甚至是"办桌"业者来说,是一项常见的服务项目,主要是配合业主(主持办理宴会者)到指定的场所承办宴会。

对于宴会项目的承办者而言,必须要了解与评估在饭店或是决定外烩的优缺点比较与可行性,除"经费""布置"之外,如果由于其他的特殊原因,例如隐秘、气氛与人数容量等,便可以决定以外烩的方式办理。对于外烩餐宴,必须考虑以下事项。

一、事先进行场地勘查

假如宴席承办者对场地陌生,那么宴会主办者就必须安排餐饮业者先行到场勘查路线与场地,人员包括厨师(内场)与供餐上菜的服务人员(外场,需干部等级),查看各项设备与服务路径如何,可以帮助宴席承办者熟悉场地,以及决定现场欠缺哪些设备必须要业者自行携带,当然,这些都必须增加费用;如果宴会的规模较大,等级与正式性越高,实务上甚至场地勘查就不止一次,彼此在场勘时就必须立即提出问题与答复,沟通会比较具体与顺畅。

事先进行场地勘查,假如宴席承办者对场地陌生,那么宴会主办者就必须安排餐饮业者先行到场勘查路线与场地。

二、增加衍生费用

因为外烩需要所增加的费用项目,大致包括:
(1)桌椅租金 此项多为承烩业者统一包办。

（2）车辆运输　包括运送餐饮业者人员的车费，再加上器材、食材、桌椅等工具物品的运输，有些具规模且常承办外烩的饭店，甚至为保持较多宾客餐宴备料与食材的新鲜度，还会配备或代租"冷藏车"，费用当然需要增加。

（3）手续费（handling charge）　此项费用囊括餐具等器材的搬运等工作费用，是因外出服务而产生的，各家饭店对于外烩所造成的此项工作费用也有不同的名目，例如："外烩费""人力费"，或者除"服务费"（service charge）外直接另收取餐费的10%金额，方式更为简单明了。

（4）其他杂项　依宴会承办单位与承烩业者双方约定即可。

三、外烩业者进场的前置工作须预留相当的作业时间

依照许多的外烩经验，越大的餐会，承揽业者越要提前入场进行准备事宜，以免手忙脚乱，而造成宴会效果与服务大打折扣，甚至有时还有时间可以再次运送原先所遗忘的宴会用品。

四、外烩依惯例多要求最起码的人数与价位

为了符合规模上的经济效益，餐饮业者多规定基本的消费金额或人数规模，否则不会配合承办。

外烩项目较一般的宴会项目复杂，需要注意的事项与费用也较多。

依照许多的外烩经验，越大的餐会，越要提前入场进行准备事宜，以免手忙脚乱，甚至还有时间可以再次运送原先所遗忘的宴会用品。

第6节　合约的签订

具有规模的餐饮业者，有时会要求订席者签订合约，合约的内容大致如下。

（一）时间、标的、数量与价格

（1）宴会日期

（2）宴会时间

（3）宴会厅别（休息室提供与否需注明）

（4）每桌价格（桌餐）或每客价格（套餐），或其他餐食计价方式。菜单内容也列为附件，成为合约的一部分。

（5）预定桌数（桌餐）　包括主桌人数，以及其余每桌人数，或是预定客数（套餐），或是自助餐会、酒会及茶会以场

预定桌数（桌餐）：包括主桌人数，以及其余每桌人数，或是预定客数（套餐），或是自助餐会、酒会及茶会以场次计价。以上桌数或人数依双方约定在举行日之前的一定时间确定"保证数量"（最低数量）为凭办依据，逾期不再接受减少数量的要求。

次计价。以上桌数或人数依双方约定在举行日之前的一定时间确定"保证数量"（最低数量）为凭办依据，逾期不再接受减少数量的要求。

（6）宴席承办者提供宴会的设备、物品与服务：如为免费赠送的项目也需详列注明。

（7）有无开瓶费（酒水服务费），如有则注明计价方式。

（二）订金的收取方式

订金的收取方式可依百分比，不得超过预定总价款20%。

（三）订席总价、付款内容及给付方式

可注明预定总价款，实际总价款应以双方依合约载明确认的"保证桌数"作计算基础。此外，此总价款也需注明是否含税及服务费，或是其他费用，以避免产生争议。至于款项支付方式（实际总价减除现金、保证金等费用），是收取现金、信用卡、支票或是其他方式，也可注明清楚。

（四）订席者取消宴会订金的处理方式

以下为范例

1. 通知于原订宴会日前120日以上者，请求业者退还全部已付订金。
2. 通知于原订宴会日前90~119日之间者，请求业者退还90%已付订金。
3. 通知于原订宴会日前60~89日之间者，请求业者退还70%已付订金。
4. 通知于原订宴会日前30~59日之间者，请求业者退还25%已付订金。
5. 通知于原订宴会日前29之内者，业者可不退还已付订金。

（五）宴席承办者违约时的处理

因业者的原因，导致不能履行合约，业者应立即通知订席方解除合约，以2倍订金返还对方，并应赔偿其所受损害。

（六）载明因天灾、战乱、政府法令等不可抗力或不可归责于双方当事人的事由

因为这些因素，导致不能履行合约或履行有困难时，双方均得解除合约，宴席承办者应无息返还对方已缴的订金。

（七）保证桌数的约定

可载明订席者应于某明确日期前，向宴席承办者确认最低保证桌数或人数，如逾期后欲增加数量，可以约定增加的幅度（如原确定数量的10%）。

这一点在实务上，如果宴会实际开桌（或客数）不到保证数量，结算金额当然以保证数量为计算标准，但是实际上并未开桌，许多饭店餐厅多会保留订席业主日后择期"补吃"的机会，这一点是国内餐饮业者较为弹性的做法，国外餐饮业者对此规定相当严格，并无类似国内这种补开席的方式。

（八）可明确约定"试菜"的方法及优惠

（九）可明确约定订席方对宴会场地使用的相关规范与约定

（十）可将"菜单"内容、"宴会设备""提供服务"及"免费赠送项目"列出一览表当成附件，也成为合约的一部分

以上为订约的基本内容，可根据双方议定的项目酌情予以调整，订席者可以享有合约审阅期至少5日。

结 语

对宴会的办理而言，"经费"的多少是决定宴会的走向与规模的首要考量因素，尤其在公商务的餐宴中，"预算编列"常常列为必须的程序，这在大型的餐宴与重要的宴会中更是组织管理中极重要的一环。有经验的餐会项目管理者，不但善于组织人员、选择餐食、安排场地布置与宴会进行的程序，对于餐宴的费用，更要懂得"市场行情"，据以衡量与调节相关餐费支出与预先想要达到的餐宴效果，这一点是许多餐宴办理者所不甚熟悉与常常感到困扰的关键点。

对于"预算表"的编列，常常会被要求附在活动企划案中，"餐会项目"也不例外，具有经验的筹办人，就会汇整出一张清楚且具有"说服力"的预算表，这不但能让审核宴会项目的主管（审核者或经费提供者）顺利通过并且获得支持，也可以将此表当成检核表——按照项目完成，并且据以控制经费的使用。读者请再次将"宴会筹办者"的地位回归于"宴席承办者"与"服务对象"的中间角色，这里的"服务对象"就是宴会本身邀请的宾客，而就"宴会项目"来说，指的就是"财务的审核者"或"监督主管人员"，宴席承办者总是希望多多提升盈利空间，而审核人员（主管与经费提供者），如在相当的效果下，则是希望多节省经费，宴会承办者就处于中间"协调"的角色，特别是在经费的编列上，能向饭店业者争取，而另一方面向经费监督者解释说明，"预算编列"与"绩效评估"在宴会办理的初始阶段，扮演着极为重要的关键角色。

本章重点复习

一、就一场餐会而言，可能产生的费用项目如下：

（1）餐饮费用　包括套餐、桌餐、自助餐、茶会、酒会等形式的餐宴与酒水饮品。
（2）场地费用　包括场地租金、桌椅费用、水电费、清洁费等。
（3）布置费用　例如花卉布置、灯光、音响影音设备等。
（4）停车费用
（5）节目费用　演奏或表演节目、司仪及主持人酬劳等。
（6）人事支出　例如人员工资、加班费、保险费等。
（7）其他可能衍生的杂项费用　管理费及可能发生的税捐与保证金等。

二、"宴会项目办理"的绩效评估，以"3C原则"为衡量标准：

（1）花费（Cost）　以较节省的经费达到同样的效果，或者以同样的经费却可以做得更好，这在"花费"项目的评估上，就较具有成效。这属于量化评估指标。
（2）舒适便利（Comfort）　主办单位或是承办人员可以自行从"办理者"的角度，在宴会结束之后就各方面要点与流程重新检视执行成果。这属于质化评估项目。
（3）满意程度（Content）　"宴会项目"属于一种"服务性"的工作，可经由调查、询问或访谈主人以及多位与宴宾客的感受与评语，来作为办理餐会成果的依据。这属于质化评估项目。

三、宴会办理单位或负责人，对于餐宴的合约签订，必须逐一详细检视各项标的与执行内容，如有不知道、不明了与不明确的地方，务必相互厘清，甚至可以要求明文修订，如此才可确保自身的权益。

问题与思考

思考1　请列举一场大型宴会所可能产生费用的项目名称？

思考2　宴会成效评估的原则是什么？

思考3　宴会主办人对于"外烩"的办理，有哪些应该注意的要点？

第六章
宾客邀请
Invitation

学习目标

详读本章，您应该了解：

- 拟定宴会宾客名单的原则与方法
- 对宾客邀请的方式
- 如何设计请柬或邀请卡
- 如何设计宴会回复单（R.S.V.P）
- 如何依照宾客回复情况决定宴会办理的相应事项

本章概述

　　当宴会的前置作业都已经完备，便可以进行宾客的邀请。此时，便是要直接面对宴会的主角，而宴会办理人必须以主人的眼光与角度来思考，据以进行对宴会客人的联系邀请与相关的服务工作。

　　既然面对的是宴会主要服务的对象，就必须让宾客感受到"礼遇""尊重"与"便利"，这方面涉及"文书礼仪"与相关"礼宾原则"的实务应用，本章便是从这些方面来讨论对于宾客邀请的方法，如何才符合礼仪要求，而且是从一开始拟定宾客名单时，便适用的必须注意到的礼仪原则，也分享请柬或邀请卡设计制作的惯例与技巧；除此之外，也举出回复单（R.S.V.P）的实例供读者参考。

引言

如何办理一场成功的宴会？如果进行到"宾客邀请"的阶段，便是正式展开对服务对象的联系。

宴会服务的对象是"人"，也就是邀宴的宾客，至于如何决定谁可以被邀请？就要先厘清主人设宴的"目的"（Purpose），这就必须先同宴会主人（或负责的单位主管）与相关部门作详细了解。

餐宴的属性可以分为迎新、送旧、接风洗尘、送行饯别、年终餐会、忘年会、春酒、感谢、庆功、贺高升履新、联谊餐会等，必须确定举办宴会的种类性质与走向，才能决定邀请对象的属性与范围。

宴会为何而举办？

公务、商务宴会大多有其主旨与目的，必须先行确定后，宴会项目办理人才能掌握宴会的走向（是要宾客阶层高而人数少，还是希望扩大人员的参与）与基调（是要热闹庆祝还是温馨感性），此项是办理宴会项目基本精神的确定。

如何界定宾客身份的界定与范围？

宴会办理者要思考可参与的对象，由内而外分别为：
① 是单位内部的人员，还是必须邀请外界的人士参加？
② 纯属国内的宾客，还是跨国际的涉外餐宴？
③ 可否携伴参加？可否阖家光临？

以上各种宴会的宾客性质与邀请范围，都必须在办理餐宴之前就先加以厘清，才能决定餐宴后续的处理方式。当以上问题都有了答案，就可以继续拟定宴会的宾客名单。

第1节　如何拟定宾客名单

如果某场餐宴属于对外交流与往来性质，上自国际官方外交上，两国之间因访问而举办的"国宴""官宴"，乃至一般民间机关团体相互间的宴会，很清楚是有两个或多个团体之间的交流所举行的餐宴；此时，对于"宾客名单"的内容组成，可分为"主宾""对方贵宾""主人"与"我方陪宾"4种类型。当拟定宾客名单时，如何决定谁可列名其中？就必须注意"对等""平衡"与"关联"三项原则。

对于宾客名单的拟定原则，要考虑双方的人数大致保持平衡，不要因为人数相差太多而导致宾主两方产生"失衡"现象。此外，除了职位高低相对等，还须注意相关"业务"上的平衡。

一、对等原则

对等原则就是相同职位或位阶相对等。举例来说，在民间的商务宴会，对方是董事长来拜访，我方就可也以董事长为主人设宴款待，其余宴会宾客的列名也是比照这种办法来拟定宴会的宾客名单。

二、平衡原则

如果办理正式的双边宴会(如两国、两团体等)，就是双方的人数要大致保持平衡，彼此不要因为人数相差太多而导致宾主两方产生"客多我少"或"客少我多"的失衡现象。

三、关联原则

除以上属于"双方"或"多方"组织团体交流性质的宴会之外，还有宴会的主题性或主轴性是较为强烈的，例如："庆功宴""欢迎宴""惜别宴""尾牙"或"春酒"等较偏向组织内部为导向的宴会，宾客名单的拟定，就必须秉持"关联原则"，也就是跟宴会举行主旨有关的人员，都应该是被邀请的对象，"职位层级"并非考量的重点，假如经费与宴会的人数容量许可，符合此主旨与资格者，都应尽量予以纳入。

对于宾客名单拟定的"关联原则"，要将与宴会主旨有关的人士都考虑列入。

相反，假设某场内部主题性的餐宴中，某人没有被邀请，就会被视为排除与此主题或某事、某身份有关的资格，如果当事人认为应该被邀请，那么很可能会招致反弹与不满，因为他会视这种"未获邀"的情形为一种羞辱。举例来说，某公司举行"庆功宴"，有人没有被邀请，此人却认为对此庆祝的事由是有贡献的，被忽略的结果便是纷争的开始；又如此庆功宴有某位主管或某单位曾经从旁协助，或者是提供信息与建议，而对于工作有圆满的结果是有正面的帮助，在餐宴礼仪上也应邀请个人或单位的代表，宾客名单的拟定才算周全，至于对方是否出席，都应依其意愿，至少宴会项目的办理人已符合商务礼仪与人情世故上的周全圆满。

宴会办理人在拟订邀请的对象时，以上三项原则就是构思的方向与制定范围，第一、二项主要是有主、宾方之分，第三项主要考量为内部宴会的特殊性质，可以把这三项原则与宴会宾客邀请对象间的关系，用图6-1表示：

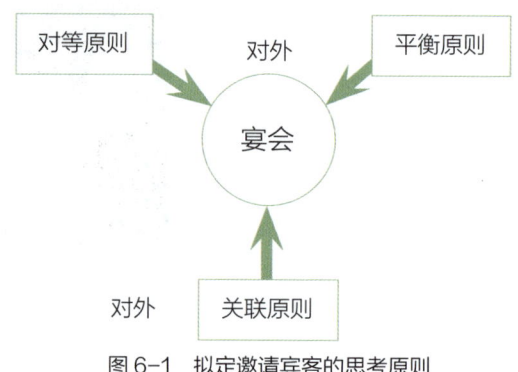

图6-1　拟定邀请宾客的思考原则

第 2 节　邀请方式

当宾客名单确定之后，宴会的日期、时间以及地点也都确定，接下来便可进行宾客的邀请。

邀请宾客便是"宴会礼宾工作"的开始，因为"邀请"的工作必须直接面对宾客，往来之间所采取的方式与礼仪就必须特别留意。

一、采取何种方式联络较为适当

宴会办理人必须根据宴会的性质以及正式程度的高低，来决定通知的方式与媒介，建议如下：

1. 如果属于单位内的餐宴，或是偏重私人交谊性质的餐会，如"员工餐会""公司年会""庆功宴"，可以用电话通知，甚至用电子邮件通知洽邀即可。

2. 假如是"官宴""正式宴会"等，特别是以邀请外界人士为主的宴会（包括国外宾客），就要特别注重礼貌的问题，采用"书面"送达的方式才符合礼仪且较为得体；至于所谓的"书面方式"，便是采用寄送"请柬""邀请卡"或"邀请函"

如果是邀请国外宾客为主宾，还须以对方的语言文字来印制请柬邀请。

的方式通知洽邀，如果是邀请国外宾客为主宾，还须以对方的语言文字来印制请柬邀请。这便是最为正式与礼貌的邀请方式；尤有甚者，为了表示对地位崇高宾客的敬意，甚至请专人送达，甚至主人亲自当面奉上，这便更加恭敬了！

实际上，当承办人办理餐会项目的宾客洽邀工作时，如果确定要寄发请柬，在目前忙碌的社会中，最好至少在两周前就要寄发，以方便受邀者安排行程，并且能从容决定是否出席，而且如果在请柬寄出之前，能够先打个电话知会一声，会显得更加贴心。

二、请柬、邀请函（卡）的拟定与制发

如果宴会项目办理人决定要印制请柬洽邀宾客，有哪些通知事项必须注明？而请柬（邀请卡）是否有既定的惯用格式？

请柬或邀请函文字内容必须注明的事项，包括：

（1）宴请的"事由"（Event）

（2）主人的具名（Host），如夫妇作东便可一起具名。

（3）日期（Date）

（4）时间（Time）

（5）地点(Venue)

（6）服装（Dress Code, Attire）：如果属于正式的宴会，便可注明出席服装，男士可指定"西服"，女士为"洋装或套装"，更为隆重的即为"晚礼服"。然而现今为了尊重男女宾客穿衣上的弹性与自主衡量的空间，大多注明"正式服装"（Formal）即可。

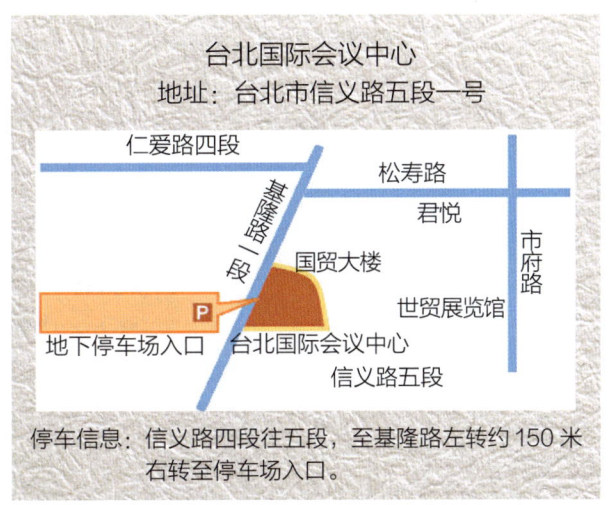

随同邀请卡一并寄出给宾客的文件印刷品，还可包括：

（1）出席回复单（R.S.V.P）

（2）贵宾证

（3）停车证

（4）宴会所在的位置图

以下是正式宴会所使用的中文请柬范例（姓名皆为虚构）。

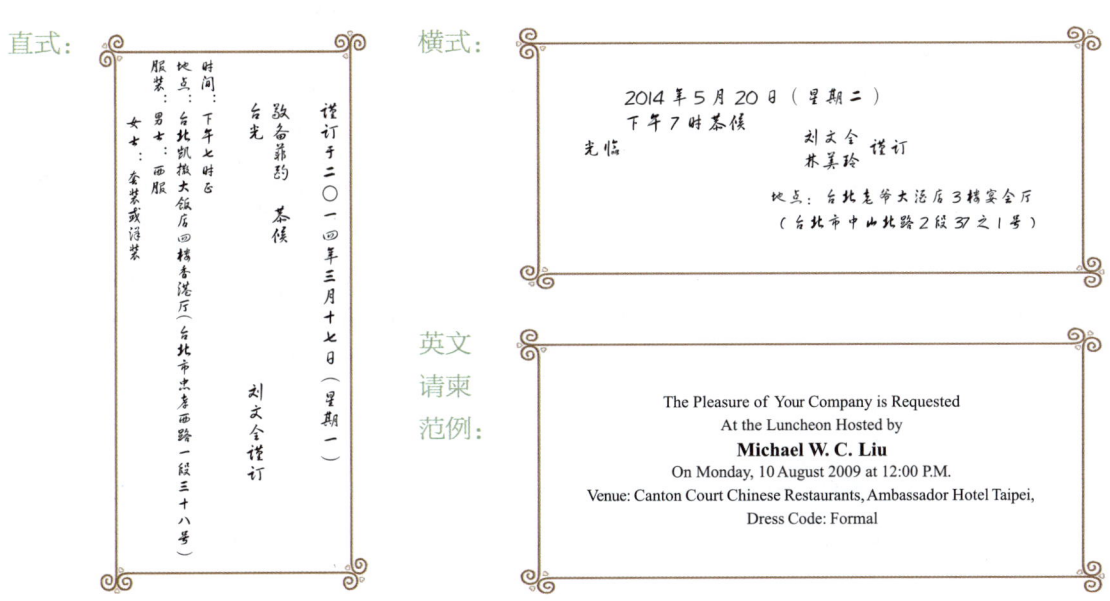

以上请柬范例属于较为严谨与传统的基本格式，宴会项目负责人当然也可以根据宴会的属性来设计一份别出心裁的邀请卡，借以表达出餐宴的性质与诚意。右边邀请卡的范例便属于此类的设计理念，然而前面所提到请柬所必须通知宾客的基本事项，也都必须要具备：

实务案例新视野

文书礼仪：发出的正式书面文件勿乱涂改

在现今的公商务场合以及公关往来的例行工作中，对于"文书""信函""请柬""邀请卡"等，用寄送或请人专送的方式，还是很常见，虽然如今强调"节能""省纸"与"节约资源"，采取电子文件传输的方式，也是趋势与流行做法。但是，如果把这种想法、做法"用过头"，没有让礼仪公关工作的"正式性"与"严肃性"取得彼此之间的平衡，恐怕就会发生很大的问题。

虽然如今强调"节能""省纸"与"节约资源"，采取电子文件传输的方式，也是趋势与流行做法。但是，如果把这种想法、做法"用过头"，没有让礼仪公关工作的"正式性"与"严肃性"取得彼此之间的平衡，恐怕就会发生很大的问题。

★商务场合文书与邀请通知，以"书面"最为正式！

通常而言，在公务机关与民间公司行号及企业组织中，一些重要的事项通常都会记录下来写成或打印为书面，毕竟"白纸印黑字"，就有了凭证（必要时还可成为"证据")。所以，长久以来就公商务礼仪来说，只要"对外"（所谓对外就是通知或接受信息的对象是外界的单位或个人），以给予"书面"的方式是最为正式与礼貌的。

不论对方以何种方式跟我们的公司或单位联系，或者是我们主动通知对方，如果想要突显"正式"、表现出"诚恳"与"礼貌"的态度，就最好用寄送"书面"的方式给对方，无论是公务还是民营单位，发出"公文""信函""邀请函""请柬""贺卡"等，都属于"正式性"的文书。反过来说，以"书面"方式为之的通知，才是最正式与最礼貌的，甚至在某些极为正式的场合与基于表达对收受对象至高的尊敬，还会采取"派遣专人"或"亲送"的方式，以彰显与表达高度重视之意！

★ 公关工作上的文书作业，"谨慎仔细"最为关键！

请想想看，纸质文书一经发出去，白纸印黑字，有错误遗漏就成为"证据"，既然书面文书送达最为正式，在实务上就会有一套"校对"与"查核"的流程，"公文"如此，"邀请函""请柬"或"贺卡"也是如此。所以，就这个例子来说，任何正式文书都会先有"稿件"，一般在"稿件"上的遗漏或错误，是很常有的，就算没有任何疏漏，但核稿的上司有时也会改改稿件，将文句内容润饰得更好，所以一旦确定发出的邀请卡还有错误，一般专业的部门如果发生这种情况，肯定会被勒令严正"检讨"，而且，想要补救也要走对方向，否则就会"越补越大洞"。

★ 正式发出的文件不要乱涂改！

这点就是重要的关键了。接续上一点，工作程序的疏忽在所难免，但是补救一定要得法，在这里就必须说明，办理者要有"礼仪工作"的观念与涵养，对正式文件进行涂改是很不符合商务礼仪的。

请记得：

1. 在正式或公商务场合中的见面往来，如果需要递上名片，那么名片一定要干干净净没有折痕与污损，因为名片代表着递出者的"面子"，您会将脏兮兮、皱着眉的脸给人看吗？如果因为换部门、职衔或电话，不要为了省钱而在自己的名片上涂改增删，应重新印制一份使用；同样的，对方递给自己的名片，要仔细看一下，复诵一下对方的大名与职衔，说一些表达敬意的话："请多指教""请随时联络"等，这样才符合公务礼仪，不要将收到的名片当着对方的面注记写字或把玩，在别人的"面子"上做文章可不是有礼貌的举动。当然，如果对方补充自己的信息（如手机号码），将其写在他自己的名片上，因为是自愿提供更多的信息给你，是可以接受的。

2. 请柬、邀请函等公文书，好比代表自己或单位伸出欢迎的双手，这双手一定是洁净美好的，如果正式文书上还有涂涂改改，甚至贴上"创可贴"般的遮盖，就好像伸出包上"绷带"的手，对方握得下去吗？"节能省纸"是没错，但是心态方法也要对，重要的是，"请柬""邀请卡"的"正式性"与"礼仪性"很强，因为牵涉"门面"与"礼宾"，受过礼仪礼宾专业工作训练与历练的人都知道这一点，省纸省钱也不能流于质量粗糙。再进一步仔细说明，在内部作业的"稿件"过程中，任何增删修改都是正常的，所以资源纸张的重复使用、修改涂贴都是必然。但是，只要经过仔细谨慎的"修改"与多次"校对"，正式发出的函件就应处于"最佳状态"，内容格式正确之后再求设计美观，否则，正式发出的函件内容错误或涂改，就算把邀请函镀上金箔也是枉然。

3. 礼仪公关工作，别忘了"人性"的考量：这里的"人性"，指的是一般人对事物的可能反应，还有预期会产生的动作。什么是人性？一是"贪心"，二是"好奇"。例如对外发出相当数量的"邀请函"，想想看，收受者中是不是有可能出现"好奇宝宝"，会对"浮贴"下的"东西"感兴趣？这也正是在"馈赠礼仪"中，所一再强调送出的礼物，价格标签一定要"撕掉"，而不是拿贴纸"遮掉"，因为你怎知道对方不会在好奇心的驱使之下把标签撕下，探究你到底花了多少钱买这礼物呢？同样的好奇心理，承办单位又怎知不会有好事者探究人名浮贴纸签之下，到底是写着谁的名字？所以，对于较为高阶的礼宾事务，经验丰富的人员一定会有相当的"警觉心"与"敏感度"，正因为如此，礼宾公关工作是一项"艺术"而不只是"技术"。

在正式或公商务场合中的见面往来，如果需要递上名片，那么名片一定要干干净净没有折痕与污损，因为名片代表着递出者的"面子"。

从这篇文章与这个例子来看，就文书礼仪来说，本书再次强调：

正式发出的书面文件印刷品，有错误宁愿重印，也不可再浮贴乱涂改！

第3节　出席情况的掌握：宾客回复工作

"宴会"的服务对象是"人"，而"人"的反应情况具有相当大的不确定性，因此详细掌握宾客出席的状态，对于宴会举办的细节，就能执行得更加精准！这是进行宴会办理的工作中非常重要的一环，因为统计宾客出席越精确，就越能确定实际摆设的桌数与客数，不但有利于现场的布置，更能据以估算出可能支出的费用金额，也可作为其他事项决策的参考，例如：

1. 出席人数太少，就要决定是否加邀宾客。
2. 出席人数相当踊跃，就要想到停车位是否足够。
3. 如果回复结果获知携家带眷的情形很多，就要确定小孩座椅是否足够，以及餐食分量是否需要调整。
4. 确定出席者的特殊饮食要求，例如：素食、忌牛肉、海鲜等，也可以通知宴席承办者预先准备。

"宴会"如果能详细掌握宾客出席的状况，对于宴会举办的细节，就能执行得更加精准！

一、回复单（R.S.V.P）的设计

用请柬或邀请卡邀请宾客，以书面设计"回复单"（R.S.V.P）一并寄送给受邀者，是掌握宾客出席情况与特殊需求的重要方法，"回复单"的外文R.S.V.P，原文是法文Répondez s'il vous plaît，亦即"请回复"的缩写；在英文请柬回复单上，如果只需要不出席者回答，就在请柬上印上Regrets only（如不能出席，请再答复即可）。

不论是中文还是英文的回复单，所设计的询问内容可以包括：

1. 请宾客配合回答出席情况的期限。
2. 出席与否？
3. 出席几人？单人出席？还是夫妇出席？甚至是携家带眷？出席的家眷中，又有几位小孩？
4. 如是西式套餐，注明主餐的选择（牛、羊、猪、鸡或鱼、海鲜等）。或者直接询问是否有特别饮食上的忌讳与特殊要求？例如素食？还是其他特殊饮食？有关"饮食禁忌"的讨论将在本书第九章第5节探讨。
5. 赴宴方式，也就是采取哪种交通方式前往？自行开车还是搭乘公共交通工具？如能调查此信息，将有助于办理宴会者对宾客交通上的准备与照料。在一些较为正式或具有规模的宴会，主办单位可以在邀请函中附上宴会地点的地图、停车场的位置或搭乘公共交通工具的方式与相关信息，如此会显得更加贴心。
6. 受邀宾客签名栏。
7. 如果宴会出席者的阶层较高，或许有随行秘书或司机，这些跟着宾客前来的工作人员，主办单位也有义务为他们准备餐食，简单的就是发放餐盒，慎重一点的、预算允许的就为他们准备工作简便桌餐。

以上第1～6项，是设计回复单的基本项目内容，假如属于更为正式，例如官方宴会或是高级商务宴会，第7项内容就有其注明与询问的必要性；以上询问项目尽量以让受邀宾客自行"勾选"的方式为设计原则，因为如此较方便受邀者回答，这也是办理宴会项目以"易位原则"为思考方向的具体实践。

对于宴会回复单内容设计的逻辑层级，可以用图6-2来表示。

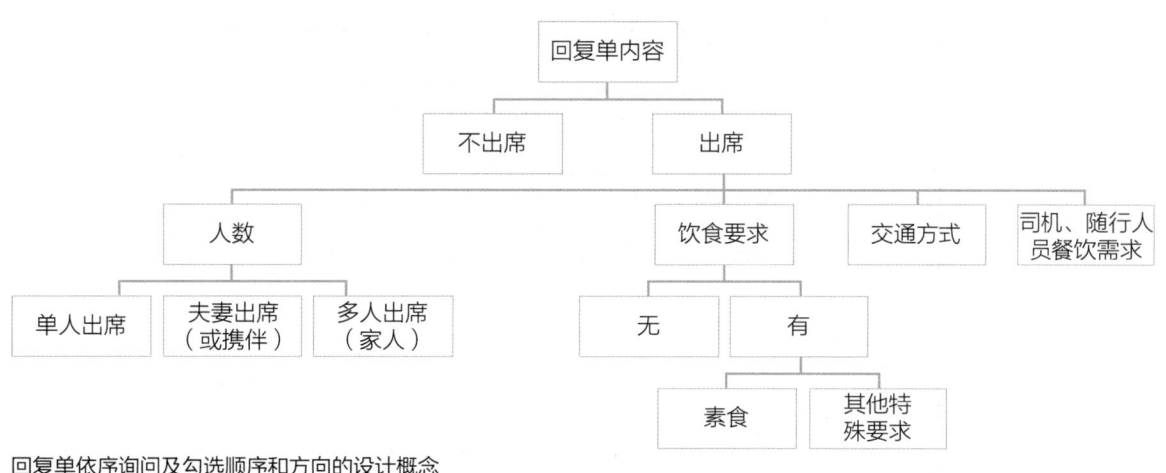

回复单依序询问及勾选顺序和方向的设计概念

图6-2　宴会回复单内容

宴会回复单设计中文范例1（1）（中文）（万用空白卡）

R·S·V·P
贵宾参加回函

受邀贵宾姓名：＿＿＿＿＿＿＿（请签名）
□参加人＿＿＿位（荤食＿＿＿位、素食＿＿＿位）
□不克参加

◎为使餐宴能为您安排得更加周到，敬请于　年　月　日以前，拨冗将此单传真、回电或以电子邮件通知我们，谨致上诚挚的邀请，并感谢您的配合！

电话：　　　　传真：　　　　e-mail：

宴会回复单设计中文范例1（2）（适用于商务餐宴）

《3月27日宴会回复单》
（请于方格中勾选）

□夫妇一同出席；□单人赴宴
□无饮食禁忌
□有饮食禁忌：本人 □素食 或 □不吃＿＿＿类食物
　　　　　　　配偶 □素食 或 □不吃＿＿＿类食物
□不克出席
贵宾姓名：＿＿＿＿（英文姓名：＿＿＿＿）
当天可联络之手机号码：＿＿＿＿＿＿
是否需准备驾驶或随员餐盒：
□是；荤＿个，素＿个。
□不需准备。
敬请于3月22日前回复，以便为您安排座位！
联络人：林珍珍（Jane）
电话：（02）2300-1234　传真：（02）2300-4321
电子信箱：abc123@gmail.com

宴会回复单设计英文范例2（1）

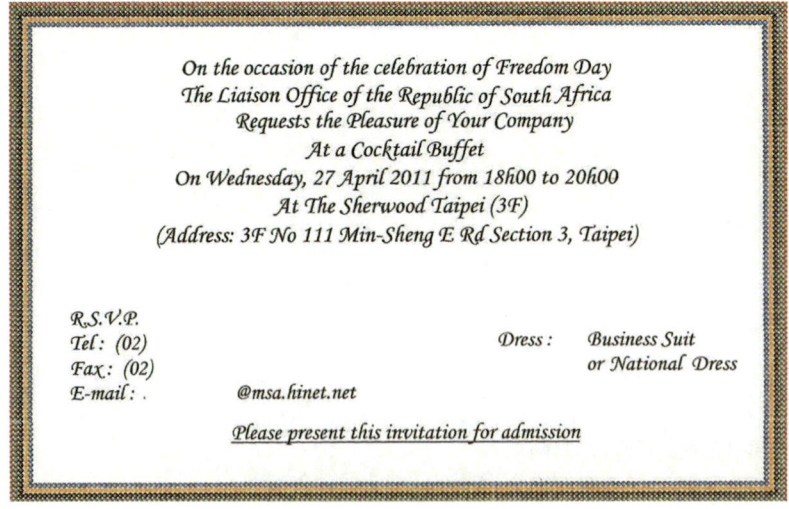

宴会回复单设计英文范例2（2）

> **R.S.V.P**
>
> We would be delighted by your presence at a Banquet in honor of Dr. Christopher J. Lee, the President of Ding-Shin Co., and Madame Lee on March 27, 2014.
>
> **RSVP at your earliest convenience**
>
> ☐ I / ☐ We will attend.
> Meal preferences : ☐ No   ☐ Yes:
> Myself :   ☐ Vegetarian   / Cannot eat _____
> My partner : ☐ Vegetarian   / Cannot eat _____
>
> ☐ Regretfully I/we cannot attend.
> Should a boxed meal be prepared for your chauffeur or other(s) ?
> ☐ No
> ☐ Yes, ____ regular meal(s), ____ vegetarian meal(s)
>
> (3) Please do not send a delegate on your behalf. Should any of the above items change, please do not hesitate to contact us.
> (4) We would highly appreciate if you could reply by March 22.
> Department :
> Position :
> Name :
>
> Cell Phone Number:
> Please Contact: Jane Lin
> Phone: (02) 2300-1234   Fax: (02) 2300-4321
> E-mail: ···@gmail.com

二、宾客出席统计与管理事项

当受邀请的宾客不论是将回复单寄回还是以传真回复，甚至仅以电话回答，或采用电子信函告知出席与否，宴会项目承办人就要在原预先设定的回复期限到期时，开始进行宾客出席状况的汇总与统计工作，一一在宾客名单表格上标记出席与否、出席人数与饮食要求，甚至包括开车与否；假设还有受邀宾客仍未回复出席情况，那么主办单位、宴会办理人或宴会项目负责联系人，就必须一一联系未回复者，目的是确定对方是否出席，此外这也是一种提醒的工作；越是正式与重要的餐宴，统计与掌握宾客出席的工作越要落实，这就是主办宴会成功的关键！

无论将回复单寄回或是以传真回复，甚至仅以电话回答，或采用电子信函告知出席与否，宴会项目承办人就要在原预先设定的回复期限到期时，开始进行宾客出席状况的汇总与统计工作。

结 语

　　对于宾客的邀请，就是直接面对被服务对象的工作，这一方面的处理原则礼仪性很高，因此对于"文书礼仪"的相关要求、"平衡与对等"的礼仪原则、"礼宾排序"的原则与实务，都必须加以重视。严格来说，"宾客邀请"属于"礼宾工作"中非常重要的一环，"礼待宾客"的工作就是从正式联络通知与邀请宾客的那一刻就开始，就算现场餐宴办得再顺畅成功，属于前置作业的"邀请工作"，如果没有让受邀者觉得受到重视，举行餐会的成效也一定会打折扣，因此，餐会项目办理人务必要从宴前的礼仪事务加以熟悉，才能让餐宴有一个美好的开始。

本章重点复习

一、拟定宴会的宾客名单：
  1. 对等原则
  2. 平衡原则
  3. 关联原则

二、对于宾客的邀请，以"书面"方式通知最为正式，惯例以请柬或邀请卡洽邀，内容必须载明邀宴"事由""日期""时间"与"地点"；在较为正式的宴会上，还须注明"出席服装"，并附上回答出席与否的回复单（R.S.V.P），让受邀的宾客可以寄回，或是以电话传真方式答复，现今以电子信件或打电话回复也都可以。

问题与思考

思考1 什么是"R.S.V.P"？

思考2 请说明一场正式的餐宴，依据什么原则来研拟邀请宾客的名单？

思考3 请将下列通知宾客的方式（或形式），依正式性的高低依序排列：
  （1）电话通知
  （2）口头邀请
  （3）请柬、邀请函或卡片
  （4）电子信件

思考4 请您试着设计一份请柬或邀请卡以及回复单（R.S.V.P）。

07 第七章
座次安排礼仪实务
Accommodation of seating arrangement

学习目标

详读本章，您应该了解：

- 宴会名单宾客间的排序原则
- 宴会座位安排的"尊位"与"分座"原则
- 中式餐宴座位安排的方法
- 西式餐宴座位安排的方法
- 多个圆桌间的排序原则

本章概述

当受邀请客人出席的情况大致确定，接下来的工作便是要安排座位。对于座位的安排属于需要兼顾场地条件与人情世故的"艺术"！为何称之为艺术？这是因为在一些重要的场合，到场的宾客常常会注意到自己所被安排的座位是否符合心中的期望，当然，这都是当事人自己主观的认知。当所有人都持着同样的想法时，主事者实在无法完全满足大家的要求；因此，就必须有一些让大家都能接受的安排原则，这就涉及"礼宾排序"与"座次安排"的方法与经验。

在实际的活动办理实务上，要先确定大致的"礼宾排序"（就是在宾客名单上的先后次序），然后再按照各种座次安排的基本原则——配置于相对应的座位上。对于各种活动场合（events），例如"会议""舞台上下方"与"合影"都有不同的座位排法，宴会也不例外。本章详细解说先如何决定宾客间的排序原则，再继续阐述各式宴会座位的安排方法，这些都是直接带给宾客衡量自己是否受到重视的关键要点，如果要真正成为一个具专业性的"宴会项目经理人"，就必须详细熟悉本章内容的各项要点。

"礼宾排序"不仅针对宴会的办理,对于国际间各种场合也非常重要,尤其在正式的宴会中,"座次高低"就"暗示"了主办者对每位宾客重要性的认定。

> ### 引 言

  在宴会的办理中,当宾客出席的情况大致确定时,便可以进行桌次与详细座位的安排,这项工作的重要性,可以说是宴会筹办成功与否的关键所在,特别是在正式的宴会上,受邀到场的客人往往会从被主人或主办单位安排坐在哪一个位子,从而衡量出自己被看重的程度,"座次安排"便是一种彼此都不会明讲,但都很重视的事情。因此,当宴会项目进行到"排宾客的座位"时,正是考验宴会办理人是否通达圆融宏观的人际现况以及展现智慧的时候!

  在安排宴会座次之前,首要的工作便是先将宾客依位阶的重要性事先排序,在礼仪工作上,就称之为"礼宾排序";"礼宾排序"不仅针对宴会的办理,对于国际间各种场合也非常重要,尤其在正式的宴会中,"座次高低"就是"暗示"主办者对每位宾客重要性的认定。

  当宴会办理人确定出席的宾客之后,就必须依照出席的人员汇总,依次排列成一张"宾客出席名单",才能继续"安排座位"的工作。至于如何整理这份宾客名单?您可以先依照宾客的属性分类,例如:在某一场公务餐宴,可以分成"对方来宾"与"本公司陪宾";一场婚宴可以分成"男方亲戚""女方亲戚""男方同学""女方同学""男方朋友""女方朋友"以及双方的同事等,甚至同学中还可分成"中学同学"与"大学同学"的区别。以上宾客名单的分类,就端看宴会办理单位自己的认定与分别,各种类别可以细分,也可以大略分群,并没有一定的严格规定。

  当宴会项目负责人把宾客名单都整理清楚,确定没有重复与遗漏之后,每个分类便可以开始展开宾客之间的排序,以下便详细说明,如何决定客人的"礼宾排次"。

第1节　宾客名单排序的基本原则

宴会办理人可以依据宾客的组成性质来决定以下排序所根据的原则。

一、依"职位"高低

在公商务餐宴上，特别是官方的款宴，就是依照身份与职务的高低来排列宾客之间的顺序。

二、依"年龄"排序

宴会如果属于私人性质，或者不以职位高低或工作头衔为考量，华人社会也常见以宾客间的"年纪大小"决定排序。

三、工作资历

就如同前一点所述，当今职场也常讲究"排资论辈"，在同公司、同单位中，与宴的宾客假使是同一职位等级，我们常常会把比较"资深"的宾客的名字放在前面。

> **Tips**
>
> 所有"会议""宴会""典礼"等活动中，整理出一份排序正确的宾客名单也都是很重要的前置工作！

第2节　座位安排的基本原则

如果宾客名单顺序大致确定，接下来就要依照宴会现场的桌次与席次来安排座位了。出席的宾客就好比棋局中的棋子，每个棋子彼此间有高低不同的位阶关系存在（就好比宴客名单中的礼宾排序），至于在棋盘中该如何放置与布局，而让主宾倍感尊荣，宾客都觉得满意，这就是宴会办理人的功力了！对于宴会现场座位的安排，可遵循以下原则：

一、尊卑原则（尊位原则）

对于位阶职务比较高，或者是比较重要的人士，我们会安排比较"尊重礼遇"的位子。那么，比较"尊贵"的座位如何决定？右图便是通行于当今国际礼仪中的"尊位原则"。

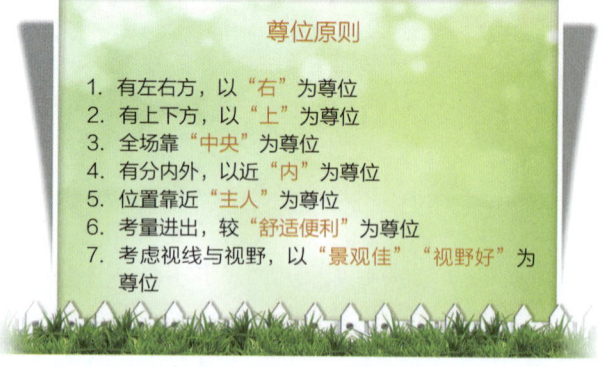

尊位原则

1. 有左右方，以"右"为尊位
2. 有上下方，以"上"为尊位
3. 全场靠"中央"为尊位
4. 有分内外，以近"内"为尊位
5. 位置靠近"主人"为尊位
6. 考量进出，较"舒适便利"为尊位
7. 考虑视线与视野，以"景观佳""视野好"为尊位

二、分座原则（适用于商务餐宴）

对于商务场合上的宴会，或者以联络情谊为目的的餐宴来说，多希望能借着餐会的举行，让

与宴宾客能与其他不同的国家、公司、单位、性别等客人增加互动的机会，所以又有所谓的"分座原则"来增进宾客间的接触面。宴会中座位的安排如何实践"分座原则"的精神？

宴会分坐原则

1. "男女"宾安排相互分坐
2. "国内"与"国外"人士相互分坐
3. "本单位人员"与"外单位人士"相互分坐
4. "来宾"与"陪宾"相互分坐
5. "夫"与"妻"各自分坐（西式排法）

三、座位安排还需根据特殊情况加以微调

宾客的座位先依照每个宾客的次序，按照每种不同桌形的"尊位"以及"分座"原则，之后还要考量以下状况加以调整，才能使座位的安排更加妥善。

（一）宾客之间的人际关系状况

一个成功的宴会项目办理人，之所以能在"座位安排"上妥善处理，那是因为多了一份对人情与人际的透悉与练达；尤其对于同一桌，甚至是相邻座位的宾客，在一同享受佳肴的同时，也都会相互交谈与联谊，假如有相互间感情不睦的宾客同桌甚至邻座，那将令人不自在！因此，在初步排定座位之

一个成功的宴会项目办理人，之所以能在"座位安排"上妥善处理，那是因为多了一份对人情与人际关系的熟悉与练达。

后，宴会主办人一定要重新把各桌的情况再作一次审视，假如自己发现或经他人提醒，同桌宾客有相互间不太适合同桌者，就尽量将其中一人调至其他桌，以免大家尴尬！

（二）考虑宾客的语言能力

在涉及邀请外宾的宴会中，还有一项必须考虑，就是座位相邻的宾客，尽量安排彼此语言都能互相沟通者。试想，假如把一位不会讲外语的宾客安坐在两位外宾中间，可想而知，这场餐宴恐怕就吃得十分难过了。

（三）为示礼遇的"升格"调整

主人为了特别表示礼遇及友好，就会提高某位宾客的座次，在国际餐宴上常见于外交接待的场合，这是一种为了争取对方的好感所做的一种灵活弹性的排座技巧。

第3节　中式餐宴座次安排

基于以上入席的"尊位原则"与"分座原则"，以下就是各种桌型的安排入座的方法，本节先讨论中式圆桌的入席序列，读者可发现皆以圆桌为范围，是因我们中国人餐宴多喜以圆桌为安排方

式，象征"圆满"之意。以下各桌的人数多寡，读者可以自行类推比照各种方式安排宾客入席，座位标注的数字就是尊卑的次序。

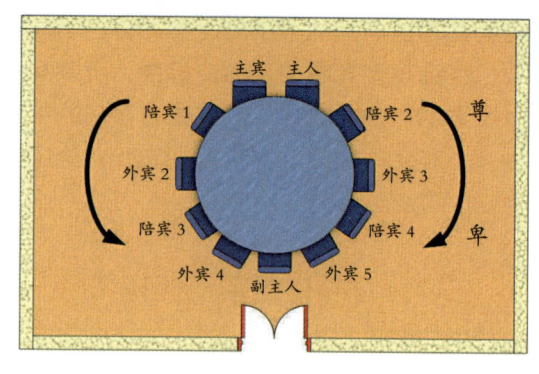

一、圆桌中式排法（甲）

适用情形：
（1）商务餐宴。
（2）主宾与主人地位相仿。
（3）有本单位人员与外单位的多人宾客。
（4）需运用"交错原则"，以增加彼此的交谊机会。

二、圆桌中式排法（乙）

适用情形：
（1）商务餐宴。
（2）主宾与主人地位相仿。
（3）有表演节目进行。
（4）可不需运用"交错原则"。

此座位安排是为了方便主人与主宾观赏节目；两三桌甚至更多其他桌次的座位安排，都可以比照第一桌（主桌）的方式。此外，主桌在图中"副主人"的位置，实际上也可空着，目的是为了避免遮蔽主人与主宾观赏节目进行时的视线。

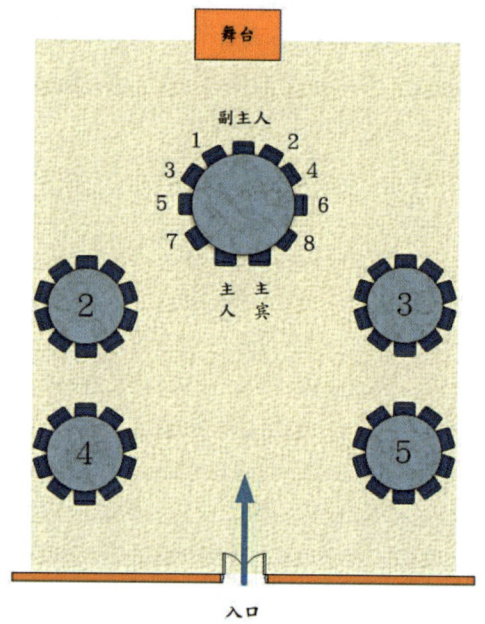

三、圆桌中式排法（丙）

适用情形：
（1）主人地位明显高于所有宾客。
（2）没有明显的主宾。
（3）可不需运用"交错原则"。
（4）商务餐宴或私人餐宴均适用，例如：公司负责人宴请公司的下属等餐宴。

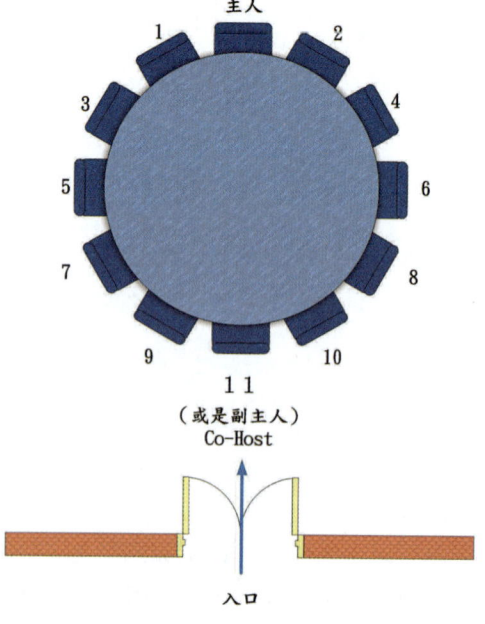

四、圆桌中式排法（丁）

适用情形：

（1）主宾地位约与主人相同，甚至可高于主人。

（2）可不需运用"交错原则"。

（3）商务餐宴或私人餐宴均适用。

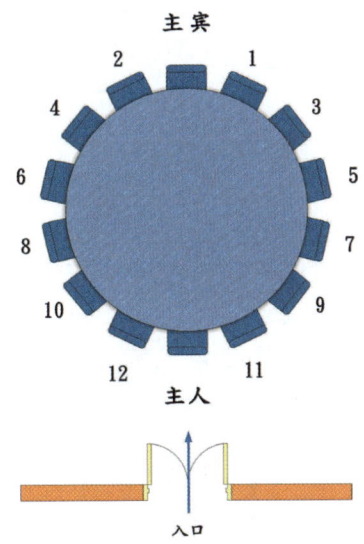

人数较多、规模较大与具有主题性的宴会，常常会安排一些仪式与表演节目，此时，主桌的座位安排会因为观赏角度的关系而略作调整。

五、圆桌中式排法（戊）

适用情形：

（1）适用于可携伴的宴会。

（2）主宾夫妇地位约与主人、女主人相同，甚至可高于主人夫妇。

（3）可运用"交错原则"，但夫妇、伴侣不分开坐。

（4）商务餐宴或私人餐宴均适用。

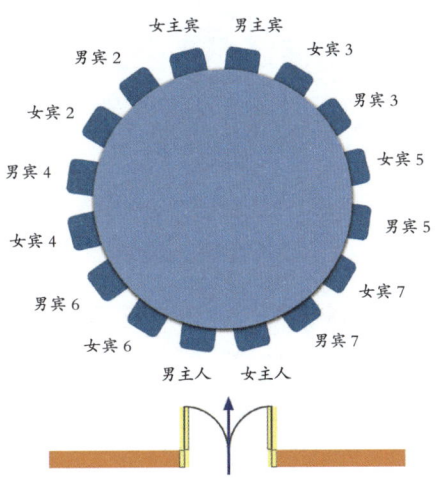

六、圆桌中式排法（己）

适用情形：

（1）适用于可携伴的宴会。

（2）主宾夫妇地位约与主人、女主人相同。

（3）可运用"交错原则"，但夫妇、伴侣不分开坐。

（4）商务餐宴或私人餐宴均适用，在官宴甚至国宴上常采用。

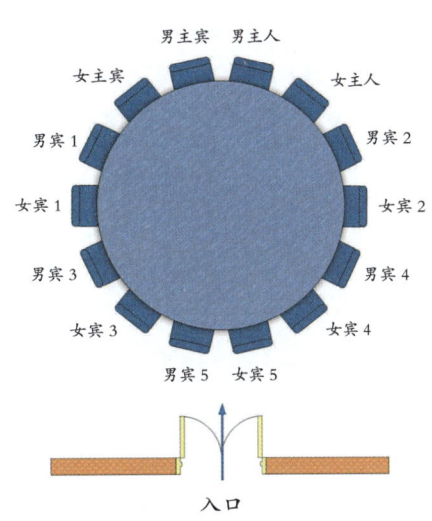

第4节　西式餐宴座次安排

一、圆桌西式排法（A）

适用情形：
（1）适用于无携伴的宴会。
（2）主宾地位约与主人相同，甚至可高于主人。
（3）可不需运用"交错原则"。
（4）商务餐宴或私人餐宴均适用。

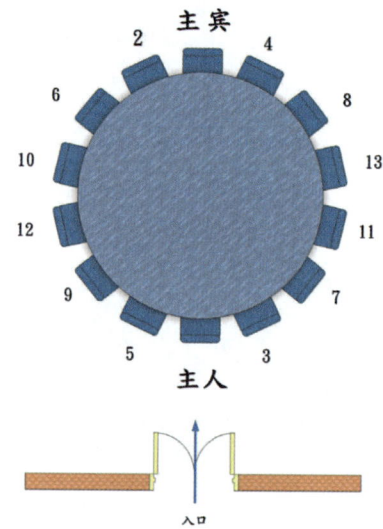

承办者必须考量主人及主宾间的位阶，以及宾客的组成性质，来决定采取哪一种座位的排法。

二、圆桌西式排法（B）

适用情形：
（1）适用于可携伴的宴会。
（2）可运用"交错原则"，但夫妇、伴侣分开坐。
（3）商务餐宴或私人餐宴均适用。

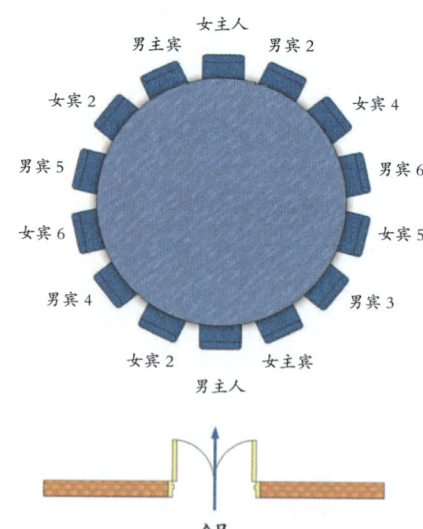

三、长桌英式排法（A）

英式长桌的排法，是习惯将男女主人，或是主人、主宾安排在长桌的短边，例如英国王室在温莎城堡的宴会，就多采这种排法。

适用情形：

（1）适用于无携伴的宴会。

（2）主宾地位约与主人相同，甚至可高于主人。

（3）可不需运用"交错原则"。

（4）商务餐宴或私人餐宴均适用。

英国女王的正式宴会，就是采取典型的长桌英式排法。

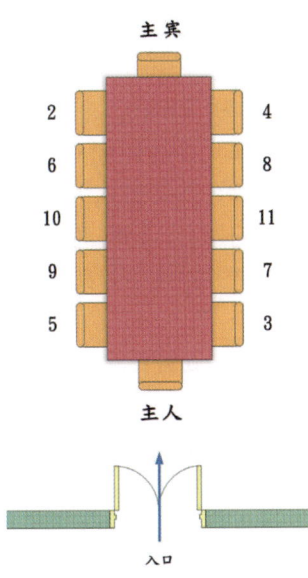

四、长桌英式排法（B）

适用情形：

（1）适用于携伴的宴会。

（2）需运用"交错原则"，夫妇或伴侣也要分开坐。

（3）商务餐宴或私人餐宴均适用。

英国白金汉宫国宴

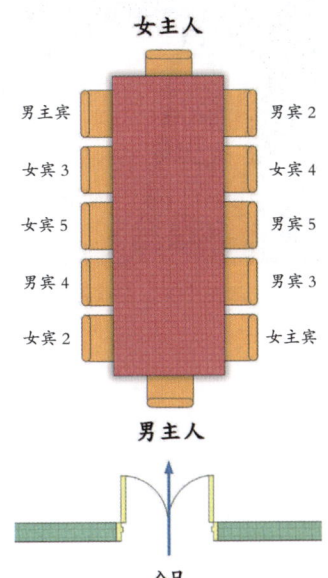

五、长桌欧美式排法（A）

适用情形：
（1）适用于携伴的宴会。
（2）男女主人与主宾坐于长边，中央以主人夫妇为主，相对而坐。
（3）需运用"交错原则"，夫妇或伴侣也要分开坐。
（4）商务餐宴或私人餐宴均适用。

六、长桌欧美式排法（B）

适用情形：
（1）适用于携伴的宴会。
（2）男女主人与主宾坐于长边，中央以主人及主宾夫妇为主，相对而坐。
（3）需运用"交错原则"，夫妇或伴侣也要分开坐。
（4）商务餐宴或私人餐宴均适用。

以长桌方式的餐宴，在欧美颇为常见。

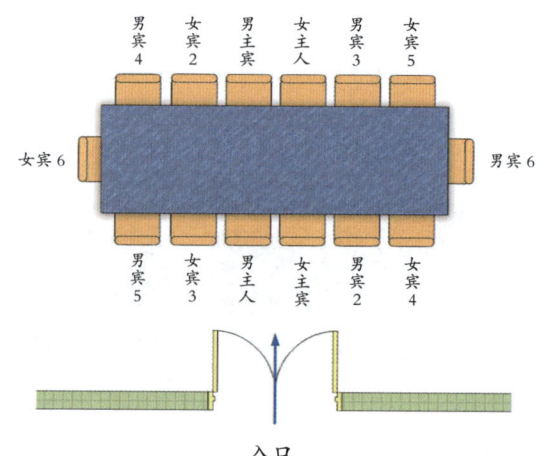

七、长条桌形座次安排

此种桌形安排方式适用于大型正式会议与餐宴，但各长条桌的宾客之间，常背对背而坐，不利交谈且令人觉得严肃，如果宴会项目办理人想将餐宴气氛经营得较为轻松融洽，这种方式就必须仔细考虑。

对于长条桌形的座次先后安排，又有以下各种类型（数字表示宾客礼宾顺序的高低排次），下图所示长条桌之间有些缝隙开口，在实务上是希望保留一些行走空间，以方便宾客进出。

1. ⊓字形长条桌（俗称2条腿桌形）

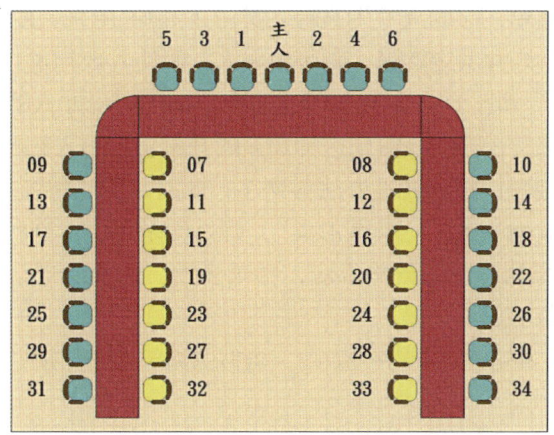

2. E字形长条桌（俗称3条腿桌形）

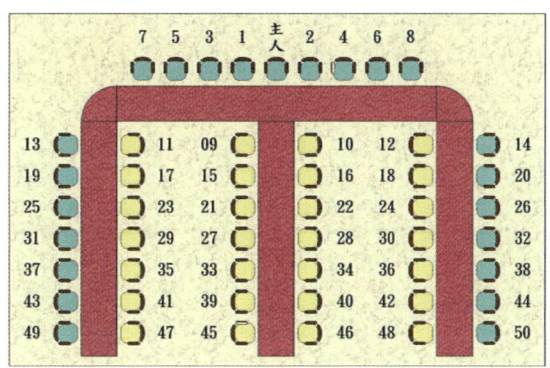

3. 而字形长条桌（俗称4条腿桌形）

人数较多的宴会或者是会议，便可采取此种桌形与座位安排。

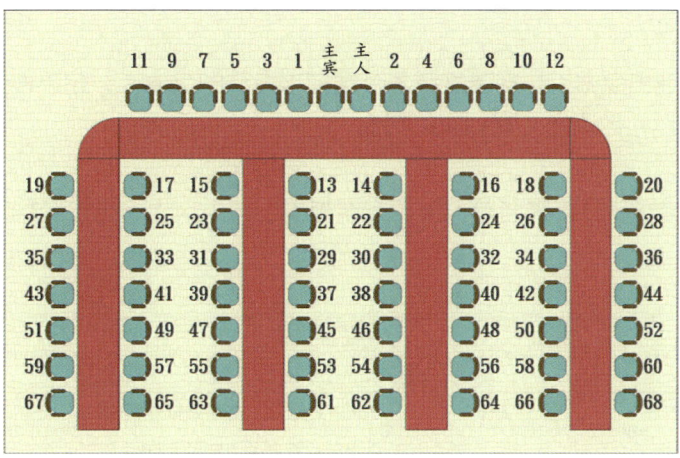

八、椭圆形桌座次安排

一般餐厅所使用的圆桌，标准尺寸为直径72英寸（约180厘米，即俗称的"六寸桌"），以中餐方式供应最多可坐12人，如为供应西餐，则可坐10人；假使人数超过12人以上，有些饭店或许会有特制的大圆桌，"七寸桌"可坐16人，甚至可能还有特别的可坐20人的大圆桌，但是这种大尺寸的桌子不见得餐厅或饭店都有，即便找得到这种20人的圆桌，万一人数超过20人，却又希望所有的宾客都能一起共桌交谈与用餐，圆桌就没办法容纳了；此时，便可将饭店所有的"月形桌"，与多个长条桌组合在一起，而成为中空的"椭圆形桌"，好处便是可以达到所有宾客皆"同桌"的效果。但要注意的是，椭圆形桌的餐饮服务与供应，中菜多为"中菜西吃"的套餐方式，如果是供应西餐，也就没有上菜的问题了。

下图即为"椭圆桌"宾客座次排序的原则，类似圆桌的西式排法。

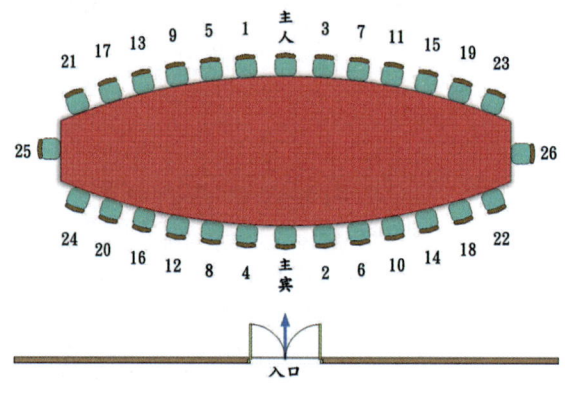

第5节 操作范例

◆ 实例操作演练

甲公司刘总经理出面做东，准备宴请乙公司前来考察的负责人，如果你受命办理这场宴会，公司把这个任务交给你，你该怎么安排座位呢？

先拟定好一份宾客名单，假设宾客都属于国内人士，也已经确定名单上受邀的宾客都能出席。

宾客名单		
时间		2014年3月10日（星期一）晚上7时
地点		XXX大饭店18楼请客楼包厢
宾主合计		12位（姓名皆为虚构范例）
宾客	5位	
	章志成总经理	（乙公司）

续表

宾客名单			
		罗大为特别助理	（乙公司总经理特助）
		何志坚主任	（乙公司企划部）
		范可成组长	（乙公司采购组）
		李文章专员	（乙公司）
陪宾	6位		
		王文雄副总经理	（甲公司）
		陈裕民协理	（甲公司）
		李祥经理	（甲公司）
		赖成文经理	（甲公司）
		张明生主任	（甲公司销售部）
		林铭义专员	（甲公司销售部）
主人	1位	刘长政总经理	（甲公司）

接下来，决定采取圆桌中式排法（甲）

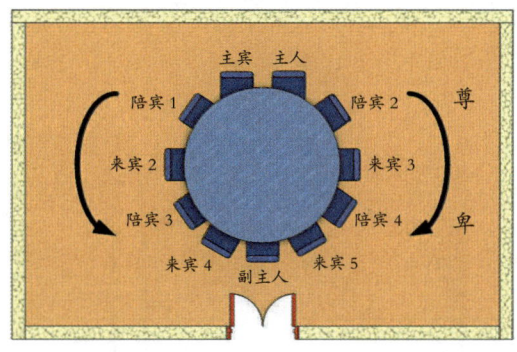

再采取"尊右"及来宾与陪宾"分座"原则来一一安排宾客入座。

建议排定的座次如下：

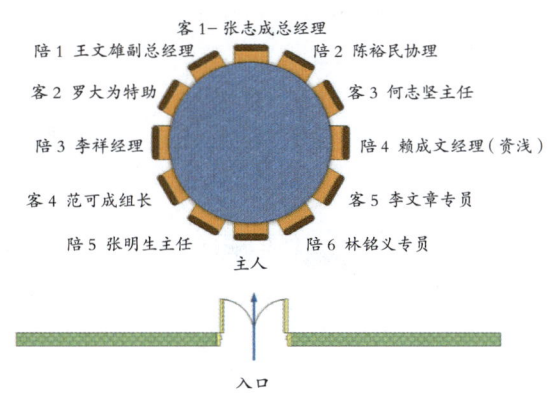

第 6 节　桌次安排原则

桌次的安排原则同样适用"尊位原则"。

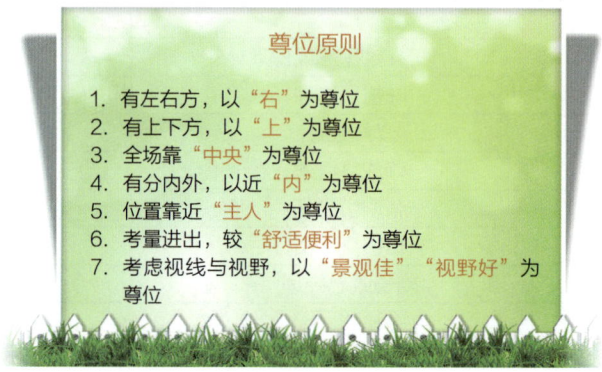

以下就分别从不同的桌数，以及根据现场场地的情况来分析。至于"尊位"方向的决定，请记得要以站在宴会现场并面对入口的方向为判断方位。

一、2 桌

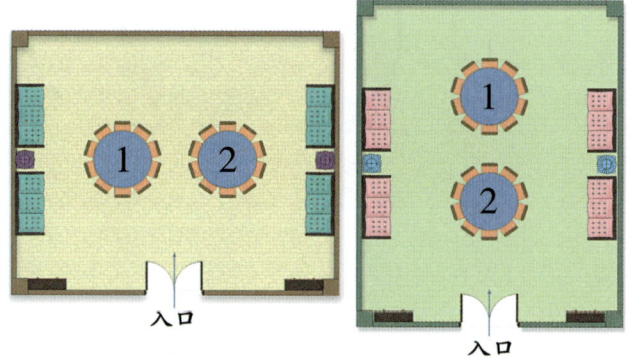

二、3 桌

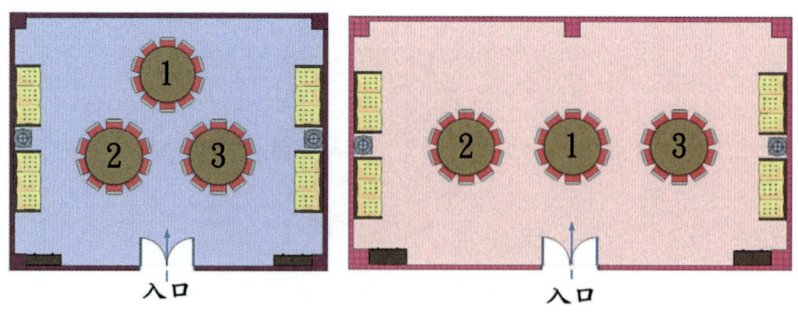

三、4桌

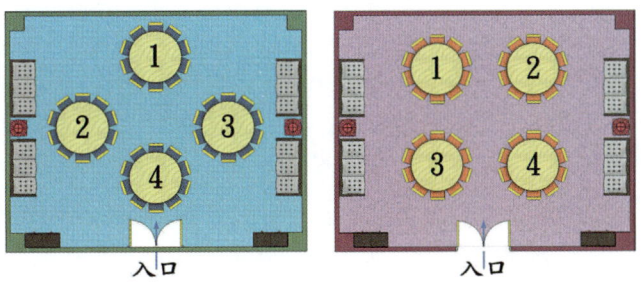

四、5桌

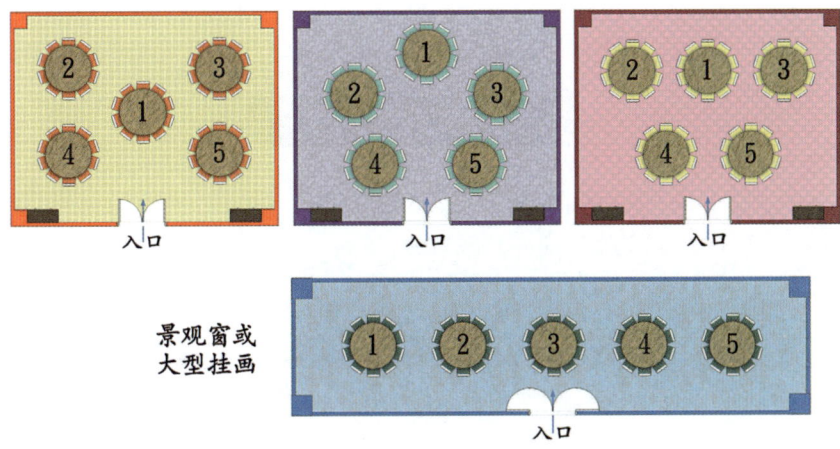

五、多桌桌次安排范例

以某饭店宴会厅31桌为例（1为主桌）

结 语

如果访问一位有经验的宴会项目办理人，问他觉得哪一项工作会让他觉得最具有"挑战性"，他多半会回答："座位的安排"；餐会的座位安排与宾客的邀请工作属性一样，都是直接让宾客感受到主人所赋予的重视程度。本书一再强调：餐宴不仅是餐食本身美味与否，"餐会"的意义还要加上人际关系互动的细微考量，在重要的餐宴上，甚至可以视为一种"政治与权力"的实际展现！因此，对于宴会座位安排的实务经验来说，除考虑多项席次安排的基本原则之外，还要熟悉与衡量许多宾客间的人情世故，并忠实传达对每位宾客重视程度，是一项令人反复思量与再三推敲的工作，这不但是一项知能，更是一项通晓人际与练达人情的艺术！

实务案例新视野

礼宾单位座位安排实务上的作业方法

您可知道政府礼宾单位对于宴会座位安排有何专业的方法？

因为座位的调整必须经过呈报核准的过程，因此实务上都备有照片中的绒布面席次盘，每位宾客的姓名与职衔都印成一张签条，习惯上男宾为白色、女宾为粉红色（如此方便辨识，以利"男女分座原则"的安排），假如上司认为某些宾客座次有加以调整的必要，就可抽起名条直接调整。

在国际上，对于一桌或多桌的宾客席次安排，多以"立可贴"的自粘签条贴附于各桌所属的位置上（如右下图）：

对于政府机关的礼宾单位或民间的公关行业来说，办理餐会是例行性的业务，此时建立一套"电子化的宴会管理系统"就有其必要性了！其中的基本概念包括：

（1）宾客管理
（2）座位安排功能
（3）查询功能
（4）宴会场地桌形安排功能
（5）各式报表与印刷品的输出作业

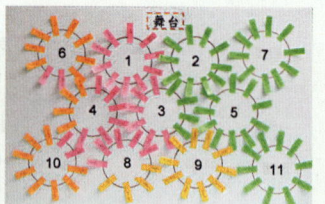

美国现已有信息系统公司针对"宴会办理者",设计出一套宴会座位安排的信息系统,有关场地安排与座位安排的使用者界面,已可使用"拖曳"功能的方式操作(甚至在平板电脑上也可操作,非常方便携带且随时查阅与调整),更符合宴会场地安排所需图像调整的性质,亦可根据场地与宾客随时变动的特性随之调整应变,其系统操作特性"快速""方便"且有"效率"。读者可以参考:

美国socialtables公司网页:https://www.socialtables.com/.

系统软件的操作示范影片:Social Tables Howto: Seating Arrangements
http://www.youtube.com/watch?v=LK9TJY2IUDY.

知识分享

不同的观点就有不同的座位安排

国际礼仪与礼宾的知识是一门活的学问,许多的原则还需思考"人"与"地"的各种条件。以下宴会厅照片与背后主事者的观点,可让人有深刻的认识。

右下方的照片是法国某单位的宴会场地,右方是入口,左方是大片可观赏美丽花园的景观窗,华丽气派的宴会厅,以椭圆桌为摆设,即将举行工作餐会。就在作者欣赏且惊叹着美轮美奂犹如凡尔赛宫的宴会厅时,基于工作上的反射习惯,提问说道:"Which seat is the guest of honour?"法方主管手指着最靠近入口处的位子,而这刚好与一般所谓的礼宾排位原则相反。接着追问原因,很简单,他说:"因为这个位子的视野最好。"从国际礼宾安排方式的不同,也可以观察出法国人的想法与思维角度。

本章重点复习

一、如何决定宾客名单的礼宾排次，可采用的原则如下

1. 依"职位"高低
2. 依"年龄"排序
3. 工作资历

二、座位安排原则

（一）尊卑原则（尊位原则）

1. 有左右方，以"右"为尊位
2. 有上下方，以"上"为尊位
3. 全场靠"中央"为尊位
4. 有分内外，以近"内"为尊位
5. 位置靠近"主人"为尊位
6. 考量进出，较"舒适便利"为尊位
7. 考虑视线与视野，以"景观佳""视野好"为尊位

（二）分座原则（适用于公务餐宴）

1. "男女"分坐
2. "国内"与"国外"宾客分坐
3. "来宾"及"陪宾"分坐
4. "夫妻"分坐（西式排法）

（三）对于座位安排可根据特殊情况加以微调

除了依照以上（一）（二）的原则来安排座位，接下来可再根据以下特殊情况加以调整：

1. 曾担任过职位的高低
2. 邻座与同桌宾客特殊的人际状况
3. 突显某人的重要性（即"升格"安排）

问题与思考

思考1 请叙述宾客名单排列的方法，可以根据哪些原则进行排列？

思考2 请说明安排宾客入座可以依据什么原则？

思考3 请说明"尊位原则"安排的方式与内容。

思考4 实际操作：
请您将以下国内的宾客，依照中式圆桌第1式安排至同一圆桌入座。
〈对方公司名单，已依地位高低排列〉

1. A总经理

2. B协理
3. C协理
4. D部门主管
5. E秘书

〈我方公司名单，已依地位高低排列〉

1. 甲总经理
2. 乙协理
3. 丙经理
4. 丁主任
5. 戊专员

思考5　请在下方宴会厅平面图上，一一标记桌次号码。

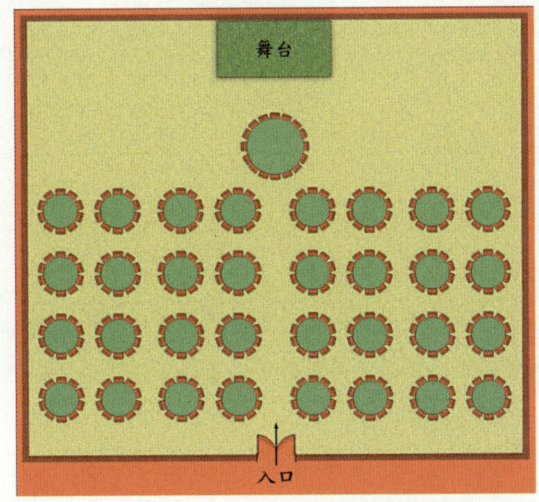

第八章

宴会便利性与气氛的营造：交通安排与场地布置

Creating accessibility and a joyous atmosphere:
Transportation arrangements and logistic affairs

学习目标

详读本章，您应该了解：

- 举办宴会要考虑的交通因素与安排
- 挑选适合宴会场地的格局、路线与装潢风格
- 对于宴会灯光以及影音设备的注意事项
- 如何设计接待宾客的方式与应变策略
- 场地鲜花布置的要点
- 大型餐宴的消防与餐饮卫生的注意要点

本章概述

　　宴会的场地与相关的设备，也是影响餐宴效果的直接因素之一，其中对宾客的照料与尊重，是从受邀客人收到邀请通知的那一刻开始，接下来也要从过程中尽量为宾客提供方便，前来参加宴会的便利性，是宾客决定是否出席的很重要的考虑因素之一。

　　宴会举行场地本身的条件与缺点，也必须事先了解，当某些限制恰巧妨碍了宴会中极为重要或主人非常重视的效果，如路线不佳、视线不良等问题，恐怕宴会办理人必须要寻找其他适合的地方。本章将讨论宴会场地内部各项应注意的事项，以确保宴会效果的达成。此外，办理餐宴中最不可忽视的风险与最沉重的责任，就是"饮食卫生"与"消防安全"！办理宴会最起码的要求，就是让宾客"高高兴兴地参加、平平安安地回家"，本章内容也将分享办理者对于宴会现场勘察的重点所在。

引言

对于宴会举办的思考要素，共有5大项。

人	·主人 ·宾客
事	·宴会举办目的与事由
时	·日期 ·时间
地	·宴会地点、区位　·内部路线 ·内部地点（宴会厅）·装潢风格
物	·影音设备　·灯光效果 ·花卉布置　·其他设备

对于宴会办理的"地"与"物"两大项，便是本章讨论的重点；而这两大方面的考虑因素，又可区分为"外部条件"与"内部条件"。

如图8-1所表达的，除非宴会承办单位或是主人已经决定在自家公司或机关所在地的礼堂或某一空间举行，否则我们在选择宴会举行的地点时，就要同时考虑"外部条件"与"内部条件"。

图8-1　宴会承办需要考虑的评估条件

第1节　选择适当的地点

对于适当地点的考量，就是对宴会地址"外部条件"的评估，是以宾客便利抵达为目的。

一、各种交通因素的考量与安排

（一）交通可及性

须考量距离远近，以及公共交通是否有较多选择（火车、高铁、公交车与地铁系统）？班次是否足够？这一点往往会影响宾客的出席意愿。

（二）地点是否容易寻找与辨识

例如在某明显地标旁，宾客就比较容易寻找前往；反之，如果地处偏僻巷弄，或无明显参考地标，对宾客来说就少了许多便利性。

如果决定宴会的举行地点，在某些正式或大型的餐宴，多会在请柬中附上地图，说明可采取的交通方式，例如注明公交车号次、车辆行驶方向与路线图。总之，宴会承办者的角度就是先用"易位原则"，假设自己是宾客，并模拟受邀者从出发、抵达，以及现场可能会遇到的种种问题甚至是困难，然后针对这些模拟状况寻求解决之道。

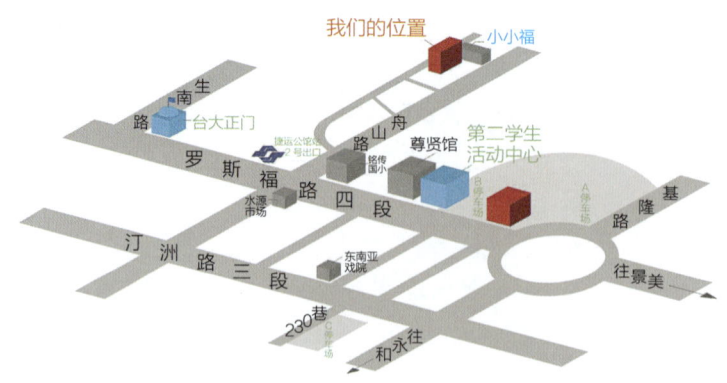

二、停车问题与安排

宴会地点停车是否便利，也是影响宾客出席意愿的因素之一。关于停车问题，可以有以下思考：

（1）请柬所附位置图也要说明停车场位置。

（2）可提供的停车位数量有多少？如果有限，是否有其他的解决方式？如果实在无法解决，在交通图上注明"停车位有限，请多利用公共交通工具"，也善尽了提醒与告知宾客的义务。

（3）赴宴客人停车是否需要另外付费？如需付费，是否提供优惠措施？如有优惠券或免费停车券，在现场如何索取（接待台、餐厅收银台或是有特定负责的人员）？决定后适时让宾客知道，这些都是体贴宾客所必须想到的小细节。

第 2 节　选择合适的餐宴场所

适合的宴会场地，"内部条件"包括以下各项要点。

一、格局

不论是在饭店、餐厅，还是决定请宴席承办者至某特定地点（公司大楼的礼堂、活动中心）外烩，也必须考虑宴会厅的格局，特别是人数较多、规模较大、有致辞、表演、颁奖等节目的餐宴，因为涉及所有与宴宾客的视线，格局上的考量便成为重点之一，下文所列的三种格局就要考虑视线是否受阻的问题：

（一）柱子过多

图8-2中的方块即为柱子，柱子过多的场地，对于有"仪式""典礼""致辞"以及安排表演节目的宴会，对宾客的视线将产生障碍，宴会的效果会大打折扣。

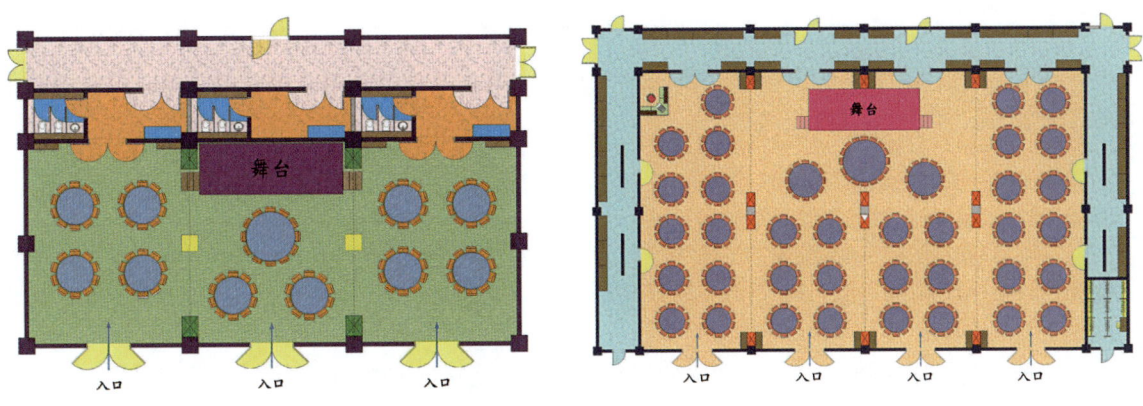

图 8-2　柱子过多或居中

（二）格局不方正

就如同前面所提到的，假如有安排各种节目（致辞、颁奖、演奏、表演、仪式），格局不方正而导致部分宴会宾客看不到这些过程的进行，就必须衡量场地的合适性。如果没有其他地方可以代替，在实际操作中，可以用播放主舞台画面的投影设备（如架设投影幕布）等方式来克服场地的缺陷，当然，这也必须宴会的预算允许才可以（图8-3）。

例如图8-3的场地，因为人数较多的原因，桌数必须往左上角增加，而让整个场地不方正，至少有3桌的宾客观赏舞台表演节目的视线受到遮蔽，如果这问题可以克服，或者仅有致辞的安

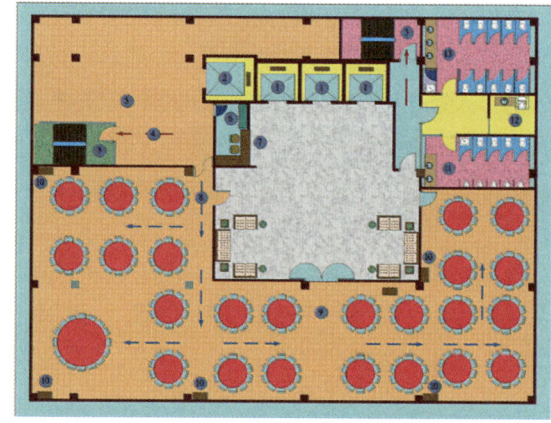

图8-3　格局不方正

排，其余都是用餐时间，那么场地的缺点影响就不大，因为可以用扩音设备让所有宾客听到即可。此外，对于这种特殊场地，在相形下比较偏僻的桌次，宾客座位的安排必须要谨慎，以避免坐到这种桌次的客人觉得有不受重视的感觉。

（三）过于狭长

对于这种过于狭长的宴会场地（图8-4），就如同前项场地的缺点一样，这会使后方的宾客因距离较远而看不清楚舞台的一举一动，而在实际上造成"前方表演、后方聊天"的情况发生，餐宴的效果会大打折扣。

如果宴会场地内部如图8-5所示，格局较为方正，当然是最理想的。

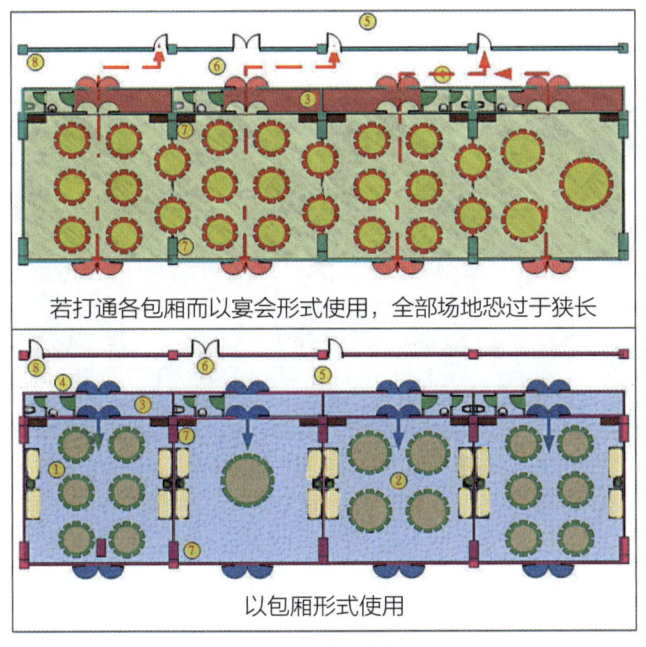

若打通各包厢而以宴会形式使用，全部场地恐过于狭长

以包厢形式使用

图 8-4　过于狭长

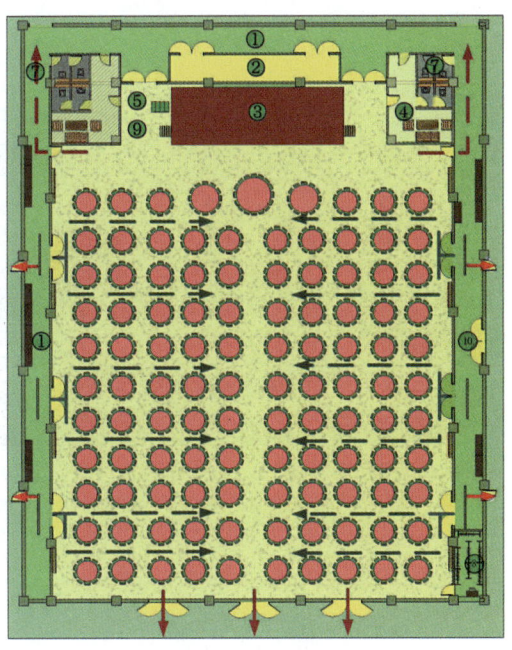

图 8-5　格局方正

二、装潢风格

对于举行宴会场地的装潢风格来说，涉及餐会现场给予宾客的气氛与感受，这方面就必须由餐会办理者就餐宴项目本身的特性来考量。例如：想要给宾客一种气派又较为西式时尚的感觉，那么宴会厅天花板挑高就不能太低，设备装潢也不能过于陈旧，类似中国传统的建筑与家具的陈设与摆置，恐怕就不符合要求。

换个说法解释，每场宴会都有特殊的"调性"，端看宴会主办者想要如何营造餐宴现场视觉上的气氛，选择适当的宴会厅装潢形式、风格与布置，是相当关键的一项工作。

风格范例

（一）具有西式设计感且风格明亮的宴会厅　　（二）具有时尚感的宴会厅

场地挑高足够，装潢简单且明亮的宴会厅，可带给与宴宾客愉悦感。

（三）较为传统中式风格的宴会厅

传统中式装潢多搭配餐厅饭店的中国特色菜系，如"广式""川菜"等菜色风格，使中式菜色与宴会厅特色相互辉映。

中式风格的餐厅装潢，"字画""窗棂"等，都是常见的构成元素。

第3节　灯光、影音设备条件与效果管控

广义而言，灯光与影音设备也属于"装潢"的一部分，对于宴会的办理单位或项目负责人来说，餐宴不只是吃饭这么单纯的事情，而是要让参加宴会的宾客在享受餐饮（味觉享受）的同时，也要有"视觉"与"听觉"上愉悦的感受；特别是对于一些大中型且是为了某特定目的的宴会，像是"迎新""送旧""旺年餐会""年终尾牙""庆功"等餐宴，多会计划在宴会中穿插"致辞""颁奖""授章""表演"等

多种节目，场地就会设有讲台，那么"音效"（含麦克风、收音及扩音设备、背景音乐及特殊音效播放）、"灯光"（舞台灯光、场地各项灯光及特效灯光），更进一步甚至需要"影视设备"，包括现场摄影及转播电视墙，在较具有规模的大饭店与高档餐饮业者场地都具有不错的影音设备，筹办单位可以与业者洽谈所需要的设施，也可进一步咨询包套的优惠方案。

假如是"外烩"的形式，却还是需要以上各项设备，这时就可能要宴会项目的承办者另行联系灯光与影音设备专业厂商，针对宴会现场就宴会效果与布置方式一起讨论，而让整场餐宴不仅是享受食物菜肴上的"色香味"，更是视觉与听觉上的一场丰盛美好的飨宴。

第4节　宾客接待处的设置、入场路线与注意事项

对于接待宴会宾客的相关事务，主办者一定要记得"易位原则"，就是以模拟参加宴会客人的

角色与想法，从受邀、出发的交通过程，乃至到了宴会现场的各种路线，都要仔细勘察、思考并决定最佳方案与准备事项，目的是要给与宴宾客"便利"与"尊重"。之前谈过交通条件与注意的重点，如果宾客顺利抵达宴会地点，下了车或停好车后，下一步该思考的是：

一、假如我是受邀客人，我该如何到达宴会厅

解决方案：在大厅或停车场显眼处设置指示牌。

二、如果是大型的公务商务宴会或婚宴，如何让客人以最快的速度知道他（她）该坐哪里

（一）解决方案一

正式与大型人数较多的宴会，可设置宾客接待台，并且配置接待人员数名（人数多少视宾客数目而定）。这项工作是举办大型餐宴的重点，实际中可以在入口处悬挂全场座位图海报，让到场宾客按照属性到分配的桌次入座，现场接待台工作人员也可以加以协助寻找与指引（图8-6）。

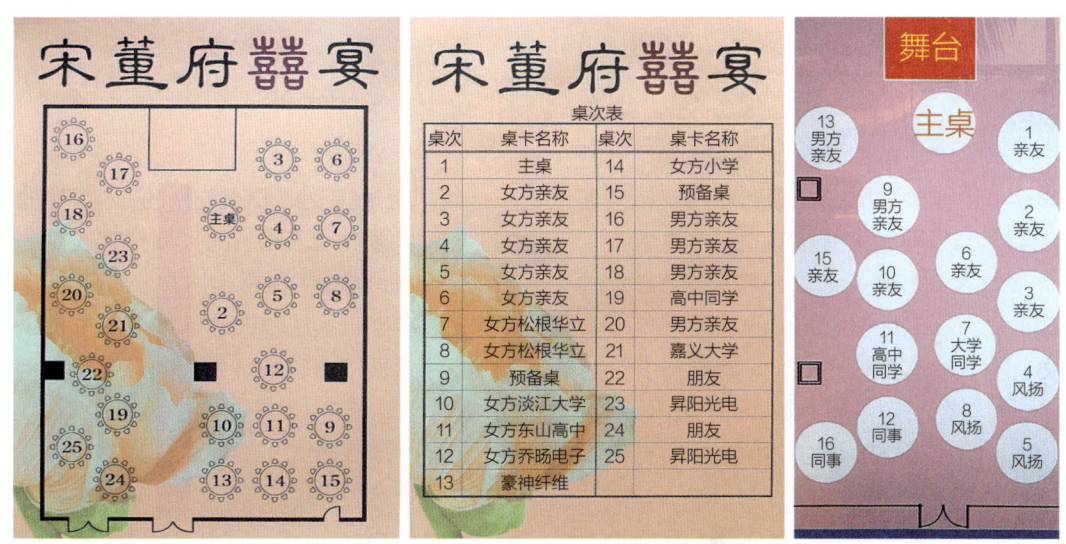

正式与大型人数较多的宴会，多会在宴会入口处设立或张贴席位安排的平面图，好让赴宴宾客知道他该坐在哪里。

图8-6　全场座位图海报

（二）解决方案二

如果是官方正式的宴会，例如政府单位的官宴及国宴，甚至会印制席次卡（Seating Chart），由宴会厅入口接待人员依宾客身份与姓名，找出属于该位宾客的卡片，再交给贵宾依图示中标示的箭头方向找到座位，假如接待人员充裕，也可以协助指出方向甚至带领至所属座位（图8-7）。

以上两种方案可以一起采用，同时协助宾客入席。值得一提的是，在正式且人数众多的餐宴中，宾客到达的时间，从开宴前半小时到开始后15分钟是所谓的"高峰时间"，接待人员如何协助报到宾客以最快的速度入座，是餐宴成功与服务宾客最重要的工作！许多大型宴会因为安排入

席的技巧与准备工作不足，过于轻忽或者是方式设计失当，往往造成宾客在接待台前大排长龙，因而造成宾客不悦、开宴时间拖延与现场秩序紊乱，甚有宾客不耐等候便径自随意入座而造成座次大乱的情况发生。因此，对于宴会宾客接待入场就座的设计与准备，一定要搭配以上解决方案，甚至同时进行，接待人员的人数也要足够，大型餐宴开始前30分钟的关键工作，就是想办法让宾客迅速依原规划的座位"迅速就座"！

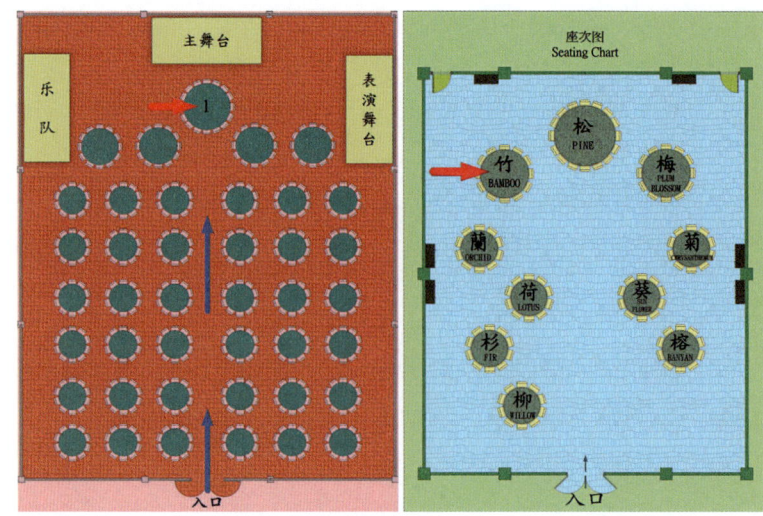

图 8-7　官方正式的宴会的席次卡（Seating Chart）

第 5 节　宾客入场、离场路线指引与指示牌的设立

宾客抵达宴会现场以及顺利在所安排的座位就座，除了上述提到的要点与技巧，"顺利散场"也是一项很容易被宴会主办单位忽略的重点！特别是在人数多达数百人以上的大型餐宴，在宴会结束后许多宾客大都归心似箭，假如离场的方向与顺序不清，很容易产生宾客挤在一起且混乱的情形。因此，在显眼处设立明确的散场方向指示牌，以及开放多个疏散出口让宾客能顺利离开，不但可使参加宴会的客人感到便利，更是基于安全考量，以免发生推挤而导致意外，如有意外发生（如火警），也可使人员快速且顺畅地疏散。

此外，除了设立散场方向指示牌，指示牌的制作也可提供"洗手间"的方向，以便利宾客在宴会中一定会使用到的需求。

第 6 节　舞台与主广告牌制作

在具有明确主题的正式餐会，例如婚宴、会员大会迎宾宴、庆功宴、庆祝宴等，在经费允许的情况下，由机关公司行号所举办的大中型餐宴，往往也会在舞台中间上方制作主标题广告牌，这样不但突显餐会的主旨与目的，也会使餐宴感觉更加隆重，这方面的设置也属于宴会装潢布置的一部分，主办单位依实际情况往往外包给美术设计公司承揽制作，但必须注意在与厂商洽谈合作时，必须事先勘察场地与装潢特性，以免舞台、宴会厅装潢与主题广告牌风格调性不搭，而让人感觉到突兀与不协调。

第 7 节 场地鲜花布置

正式宴会与婚宴，宴会厅的鲜花布置除了自己单位的喜好，也必须配合内部装潢风格，才能显现主办者想要营造的气氛与感受，这点必须与饭店事先充分沟通。但请注意，花艺布置属于衬托宴会气氛的配角，作者曾在某些宴会场合中，发觉花卉布置过于突出，像是园艺花艺展览会，反而喧宾夺主造成宴会现场气氛营造上的偏差。

第 8 节 消防安全与餐饮卫生管理

办理大型与正式的餐宴，主办单位必须以宏观的角度来进行活动项目，特别是宴会项目的"卫生"与"安全"，一定是成功办理餐宴的先决条件！

就菜肴的食品卫生而言，餐宴项目负责人必须详细探究承办饭店相关条件与注意事项：

（1）烹调人员是否具有合格证照与相关资格。

（2）可探查厨房清洁情况，据以判定卫生方面可能发生的风险。

（3）如果是外烩餐宴，必须注意外烩场地的水源与放置食材的场所，是否会有遭受外来原因（潮湿、发霉、猫鼠动物与害虫）的侵害风险；如有，就必须加以排除与隔离。

此外，除餐饮卫生之外，有关公共安全部分，宴会承办人员与负责单位必须注意：

（1）外烩场所各项电源设施、电线，电压负载不可违规私接与超量，有关电器的容量与接线，必须咨询专业人士，以避免发生电线走火等事故危害。

（2）外烩场所使用便携式燃料，应妥当放置于规定场所，使用时也须小心谨慎。

（3）外烩的烹调场所，必须准备灭火器具等相关消防设施，以应对突发事故。

（4）依据相关消防法规，办理相关手续。

（5）在饭店或餐厅举行正式或大型宴会，办理人除了亲自模拟宾客赴宴、入席与洗手间路线外，也须仔细勘察该饭店、餐厅现场：

① 疏散路线是否顺畅？

② 有无明显标示？

③ 是否有多个出口方便顾客尽速离场？

④ 逃生门是否可以开启？

⑤ 路上是否堆放杂物无法通行？

以上都是一个有经验且负责任的宴会项目承办者所必须考虑到的重点。

> **Tips**
>
> "食品卫生"与"消防安全"是办理宴会项目的先决条件！

第9节　礼宾接待人员的配置与工作

就整个宴会来说，"场地""设备"及"餐食"都可定义为"硬体"，而餐厅或饭店人员的供餐与相关服务，也只是对参加宴会宾客制式化的提供，其中真正核心的"礼宾工作"与"关键人员"就是承办单位自己的主管与接待人员，因为重点在于主办单位所邀请的宾客对象，其"属性"与"身份"，只有承办单位自己的人员才清楚，外人（指的是饭店等承烩餐饮业者）并不熟悉专属于该场宴会各个宾客的"称谓""相貌"与所属宾客的"类别"，因此配属在入口处接待台的接待人员，应该由主办单位来指派才恰当，这样宾客到场后才能立即辨识出对方的身份，并且可以立刻接待入席，才能显出对赴宴者的尊重，整体的宴会也才会井然有序。

如果是中小型的宴会（定义在50人以下），而且入席方式不太复杂，例如采用自由入席或者大略分区块就座，入口处可以不需要太多的接待人员，或最多3位工作人员说明与指出就座桌次方向即可；假设在大型宴会（百人以上规模），而且座次安排较为严格，例如每个人都有特定座位，特别是在讲究"礼宾排序"的官方宴会上（如国宴与官式宴会），就必须安排较多的接待人员在入口处迎宾，主要任务是尽快辨认出或询问出到场客人的身份，继而找出"座次图卡"，让宾客"按图索骥"来就座（国际上官宴、国宴入席就是采用这方法），倘若宾客人数少时，接待尚有余裕的话，就可以进一步指出方向甚至亲自带位；如果恰逢宾客入场的高峰时段，就必须加派人员协助接待入席，这便是在办理餐宴中极为关键的要点，入座有条不紊且次序井然，宾客也一定能感受到便利与尊重。

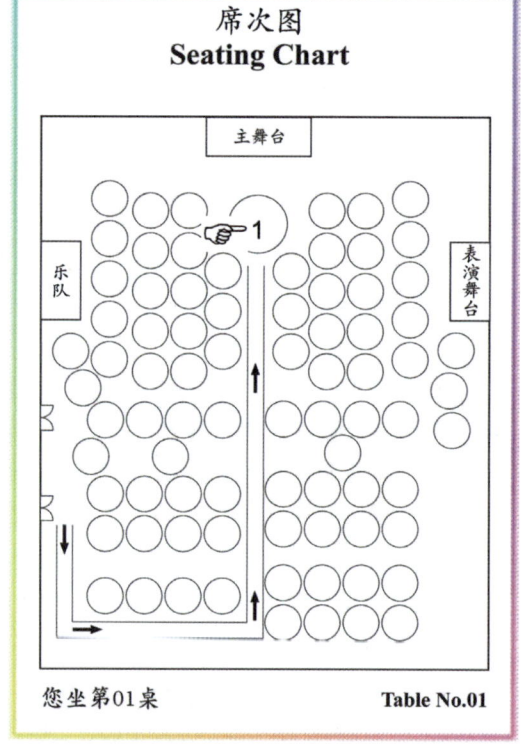

大型宴会接待台与贵宾证及座次图卡的摆放

对承办宴会项目负责人来说，如何估算高峰时段所需安排接待人员的人数，依实务经验计算，是将宾客总人数除以10。例如，宾客100人的公务餐宴，高峰时间的接待人力调配，至少需要10位人员，才不会因手忙脚乱而怠慢参加宴会的宾客。

结 语

　　本章的重点是针对宴会当天与现场的工作，也就是宾客起程赴宴与现场接待的工作要点。"餐会项目"其实就是对"人"的服务，实际上在一开始筹办宴会选择场地时，主办人一定要让自己"模拟"宾客的角色与想法，假设我就是参加宴会的客人，如何到达宴会地点、如何找到就座的位子，这一切都要顺顺利利，这就有赖于事前对于场地翔实的勘察工作，总结即是以"易位原则"的思考模式，站在宾客的立场，想想来宾所可能遇到的问题与不便之处并——克服与解决；此外，也可用"进位原则"来进一步为宾客做更贴心的服务，这便属于加分效果的项目，例如：特别加派人手对于身障人士与年长者在无障碍设施与路线的带领；在属于阖家出席的餐宴上，对于幼童餐食的特别照料，甚至可准备气球等小礼品以协助家长安抚孩童，只要人力与经费许可，便可在此方面增加办理餐宴的细致程度。

本章重点复习

一、对于宴会办理来说，举行的区位与场地，可归纳为"外部条件"与"内部条件"两方面，举办宴会必须要考量以下宴会地点与场地条件。

1. 外部条件
① 宴会举行的交通可及性：距离远近。
② 便利性：是否方便停车或是大众交通工具能方便前往。
2. 内部条件
① 适当的格局。
② 选择符合宴会调性的装潢与风格。

二、餐宴的举办须注意现场设备的配合与辅助，例如：影音设备（扩音设备）、灯光（有关气氛的营造），办理餐宴事前的准备与现场的顺畅操作，也是增添宴会成效的加分项目之一。

三、对于宴会现场宾客的接待，其实也跟大型会议接待一样，最好由主办单位所属的工作人员担任，因为他们对宾客有相当的熟悉程度，对宾客的迎接与路线带领以及入座，都会更加顺畅与迅速。

问题与思考

思考1 当你构思一场餐会时，初步可以就哪些基本要素进行构思？

思考2 当你勘察了几家餐厅，初步认为只有A与B两家可列入考虑，可是各自有其优缺点：
A餐厅：菜色与价位尚符合理想，各项硬件设备也都具备，只是位于市区，没有停车位可提供。
B餐厅：菜色与价位符合理想，设备提供也没问题，可提供2/3宾客人数的停车位，位于郊区，公共交通较为不便。
此时，你该如何决定餐宴举行的地点？请分析理由。

思考3 请说明宴会现场各路线指引规划的要点。

思考4 如果您要举行一场重要的大型餐宴，关于饮食与宾客安全的确保，您该如何进行？

思考5 请说明接待宴会宾客工作人员配置的工作重点。

第九章

西式与中式餐宴桌面的布局、餐具摆设与服务

Design tips for Western and Chinese-style banquet table setting, decoration and tableware

学习目标

详读本章，您应该了解：

- 用"易位思考"的方式观察宾客就座用餐的便利性
- 西式餐宴餐具的摆设原则
- 西式餐宴的服务方式
- 中式餐宴餐具的摆设原则
- 中式餐宴的服务方式
- "中菜西吃"方式的设计与规划
- 宾客"座位卡"的文书礼仪与印制原则
- 圆桌座椅摆设与搭配原则
- 菜肴摆盘与装饰的原则

本章概述

宴会的举行从外部的环境（区位与交通便利性）转于内部的条件（宴会内部的空间大小与相关设备）之后，本章重点要继续针对餐桌上的各细节事项详加说明。宴会办理人多会认为餐桌上的各种安排，都是餐厅饭店服务人员的事，然而，其中有许多要点，是办理人也必须参与并决定进行的方式，因为这些都攸关宾客对于餐宴的直接感受，而这些感受与效果，都是宴会办理人所要决定的，不能任由餐饮业者自行猜想与自行其是；相反，宴会承办人之所以有能力参与餐桌上相关事务过程的研商与决定，重点就在于他也必须具备一些基本的餐饮服务专业知识。

相对而言，在餐宴现场的服务人员，对于各种中式与西式餐宴桌面的摆设与布置事宜，本着基本的专业知识与训练，对本章的说明与要点提醒都要熟悉并且演练到位，对于桌上餐具的摆设，不仅仅是提供宾客用餐使用，各种餐具与餐具之间，以及餐具与其他宴会用品之间，都有一定的设定与惯例，而这些设定的基本目标，一是让宾客使用"顺手便利"，其次，便是营造出宴会桌面的美观与气氛。我们可以说，"桌面"是一个小天地，首先需要外场服务人员的用心、耐心与细心布置，而宴会承办人也必须站在宾客与主人的立场思考，仔细勘查桌面的摆设是否便利与美观，如有特殊要求与希望，也必须跟负责外场服务的领导沟通与协调。

> **引言**

本书对于办理宴会的讨论进程，已经推进到了开宴当天现场的准备工作，"宴会项目承办者"必须要立于"监督管控者"的地位、角度与视野，来检视宴席承办者与服务人员将现场整理与陈设的结果，是否可以达到所期望的视觉效果与实际的使用要求？这一方面除前一章所谈到的装潢与陈设之外，对于餐桌上的"餐具摆设"更是一项重要要求。在此，必须要先询问读者：

 我们是站在哪一个角度，以何种身份来着眼餐会现场的状况？也就是说，你是居于主人或承办者的立场？还是居于承办宴席的餐饮业者与从业人员的地位来处理？

如果你是餐厅饭店外场服务人员，对于餐具的摆设与桌面的布置，就必须专精。如果我们是站在承办单位或承办宴会人员的立场，对于餐具摆设与桌面布置，就必须在饭店外场人员完成桌面的餐具摆设与相关布置之后，再加以"检验"，毕竟餐宴主办者也担任着"客户"的角色，有权决定与提出餐具与餐桌摆放设置的要求，如有特殊想法，可以与承办饭店经理商谈配合。

为符合现今举办餐会的实际情况，本章将针对中西餐桌餐宴的标准摆设详细说明，并且先将两种形式的餐宴通用的桌面设置与布局说明清楚，读者不论是饭店从业人员，还是宴会办理负责人都可以相互参照而进一步融会贯通，而唯一要考虑的，便是秉持服务业"易位原则"的精神，要站在入座宾客的立场来思考，也就是想一想，每一餐具的位置是否能让客人感受到餐宴的便利性乃至尊荣性，这就是餐饮从业人员与活动办理人所必须一贯保持的精神与理念。

第1节　餐宴通用的桌面设置与布局

以下便开始以整场宴会的"摆桌"与"摆台"循序说明与讨论：

一、依决定的桌数先行安排各桌之间相对的位置

当宴会办理人确定了参加宴席的人数，如果是采取圆桌的方式，就可以计算出确定的桌数。例如，某一场餐宴宾主合计出席72人，那么一桌可坐12人，便可得知这场餐宴可席开6桌，而接下来宴会主办人可与宴席承办者就宴会厅的空间特性一同讨论主桌与各桌之间的相对位置，以方便承烩业者的外场工作人员进行"架桌"与"摆放座椅"的工作。在这阶段还必须注意一件事，那便是宴会主办人要决定"主桌"的尺寸是否跟其他桌都一样大小？如果想要安排更多的重要宾客在主桌就座，那么就必须将主桌的尺寸加大，例如从原本标准可坐12人的"六英尺桌"，改成可坐16人的"七

英尺桌",而这些决定摆桌多少与方式,都必须尽早告知合作的宴席承办者,以避免临场才发现问题,临时变更摆桌方式而徒增外场工作人员的困扰。

假如某场餐会席设11桌,可依照宴会场地的平面图先行构划各桌的相对配置,规划如下:

如右图所示,主桌可大一些,可多坐2位宾客,每位宾客可享有的空间较大,也会较为舒适。不要忘记各桌之间椅子的摆放,而在相邻两桌背对背的椅子间,如图中双箭头所标示的地方,要注意彼此间椅子的距离是否小于50厘米而让人通行不甚方便,如是,则要适当调整各桌之间的距离。

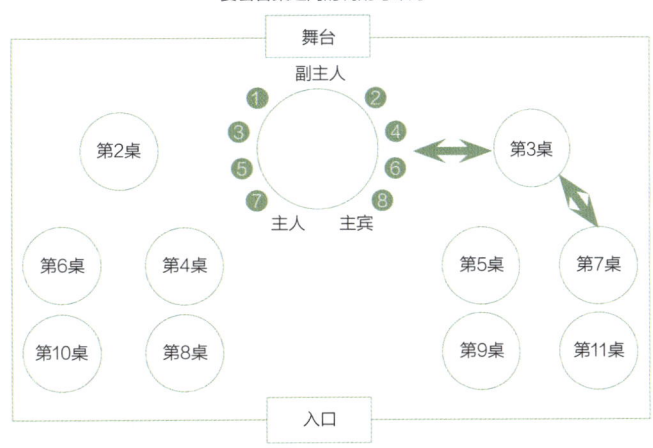

注:如想避免挡住主人及主宾观赏舞台节目的视线,也可不安排"副主人"的座位。

二、架桌

当各桌的相对位置均已确定,外场服务经理便可依平面图指挥工作人员进行架桌的工作,特别是在大型宴会、外烩桌数较多或各桌位置特殊的情况下,这份平面图就更有其制作的必要性。桌面的架设务求平稳坚固,架设时各卡榫确定到位,也不可有晃动与桌面不平的情况,外场主管人员也必须一一检查各桌平稳情况以求周全。

实际上,也常常发现有一种情况产生,那便是可能桌脚刚好顶到某位宾客的椅子,甚至妨碍到宾客落脚,此时桌面便要顺时针或逆时针稍微搬移转动,以避免上述尴尬情况,而这种情形便要靠外场经理以及宴会承办人在开宴前细心的检查,以确保宾客就座的舒适性。

三、铺台布

如果是摆设圆桌,目前餐饮业界大多都已剪裁搭配相称尺寸的圆形台布;如果餐宴会议采用长方形桌,除铺上台布之外,也可在桌沿垂直面衬上百褶布面,俗称"围裙"。

当台布铺设完毕,也须注意其平整性,基本上清洁的台布使用前均已浆洗平整,但如果铺上桌后发现有明显褶痕与不平,在正式的餐宴实务上,也会喷湿桌面台布使之服帖,再以轻便熨斗熨平。

对于台布颜色的选择,特别是对于主题性较强的餐宴,也必须加以注意,如喜宴可搭配"粉色系""红色""银色"台布,可显得喜气,或是彰显华贵的特色。

长方形桌用途多样,铺好台布并钉好百褶围裙,便可作为餐桌、自助餐台、接待桌以及礼品桌等。

第 2 节　转盘、桌花与桌号立牌的摆放

当桌面的台布铺设完成，中式餐宴如果不是在极正式的宴会采用"中菜西吃"的"位上"服务（指的是在厨房或桌旁备餐台先分好菜，再逐位上菜的方式），而是每道整盘菜肴直接上桌让宾客自行取用分食的桌餐方式，就还要在桌子的中心摆上木制或钢化玻璃制的转盘，而这转盘基本上应依桌面大小适当配置，才不会因过大而影响到每位宾客餐具摆放的合理空间。如果餐宴的供餐方式属于"位上"等套餐方式供应，就不需要放上转盘。

接下来，一些餐宴为了美观或营造用餐的气氛，也常会在桌面上进行花艺的布置，但值得加以提醒的是，餐桌上的装饰盆花也必须考虑用餐的方便，不可过高而妨碍同桌宾客的视线，也要避免使用香水百合等气味过强而影响嗅觉的花材，须知桌花的布置仅属陪衬，如果大型宴会花卉的桌面与场地布置是单独委托花店处理，宴会办理人就必须仔细沟通，以免宴会现场成了花艺展览会，造成"喧宾夺主"的现象。

过高过大的桌上花布置，恐将妨碍同桌宾客相互交谈的视线。

放在桌面中间的，除了装饰用的桌花，在多桌的宴会中，也会使用所谓的"桌号牌"或是"桌名牌"，用长条花插插于桌花上，或者是用金属桌号架（table number holder）上端夹上桌号卡片置于各桌桌上，用途是方便宾客在入场时寻找自己所属的桌次，大多是依照号码顺序编列，或者采取"梅兰竹菊"等植物花卉来命桌名。这项工作的要点，宴席承办者请记得桌次牌面一定要够大，字体号码也要够大够清楚，才能发挥"标次桌号"与"指示"的基本功能，而且外场服务人员要将牌面均面向宾客入场的方向，客人才能马上看见桌号牌而迅速入座。

外场的服务人员，一定要记得在宾客就座之后，并在上第一道菜或致辞开始之前，就要将桌号牌与金属立架收走，以免对宾客视线造成妨碍。

桌上的金属制桌号架与大小适宜的桌上装饰盆花。

大小适宜的桌花布置与桌卡，是餐宴的美好开始。

第 3 节　全桌面布局构划的起始：设定"定位点"

不论是西式还是中式的圆桌餐宴，大致而言，一开始的布置都大约相同，布置者就像整个桌面的设计师，你可以将圆桌桌面比拟成一个时钟的钟面：

在构划桌面的起点时，如图9-1所示，先把舞台或主桌的那一侧顶点方向设为12点钟，将底

盘（展示盘，show plate）分别准确地放置于12、6、3与9点钟，而成为定位点，假设使用直径约180厘米，即俗称的"六英尺桌"，标准可供12人就座的桌面为例，当4个定位点都完成，便可以继续其他底盘的平均摆放，从而完成所有餐具与器皿、宾客名牌卡的放置，乃至椅子的摆置定位，因此底盘定位的功能是所有桌面摆设与布局的基础，目的是求其"整齐"与"美观"，从而显出餐宴的气氛（正式的宴会更能显现出餐宴的"气派"与"气势"）。以上的说明即为"上下1对1式"。

> **Tips**
>
> 本小节谈到"上1下1""上2下1"，以及"上1下2"的摆法，是涉及宾客座位安排礼仪的结果，请读者对照本书第六章有关圆桌各式摆法，便会有更清楚的认识。

此外，定位盘的摆法还可配合该桌的主宾与主客人数，而有不同的方式。

如果该桌主人与主宾皆为夫妇，这便是所谓的"双对双"排法，亦即"上下2对2式"：（如图9-2、图9-3、图9-4）。

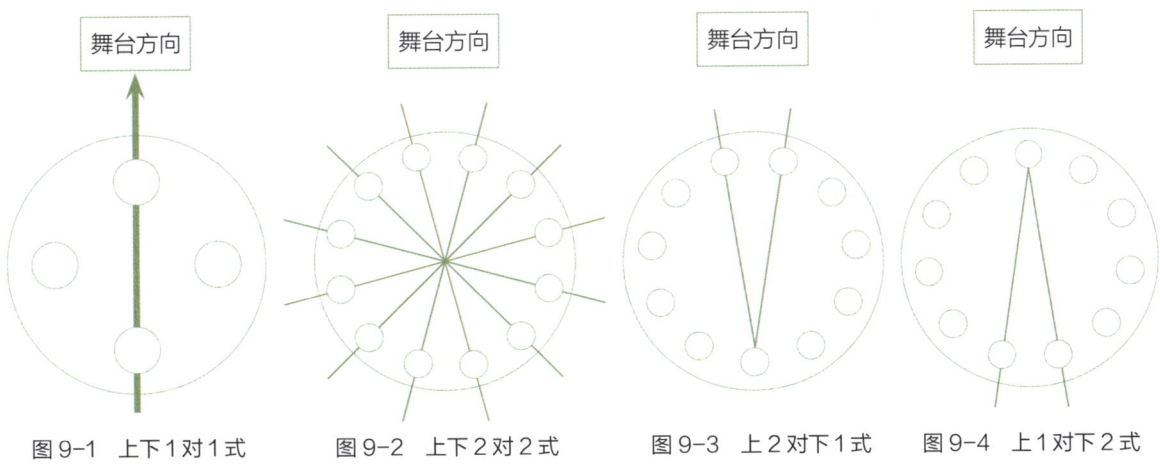

图9-1　上下1对1式　　　图9-2　上下2对2式　　　图9-3　上2对下1式　　　图9-4　上1对下2式

第4节　座椅的摆放

除桌子的架设与桌上摆设之外，宾客座椅的摆放与装饰，也有其重要性，当餐桌定位点确定后，座椅的摆放也可紧接着进行；对于椅子的摆放，要在事前检查其稳定性，在正式或特殊场合（如婚宴）的宴会需要塑造其隆重性，多会再将座椅加上与台布材质及颜色相搭配的椅套，如此更加突显餐宴的华丽气氛；若想增添浪漫的感觉，还可以在椅背系上蝴蝶结缎带，更显出餐宴会场布置的巧思。

搭配良好的座椅以及椅套布置，对于餐会的气氛营造有很大的影响。

第 5 节　西式餐宴的餐具摆设

当餐桌上的定位点都到位之后，外场服务人员就必须开始摆设餐具与杯具，右图是平面配置的示意（图9-5）：

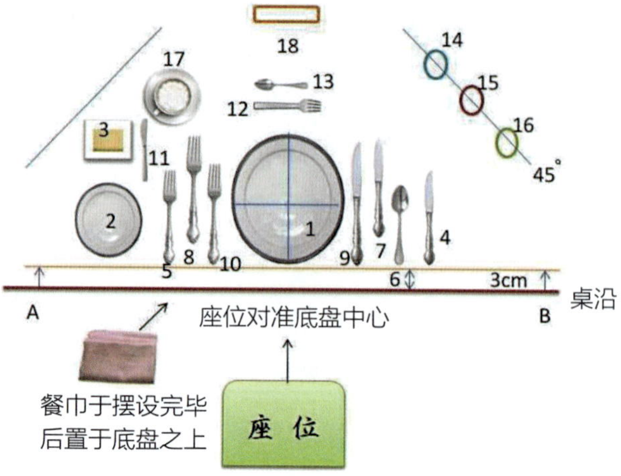

西式餐宴餐具的摆设即如图9-5，各餐具对应编号标示如下：

1. 底盘（show plate）：在未上菜前就已经摆好的大盘，整场大多不更换。
2. 面包盘（bread plate）
3. 奶油盘（butter plate）
4. 沙拉刀（salad knife）
5. 沙拉叉（salad fork）
6. 汤匙（soup spoon、bouillon spoon）
7. 鱼刀（fish knife）
8. 鱼叉（fish fork）
9. 主餐刀或牛排刀（dinner knife、table knife、steak knife）
10. 餐叉（dinner fork）
11. 奶油刀（butter knife）
12. 点心叉（dessert fork）
13. 咖啡匙（茶匙）（demitasse spoon、coffee spoon、tea spoon）
14. 水杯（water goblet，或是collins glass）
15. 红酒杯（red wine glass）
16. 白酒杯（white wine glass）
17. 咖啡杯（coffee cup）
18. 宾客座位名牌（place card）

图 9-5　西式餐宴的餐具摆设平面配置图

外场服务人员可依照图9-5将餐具一一摆妥，另注意餐盘与餐具的下方距离桌沿约1厘米；另图9-5下方从A点至B点，为60至70厘米，这便是每一位宾客就座后左右手肘可以活动的宽度与空间。

第 6 节　中式餐宴的餐具摆设

中式餐宴餐桌的布局基本定位与西式餐宴相同，而根据中式餐具的使用，摆设平面配置的示意图（图9-6）：

中式餐宴餐具的摆设如上图，各餐具对应编号标示如下：

1. 底盘（show plate）。
2. 小菜碟：图示为3连式长盘，也可以放3个小碟子；如果餐宴准备把开胃小菜放在转盘上，那么个人的前方也可不放小菜碟。

3. 汤匙：中式餐宴的汤匙，多以瓷制为佳。

4. 筷子。

5. 餐刀：摆设的时机，有两种情况，一是采取"中菜西吃"等"位上"的套餐形式中，有供应"牛排""羊排"等肉排菜肴，需要使用刀叉切割食用的情形；其次是如果餐宴中有国外宾客，不太会使用、甚至根本不会使用筷子时，准备餐刀与餐叉就有其必要性。

6. 餐叉：可搭配餐刀的使用，属于辅助性的餐具。

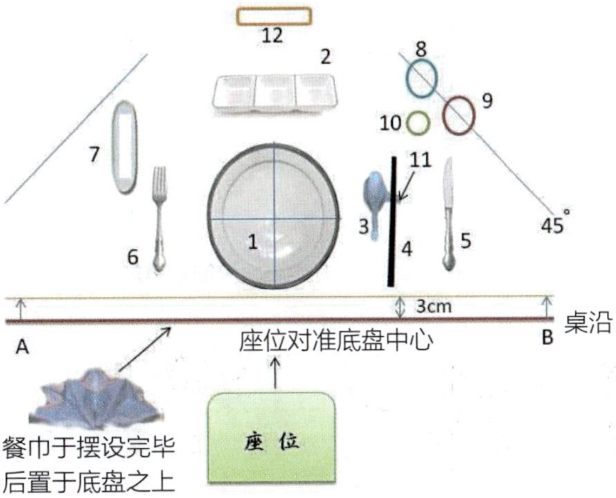

7. 毛巾碟：现今在实际中所提供的餐巾，多为不织布材质、属一次性的湿巾，如在高级的餐宴上，也可提供消毒的热毛巾，宾客使用时会感觉更加舒适，只是后续的清洁处理较为麻烦。

8. 水杯或是饮料（果汁杯）。

9. 公杯：中式餐宴常用的餐中酒类，包括蒸馏酒类的"高粱酒""威士忌"，或为酿造酒类如"绍兴酒"等黄酒，则可先斟于公杯中，提供宾客自行酌量倒酒饮用，在实际中公杯的放置，可以相邻两座的宾客共享一公杯；此外，如果餐宴中使用黄酒类，外场服务人员可以先征询主人或宴会办理人的意见，看看是否可先于厨房隔水温热后提供宾客饮用或做特殊的调味，口感会更佳。

10. 一口杯：搭配前述的公杯使用，小型的酒杯适合高粱酒或绍兴酒类的适量饮用。

11. 筷架：一说是筷枕，顾名思义，便是垫起筷子的小块辅助餐具，使用餐感受更加雅致，现今也有许多筷架设计多一块放置汤匙的空间，也见其实用性。

12. 宾客座位名牌。

图 9-6 中式餐宴的餐具摆设平面配置图

以上是正式中餐桌面的餐具布局，也已经是相当齐全的全套摆设，宴会办理人可视情况将餐具予以酌减或微调，例如宴会没有外宾，刀叉也许可以省略；另每位宾客就座后的空间，也与西式宴会桌面布置的宽度相同，此外，如果餐会用酒采用红酒等葡萄酒，酒杯摆放与排列方式可比照西式摆法。总而言之，读者可以观察出，中西式餐宴中的餐桌布局与餐具摆设，以下方桌缘为底线，左右上方都可拉出45度角的虚拟对齐线，每位宾客桌上由此都呈现出一个"黄金正三角"。

第 7 节　餐巾摆设

餐巾或称"口布"（napkin）在餐桌的摆设上，具有"画龙点睛"的效果与功能，颜色多以白色为主，花式折法也各有不同的设计，当桌上的餐具都摆设妥当之后，可将餐巾折花妥善放置于展示盘（show plate）之上，整个餐桌布置与餐具摆设大致完成。

餐巾的使用目的在于防止菜肴或汤汁掉落而污染衣物，以

Tips

"礼仪学"里两大原则："避忌原则"与"跟随原则"，只要服从这两大原则，在基本的应对进退礼仪上，都不会失礼。

及提供宾客用来擦拭嘴角油渍，不是用来擦拭餐具、擦汗擤鼻涕或女性擦去口红，千万要注意；宾客如果暂时离席，只要把餐巾放在椅子上即可，也不需重新折好，如果将餐巾放在桌上，则是代表用餐完毕的意思，外场服务人员就会进行餐具收拾的工作。在正式餐宴中，宾客将餐巾展开与平铺于双腿之上的适当时机，应该是在主人简单致辞后，再依循"跟随原则"跟着主人与主宾同时打开餐巾使用。

各式的中式餐宴餐具布局与摆放方式，搭配美观的餐具与餐巾花式折法，可以创造出美好的餐宴气氛。关于餐巾的折法有许多的花样：上图1为"星光灿烂"，上图2为"蜗牛"；此外近年来亦有饭店加上压克力或金属套环，与餐巾组合搭配折成花样，上图3为"火把"，上图4为"领结"。

第8节　"餐桌上的文书称谓礼仪"——宾客座位名牌卡

本章至此对于餐具摆设的技巧与原则的讨论和说明，多属于操作性的技术，宴席承办单位外场工作人员一定要熟悉这些基本知识，并且熟知其布置要点，务求在短时间内就能摆放到位，而宴会承办人则在开宴前加以检验即可。也别忘了每个宾客桌面上的"黄金正三角"的顶端，是放置宴会宾客名牌卡（place card）的位子，在礼宾礼仪工作实务中，可别小看这一张小小的卡片，因为上面所书写的内容将会直接面对入座的宾客本人。因此，打印或书写出正确的"宾客姓名""头衔"与"称谓"，是基本的要求与礼貌。此外，还有几项制作的注意事项：

> **Tips**
>
> 如果宾客座位名卡是用于"会议"，可以多增列一行打上"单位名称"。

（1）在餐会中的宾客名牌卡，打印的原则是只要头衔加上姓名就好，如果不知头衔，称呼"先生"或"女士"即可，打印字体也不要太小，如果是中文则采取"标楷体"印刷，座位卡的功能是要使每位宾客都能够清楚看见所应该入座的位置。

（2）就"宾客姓名卡"准备的实际工作来说，中文座位卡称谓格式，必须依照"文书礼仪"通行的用法，分述如下：

以"职务""职衔"称呼
- 姓 + 名 + 职称
- 例：王冠中局长

以"专门职业"称呼
- 姓 + 名 + 职业名称
- 例：陈克强医师、林正义律师

以"博士学位"称呼
- 有博士学位才称呼使用
- 姓 + 名 + 博士学位
- 例：李志成博士（如有行政职可优先使用）

就座位名卡的礼仪来说，务求正确严谨，不论是国内还是国外，宾客姓名在卡片上都必须打上"全部姓名"才符合礼仪，而且不可有错字与误植头衔的情况，因为对于赴宴的宾客来说，这是一件很失礼的事情。

（3）对于专业的宴会办理单位，座位名卡大都是自己制作与掌控的，除非有困难，才能委托饭店业者代为制作，在现场也要仔细检查卡片的内容是否正确无误。

> **知识分享**
>
> **座位卡礼仪**
>
> 法国官方对于一定人数以下宴会座位卡制作，至今还是坚持以人工书写宾客名字的方式为之，除了具有传统上的传承意义，也代表对宾客的一种尊重，可见"座位卡"在礼仪工作上的意义非凡。

第 9 节　西餐上菜的服务程序

讨论完中西式的餐具摆设，就必须继续说明餐饮服务的流程与注意事项，读者也可以从这方面的说明，反向思考前面关于餐具的摆设，就与菜肴供应顺序有密切的关系。

一、西式餐宴上菜的基本次序原则

对于出菜的方式而言，现代西餐的基本固定模式如图9-7：

图 9-7　西式餐宴上菜基本次序图

以上西餐内容与上菜次序的结构，属于较为隆重与正式的方式，现今西式餐宴供应为求精简，也可将鱼并于主菜之中，而上图的第二道主菜也可省略，这要看宴会举行的性质、允许进行的时间甚至是预算的多少；至于餐宴用酒的知识与实际运用，请参阅本书第十一章的详细说明。

在餐宴中颇值得一谈的是，宴会负责人必须注意："甜点"的地位绝不会比主菜低，如果把一场餐会比喻成一场舞台戏剧，"甜点"的上场就是表演尾声的高潮！

精致可口的甜点供应，对于西式餐饮来说，也是餐宴安排与设计的重点。

二、西式餐宴上菜方式的种类与服务要点

在本书第一章有关西方宴会历史中曾经提到，法国宫廷宴会的烹调与服务，从16世纪就已经主宰欧洲宴会的方式，甚至影响至今，而当时的贵族与富商阶级，不但食材高档、烹调精致华丽，还非常重视排场，这从"上菜的程序"的繁复与隆重就可见一斑，当时所谓"法国宫廷式"的菜肴供应，是分成数梯次上菜，而每一梯次都同时端出多道菜肴，服务人员众多，气势华丽且铺张，就连桌上摆盘都要求美观与对称，这种供餐方式目的是显示王室的气派，对照中国古代宫廷餐宴的心态，亦也如此，满桌菜肴气势磅礴且美观丰富，但实际上取食有限，只是营造出一种身份与地位的非凡。现代通行的西式餐宴上菜的服务，主要可分为4种供应方式：

（一）法式服务供应

现代的"法式服务"与数世纪以前的"法国宫廷式"出菜方式是两回事，须特别留意。"法式供应"的上菜方式，事先由服务人员于宾客右方在桌上放置好空餐盘，再由服务人员在宾客的左方手捧菜盘，逐位展示给宾客自行挑选与夹取想要的部分与分量，原则上以逆时针方向一一完成工作，实务上在提供宾客自行取菜的同时，也有另一位服务人员进行酱料提供的服务。这种供应菜肴的优点是可让宾客自行挑选喜欢的菜色与部位，然而却需较多

的服务人员，供菜时也较为繁复吃力，往往也会发生菜肴过剩的现象。

（二）英式服务供应

服务方式一开始多类同法式供应，但是取菜则完全由服务人员在宾客的左方主动派菜，客人无须亲自动手取食，好处是统一由服务员酌量分菜，菜肴剩下造成浪费的机会少，然而相对而言，宾客对于服务人员分派菜肴的部分与分量，可就没有多少选择的余地了。

（三）俄式服务供应

此种供应方式起源于1810年俄罗斯驻法国外交官所办的一场餐会，并不采用法国式的供餐方式，宾客入席后发现桌上除了花饰与烛台，并没有摆放任何食物，而是入座之后由仆役一一从厨房内端出菜肴供餐，或是将大块肉类于餐厅一隅切好供应上桌，宾客觉得新奇之余也享受到保有热度的食物，进餐流程也更加顺畅，因而获得相当的赞赏与好评，从此之后，这种供餐方式便从西欧流传开来，也演变成所谓的"俄式供应"。因此，这种将菜肴从厨房端出后便放在餐室一角的备餐桌，甚至是放在备餐推车上，并当着宾客的面切割或分菜与摆盘，再由服务人员由宾客左手方上菜，这就是所谓的"俄式供应"法。

另有一种称之为"旁桌服务"或称"桌边服务"（side table service或Guéridon service）的方式，

有论者将此跟俄式服务供应区隔开来，其实服务流程大致相同，应无分开论述的必要性，倘若餐宴非常强调在宾客面前展开"燄烧"（例如以酒类加入烧炙）、"烹调""摆盘"并加上"盘饰"等处理，较适合于表演性质很高的餐宴，借此增添用餐的气氛与话题，而这种方式往往人力与物力成本很高，高档的西式餐厅偶有机会采用。

（四）美式服务供应

此种供餐方式，便是直接在厨房的备餐台上直接分菜、统一佐以酱料并做好盘饰，完成之后便由服务人员将分派好餐食的餐盘，直接从厨房端至宾客桌上，故又称"盘式服务"（plate service），优点为最能保持食物热度，且上菜最有效率，这是现今餐饮服务运用最多的上菜服务方式。

至于服务人员将采取以上哪一种西式餐宴的上菜服务方式，这就要衡量各道菜肴的性质与特色；原则上，如果人数较少且想突显某道菜肴料理的特殊性与手法，便可当着宾客面稍作料理与分派菜肴，由此增加用餐的乐趣，也许可将此菜肴采用"俄式供餐"的方式处理；但假如宾客人数较多，对上菜效率要求性较高，那么采用"美式供餐"法就较为妥善，这也是餐饮业者与宴会办理人必须加以注意的地方。

三、中式餐宴上菜的方式、服务程序及要点

在国内所举办的各式宴会，在实际中绝大多数还是采取"中式餐宴"的方式，所以对于中式宴会的讨论，也较为实用。

大致而言，目前国内中式宴会供餐方式与菜色内容设计，可以分为两大类：一是"传统筵席菜色与服务"，二是"中菜西吃"的"位上"服务，而供餐与服务方式，必须与菜色内容设计的方式相互搭配。

（一）传统筵席桌餐的菜道结构

图9-8便是中式宴席出菜与内容的基本架构，也列举一张宴席菜单为范例：

读者可以从图9-9的筵席菜单安排的原则与范例中，察觉传统的中式筵席菜，多强调"菜多""料丰"甚至是"高档食材"（所谓的"鲍、参、翅、肚"，即鲍鱼、海参、鱼翅及鱼肚），如此安排与设计，特别常见于"喜宴"等庆贺场合，"吃饱喝足"是基本的要求，也由此反映了中式筵席菜色安排在特别场合的传统思维。

（二）传统中式宴席桌餐的服务方式

对于中式的桌餐方式来说，主要

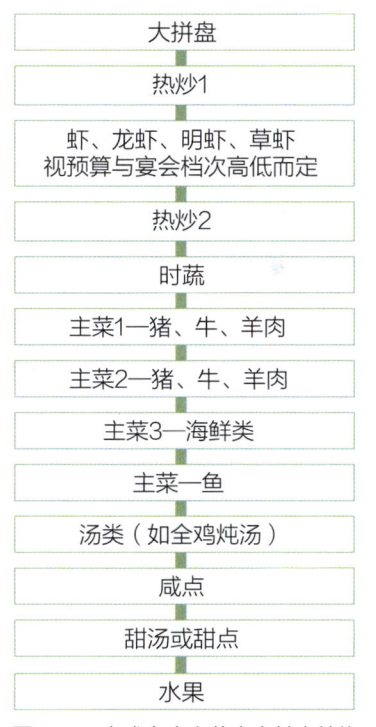

图9-8 中式宴席出菜内容基本结构

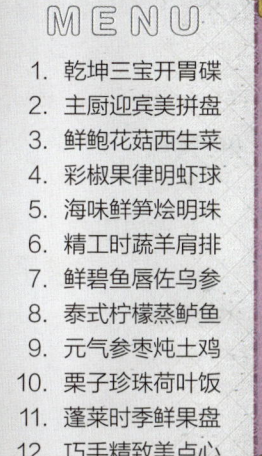

图9-9 中式宴席菜单

是将每道菜都用"大盘"供应至圆桌中央,而宾客可以自行取用;因此,采取这种"大盘分食"的供餐方式,多会在圆桌中央摆放转盘以方便宾客取菜。

此外,如果上的是特殊或知名的美味佳肴,有时服务生还会向所有宾客展示整盘菜肴(秀盘,像是烤鸭、烤乳猪等菜式),之后再于桌边的备餐台上采用"桌边分菜"的方式,然后——分菜给每位宾客,类比西式的餐桌供应方式,也有类似于"俄式供应"的方法,中西餐桌服务之间也有相互辉映之处。

(三)"中菜西吃"的服务方式与要点

相对于圆桌桌餐的大盘供应宾客自取的方式,如果餐宴的场合具有相当的正式性,例如"国宴"与"官宴"等;或是桌形属于长桌、多条腿桌(U形或E形)、椭圆桌、口字型桌,或是超过7英尺的圆桌,很明显,用大盘上菜宾客自取的桌餐方式是不方便且不可行的,那么,由外场服务人员以逐位上菜的供餐方式,就有其必要性了。

何谓"中菜西吃"?"中菜西吃"就是宾客享用的是中菜菜肴,但是菜道(开胃盘、主菜、甜点及水果等)供应上桌的次序、餐具摆放方式,主要是采取"西式"餐桌的供应法与服务,也就是中式菜肴先于厨房分派装盘,并且加上盘饰之后,立即由外场服务人员端送至每位宾客桌上,这就是所谓"位上"方式,每道菜色依序上桌,吃完撤盘整理后再上下一道菜。图9-10是"中菜西吃"菜道的排序原则:

以上便是标准的"中菜西吃"套餐的供应次序,您可以发现与传统的筵席桌餐比较,菜道也精简了4或5道,除了桌形的缘故之外,也是顺应现今世界的潮流,让用餐的时间不过于冗长,而且为了健康等因素,也讲求中餐"色、香、味"的提升,并以精致为上,因此菜的道数与供餐分量也经由"中菜西吃"的方式简化许多,也能提高精致程度,这在国际餐宴乃至于公商务餐宴中,是很常见的供餐服务方式,实务上供菜的道数多为6~8道,如果是工作餐(working dinner),更可精简为4~5道即可(例如仅供应开胃菜、汤品、鱼虾等海鲜、主菜与甜点),餐宴时间不会过于冗长,也符合健康的要求,避免了过度饮食的缺点。

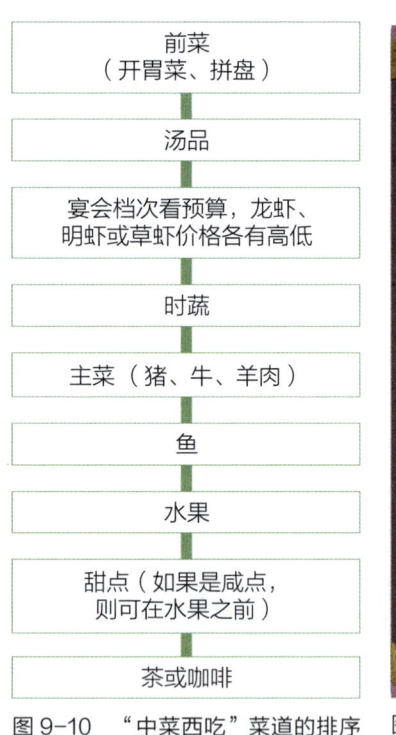

图9-10 "中菜西吃"菜道的排序原则

图9-11 "中菜西吃"的套餐菜单实例

(四)中式餐桌服务的注意事项

不论是宴席桌餐还是采取"中菜西吃"的"位上"方式,宴会办理人、宴席承办者乃至外场服务人员,对于"菜道设计""送菜""派菜""收拾""撤盘""酒水服务",请注意下列事项:

（1）多样化原则：对于菜色种类的设计，如果用心地安排，也多希望能采取多样化的食材。例如，如果已经有了"人参枸杞炖鸡汤"，其他的菜就不要出现"迷迭香椿鸡"之类的菜色安排，更讲究的，甚至是在迎宾拼盘中常出现的"醉鸡"或"油鸡"也都不要出现，以求食材的多样化。如果就"烹调手法"来说，可以搭配"冷盘""蒸煮""热炒""冰镇"等不同的烹调设计菜色；如果要把"多样化原则"发挥到淋漓尽致，甚至可搭配多种口味及调味酱料，更可让宾客的味觉享受到丰富的变化。

（2）对于正式的宴会，厨师须留意食材的取料处理，特别是仪式性很高的"官宴"，有所谓"三不"政策：不要让宾客"剥皮或壳""吐籽"与"啃骨"，因为正式餐宴的宾客大多衣着正式，如果供应的食材料理方式不恰当，不但会让宾客取食不便，甚至造成客人吃相不佳。宴会管理与设计的细腻心思，就是在这些小地方充分展现出来的。

（3）外场服务人员上菜时须注意菜盘的正确方向，如果是采用大盘放置于中央旋转盘的中式桌餐供菜服务方式，新的一道菜须先放置或转于主宾或主人之前，而且要将整道菜的"看面"对着主人或主宾；所谓"看面"，就是能表现出整盘菜美观且较易取食的那一方向。

（4）在"位上"服务时，放盘时须注意宾客的肩膀与桌角（或于圆桌与隔邻宾客的中线）之间的"服务地带"（有关左右空间），以及每位宾客从口部到胸部（或是桌面）之间的"上菜地带"（有关上下的空间），上菜与收盘都必须在这立体空间中为之；一般而言，中式上菜服务方式如从宾客就座的方位来看，采用"左边用左手上菜、右边用右手撤盘"的原则进行服务工作（酒类与饮料服务，因杯具摆放在宾客右边，故仍为右方进行）。究其原因，是为了避免外场人员的服务与宾客手部动作产生冲突，而产生碰盘倾倒的风险。

（5）就用餐礼仪与餐会流程管控的工作而言，主要在主人与女主人，以及主宾吃完一道菜后，才能供应下一道菜。

（6）外场上菜服务须注意每一道菜上桌的速度与协调性，绝不可发生让客人久候某道菜的情况。如为多桌的餐宴，各桌上菜的速度也要大体保持一致。因此，内外场必须相互协调供菜节奏，实际上，在重大的宴会中，主办单位或负责人也必须安排场监人员，以随时管控与协调，并且能发挥处理特殊状况发生的功能。

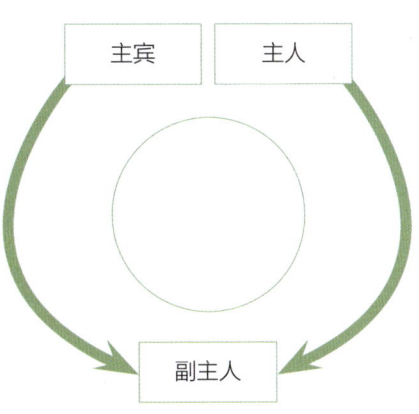

（7）如就圆桌上菜服务而言，有论者认为须以"逆时针"方向服务供餐，但现今在实务上则必须看该场餐宴的性质，而且为谨慎起见可向宴会办理人或主人询问，据以决定上菜起始点的原则，可搭配中式桌餐座位排序的情况依序上菜。

例如，主人地位高于所有的入座者，服务人员有两人，上菜次序方向如右图，也即2位服务人员从主人与主宾开始，并由上往下上菜。

（8）在采用"中菜西吃"的正式宴会中，所有的菜肴与餐点都已上完，外场服务人员最后端上一盅香茗，便代表与提示餐宴随时可结束，宾主之间也可以适时依宴会"兴辞"的礼仪，将宴会告一个段落（"兴辞原则"详见本书第十六章）。

结 语

本章节重点集中在餐桌之上,但可不要以为在这小小的区域之中没有什么特别之处,实际上恰好相反!我们可以说"桌上乾坤大",宾客用餐伸手所及之处皆是学问。担任餐宴项目的办理人,对于承烩业者服务人员在餐桌的摆设上,也必须善尽检查与调整的责任,即便是小小一张"座位卡",也必须符合文书礼仪与特定的使用习惯,这是一般坊间书籍所不曾提及的。同样的,这些"餐桌方圆之间"也不能全由饭店代劳,因为这些都是餐宴管理中极为精细之处,宴会项目质量的精致程度与办理者的用心,就是在这些细节中表现出来!

实务案例新视野

上菜陈设与盘饰的求新求变

谁说上菜的次序不能有变化?如果将水果与甜点组合成一道餐食,也是一种餐宴设计的方法:如右图所示,左边安排"香芒奶酪",右为"时季水果",也可为上菜多些变化与弹性。

"餐具"也可成为餐宴主角并创造话题性

餐具、甜点与饮料的盛器也是一种设计的特色!餐饮业者往往可以思考借由主题式的餐饮,进一步搭配餐具的精心设计,更可以创造话题,进一步成为吸引顾客的创意卖点!图中的甜点餐具,让甜点、点心成为全场餐宴的焦点所在,特殊设计的餐具成为创意营销的经典范例。

右下图为"故宫晶华"所设计的特色甜点"翠玉白菜"。此餐厅以珍藏于"故宫博物院"的国宝为菜色主题,例如:"肉形石"以"东坡肉"表现,"翠玉白菜"以"嫩芽白"缀以1只虾米,增添许多乐趣及话题,甜点制作亦是如此,并置于古色古香的特制木架上,更增加了用餐的古典气氛。

本章重点复习

一、中、西式餐宴的餐桌摆设，必须依照用餐特性为设置原则，细节可依实际需要予以微调。

二、所谓"中菜西吃"，吃的就是"中式菜肴"，而进食的流程与次序、餐具摆放与使用方式是采用西餐的方法。

三、"中菜西吃"的套餐方式，菜肴的上菜顺序原则与惯例，依次是：
（1）前菜
（2）汤品
（3）时蔬
（4）主菜
（5）鱼
（6）水果
（7）甜点
（8）茶

四、桌次立牌显眼为原则，宾客入座完毕记得撤走。

五、鲜花布置雅致适当即可，切勿过于茂密甚至遮挡宾客的用餐视线。

六、座位卡的属性包括：正式性、功能性、简洁性以及礼仪性。

七、座位卡印制原则：
（1）座位卡内容以不超过上下两行为原则。
（2）中文字体主要以"标楷体"印刷。
（3）中文座位卡称谓格式，须符合"文书礼仪"惯用与通行的用法。

八、餐具的选用，先要考量"尺寸"与"形状"是否适当，切勿造成宾客用餐的不便。

九、不论是西式还是中式餐桌的餐具摆设，外场服务人员可将桌面想象成一块"黄金正三角"的空间，便可以在正确、迅速与美观的要求下完成餐具的摆设。

十、对于西式餐宴的服务方式，可分为"法式服务供应""英式服务供应""俄式服务供应"以及"美式服务供应"。

十一、中式宴会的供餐服务方式，可分为"桌餐服务"以及"中菜西吃"的"位上式供应"。

问题与思考

思考1 试说明西式餐桌餐具的摆设方式。

思考2 试说明中式餐桌餐具的摆设方式。

思考3 何谓"中菜西吃"？

思考4 桌上的宾客名牌卡片具有哪些功能与特性？

思考5 请说明宴会现场餐桌布置的程序与注意要点。

实操练习

（在课程中需有餐桌、餐台与餐具为教学设备，并由教师示范与学生实际演练）：

练习1 西式餐桌餐具的实际摆设（单人份，时限由教师指定）

练习2 中式餐桌餐具的实际摆设（单人份，时限由教师指定）

第十章
菜色安排与菜单项目设计
Arrangement of dishes and menu design

学习目标

详读本章,您应该了解:

- 如何决定菜色的内容与主要走向
- 如何借助菜色的安排突显宴会的主旨
- "试吃"的注意要点
- "特殊饮食要求"与"饮食禁忌"的知识与处理实务经验
- 顺应时代的变化对菜色的求新求变
- 菜单印制要点

本章概述

宴会的举行在检验餐桌的摆设之后,再继续将焦点进一步聚集于餐食料理本身的各项要点。

有经验的宴会办理人除具备一些基本的餐饮安排专业知识之外,还有一个重要的理由,便是对于宾客的联系与个别特殊需求的翔实掌握,这是餐饮业者所无法代劳的;本章重点就在于告诉一位宴会项目经理人,如何与餐饮业者相互协调与合作,从而设计出符合宾主口味的菜色。

本章也针对"特殊饮食"的安排做一详尽的说明,从礼仪学中"避忌原则"的角度来看,礼待宾客对于其所不喜欢的、认为是避讳的,就一定要避免而且要另行安排,这一重点的阐述是餐饮业者与宴会办理者一定要具备的专业知识,并且相互配合,以求为与宴宾客提供最完善与贴心的服务。

对菜色设计的创新,以及使用新的思考模式看待宴会的筹办,本书以一个"消费者"的视角来观察,认为目前国内餐饮业对于菜色的创新发展仍有改善的空间,千万不要满足于长销多年的"招牌菜",须知随着时代的变化,而且在全球化的环境下,消费者也早已"见多识广",业者也必须体察消费者"喜新求变"的心理,在菜色变化与烹调方式的创意与巧思上,可再继续发挥想象与创作功力,相信在餐宴办理的事务上,必能创造双赢的局面。

最后,本章也针对菜单的美术设计与制作提供一些想法与建议,以使读者可以领略对于美食供应周边的服务与设计,从而给宾客增添一些精致的感受。

引言

"餐会"既然是以"饮食"为聚会的名义与关注的焦点,主办者就必须具备一些基本的餐饮知识,并了解一些用餐安排惯例及基本原则,对于宴席承办者所供应的食物、烹调、服务与供餐设计的各种过程,也都必须参与其中并提出需求,最后实际呈现的成果也要详加检验,有必要的话也要予以调整。宴会主办者千万不要认为把菜肴完全交给承包的饭店或餐厅业者处理就万事皆备且毫无问题。一方面,有责任心的宴席承办者需要

"菜单"就是一场视觉、嗅觉与味觉表演的节目单。

了解宴会办理者(代表主人一方)的特殊要求,以方便在设计"菜色内容""供餐道数""各种菜的次序""特殊饮食要求与调整""突显餐宴主题或主轴""对人员的服务需求""供应酒水的种类与等级"等内容,尽量能符合委托业主的想法;另一方面,宴会主办者才是承担宴会成败结果责任的人,当然也要对于餐食与酒水及服务内容,善尽与餐饮业者沟通、协调与对其监督的责任。

此外,本章节中所指的"菜单",定义较为严谨,并不是指一般餐馆与饭店临时点菜所使用的,如果是临场由服务人员所递上,记载有菜色名称与价格,实际上应称之为"点菜单"才对。就餐宴项目主办者而言,菜单多是已经先行定案,属于固定餐点的供餐方式,这种餐宴所使用的"固定菜色的菜单"才是本书所讨论的范围。菜单的功能是让宾客知道他所享受的美食的内容,再进一步用文字描述菜肴与烹调方法,就犹如音乐会中的"曲目单"一样,每道菜肴就好比一段节目,给宴会营造出愉悦美好的气氛。因此,菜名的设计与菜单的印制,也扮演着相当重要的角色。

第1节 决定菜色内容的考量要点

当宴会办理单位或负责人进入与承烩餐饮业者共同商讨菜色内容的阶段,承办者有义务提供以下信息,以方便宴席承办者确定适合菜单的初步内容。

一、主宾的"饮食偏好与忌讳"

如何决定宴会菜色的走向?中式还是西式?清淡还是重口味?如果是中式,选哪一种菜系?所以宴会项目的主办者,在筹办宴会前必须事先查询"主宾"或是大部分宾客所能接受的菜色与口味,初步决定菜色的方向,再进一步了解每位宾客的饮食偏好与禁忌。

当整体菜色确定后,便可以在邀请宾客的同时,询问宾客的特殊饮食状况,餐会的正式性与隆重性越高,对每位宾客的关照越要周全。因此,宾客回答不吃什么,就必须向每位宾客都

询问清楚。本书第六章提到，对于制作"宴会邀请回复单"中，其中的一个功能，就是附加"饮食禁忌"的选项或填注栏，这就是为了精确掌握宾客饮食需求的情况，之后才能尽量予以配合并满足客人的特殊要求，进而使餐宴办得成功与圆满，也能同时展现主方的细心与体贴。

上面谈到所谓的"饮食禁忌"，对于宴会项目管理中的饮食安排，是居于关键的要点。在实际中，如果对宾客的特殊饮食情形没有翔实了解与确定，常会在宴会进行中面临宾客临时要求换菜或停箸不吃的尴尬情况，如果采中式圆桌桌餐供应的方式，宾客或许还勉强可自行挑菜取餐，但在西式餐宴或采用"中菜西吃"的位上方式，如果没有事先了解宾客的饮食忌讳，就有可能产生宾客空置整盘菜肴的情形，而宴会办理人为了解决这种情况，也常在忙碌的工作中，分神张罗替代菜肴的事情，会对宴会的办理造成相当的困扰。因此，不论是餐饮从业人员还是宴会办理者，对于什么是"特殊饮食要求与禁忌"，都必须充分了解其性质与种类，特别是因为"宗教因素"而产生的饮食禁忌与要求，更是相当敏感，处理的方式不可不谨慎！

一场餐会菜色的走向，主要根据主宾的喜好来决定。

接下来，进一步分析与探究餐宴实务上的"饮食禁忌"。

> **知识分享**
>
> **饮食禁忌的案例：对穆斯林的饮食，仍缺乏基本认识**
>
> 根据媒体报道，在2012年11月13日晚间，在高雄六合夜市，一群穆斯林大陆观光客到某店家用餐，点了肉丝汤面，并表示他们不吃猪肉，之后还是发现碗内仍有猪肉存在，气得找店主理论并且大打出手，现场一片混乱，双双闹进警察局，事后店家表示：是因为一时匆忙，不小心还是放了猪肉丝，让禁食猪肉的穆斯林破戒，因而造成冲突。

"饮食禁忌"原因的种类

1. **基于宗教信仰**

（1）佛教、印度教等以素食主为。

素食种类还可分为：

① 奶素：可吃乳制品。

② 蛋素：可吃蛋制品。

③ 蛋奶素：乳类、蛋类食材可接受。

④ 全素：属植物性的饮食，乳蛋类制品不可食。如一些宗教修行者连所谓"五辛"，即葱、蒜、韭、薤及洋葱也不能吃。

⑤ 西方纯素（Vegan）：餐食中不能含有任何的动物或动物制品，包括鱼、肉、奶、蛋与相关制品，以及伤害动物以取得食材的方式也在禁止范围，例如蜂蜜就不可食用。

"素食"是办理餐宴项目中很常见的饮食禁忌安排。

在此必须补充说明，某些食品加工原料是属于动物性的，例如"明胶"（吉利丁，Gelatin）是从动物皮下抽取的胶质，"黑轮""甜不辣"可能掺入鱼浆，这类荤食很容易让人失察。这些对于因

"宗教信仰因素"而茹素者，如不慎将会造成用餐者误食而产成困扰。

（2）穆斯林饮食　禁食猪、马、骡、驴、狗、蛇、火鸡等，以及有利牙、利爪的猛禽凶兽，动物的血液也不能接受；此外，非因诵真主之名而宰杀的动物类也不能食用，也禁止饮酒以及用酒类来烹调食物。在此必须提醒餐饮服务业者的是，中菜喜用"猪油""火腿"等材料烹调，在穆斯林饮食中一定要避免。像是"甲壳"或"无鳞"鱼类，例如蟹、鳖、鳗鱼、土虱、鳝鱼等水产，也应避免。

> **Tips**
> 近年来台湾地区逐渐重视穆斯林的餐饮及食品市场，也纷纷采取"清真食品认证"，只有通过此认证的食品及餐食处理，才是符合伊斯兰教教义的规定。

（3）犹太教餐食（Kosher）　大致而言，犹太餐食不吃肉与奶混煮的食物、血液、畜类筋腱、虾等甲壳类水产以及"猪肉"，而此类饮食有"犹太洁食素馨食品"，包括植物食品、鱼、蛋及蜜，便是符合要求的。

2. 健康因素

如有痛风问题则避免高嘌呤食物（如蛋类、豆类、内脏与高汤火锅等）、糖尿病不吃甜食，或要求不吃油炸品，或有人因过敏问题而提出特殊饮食的避忌与要求，对于办理宴会项目来说，也是常有的情况。

3. 年龄因素

如果宴会中有较为高龄的宾客，主办人便要贴心地请饭店或餐厅烹煮菜肴时，制作得较为清淡与软烂，以满足年长者特殊的饮食要求。

当宴会承办者都掌握了宾客饮食要求的情况，就可以对每位客人提供周到的服务。

二、表现东道主的特色美食与活动主旨

上述除了属于个人的偏好与饮食避忌，这是处理所有餐宴菜色安排最基本的功夫，处理不好，就是不及格；如果想要有正面加分的效果，除了能妥善安排好宾主餐食的喜好与要求，还要进一步发挥创意并连接主题，以此设计菜色的内容：一则表现出餐宴主题；二则创造话题与趣味，由此显现出餐宴主办单位的用心与重视宾客的心意。例如：招待外国宾客，可以设计几道代表当地特色的菜肴以飨嘉宾；如果举办寿宴，可以安排寿桃、寿面，或

在餐中适当时机推出生日蛋糕贺寿，借此创造宴会高潮；如果举办婚宴，菜色的设计与菜肴的命名，更是饶富吉利、双双对对且长长久久的含义。

第 2 节　菜色拟定的注意事项

当宴会项目办理人收到饭店或餐厅开出的菜色之后，必须继续考虑以下事项：
（1）是否刚好碰到了重要宾客或是主人自己的饮食忌讳？
（2）食材值不值得如此价位？例如"原只鲍""鲍甫"与"鲍片"之间的分量不同，价格也就有差异。又如：同样种类食材，也有等级之分，问清楚是用哪种等级的食材；光是"鸡汤"就有"一般饲料鸡""土鸡"或是"乌骨鸡"，有很大差别。
（3）是不是还有可以商量与争取菜色"升级"的空间？
（4）整体菜色口味是否太过清淡或太重？以上如有任何的疑问，宴会办理人就必须向宴席承办者询问与沟通，以免因彼此的认知差距而徒生纷扰。

第 3 节　"试吃"的要点

在举行某些重要与具正式性的餐宴时，主办单位或承办者为了谨慎起见，往往会增加"试吃"的过程，如举行"国宴""婚宴""大型迎宾晚宴"等，都会有试吃的程序。

为何要进行"试吃"？基于以下理由，试吃有其必要性与功能性。

（1）宴席承办者所提的菜色，往往只有文字上的名称，只能大概知道"食材""烹调做法"与"道数"，说是"纸上谈兵"也不为过。只有通过实际的"试吃"程序，才能实际感受与体验"盘饰""分量""使用餐具杯器""烹调味道（咸或淡）""口感（脆、嫩或老、硬）"。

（2）试吃人员的组成包括项目负责人员与主管，必要时甚至需要主人亲自出面，对此餐宴具有决定权与影响力者，可以为试菜结果的修正建议负责。

（3）对于每道菜色的意见，可以亲自与宴席承办者，甚至是负责厨师当面直接沟通与提议修正。

（4）试吃的记录（照片与文字），都可成为宴会项目实际执行时的检验标准。

接续上面所提到的试吃理由，假如你是负责餐宴试吃工作中的一员，有哪些要点必须注意？

（1）各式餐具的摆设：包括杯具大小与种类、菜单与餐巾相对的位置，要衡量是否适当？站在宾客的角度来看，进餐是否方便、餐具使用是否顺手？

（2）每一道菜先观察"盘饰"与"菜肴摆盘"是否美观？

（3）每道菜分量如何？如果餐宴属于精致走向，分量适当即可；如果希望宾客饱食而归（如传统上的婚宴），菜量就不能太少，当然，这也涉及预算的多少，主办人可与宴席承办者沟通讨论。

（4）品尝后所有的试吃人员可以说出自己的感觉，例如：口味咸淡适中与否？是否过辣？肉的熟度如何？软脆程度是否刚好？菜肴是否过粗过硬？如果宾客年长者居多，烹调可偏向软嫩等。

对于口味这一方面的品尝，因为每个人都有自己的偏好，参与试吃者尽量讨论出一个大家都可以接受的烹调程度，取其平均即可，以避免"以偏概全"的情形。

（5）可询问现场服务人员的人数以算出服务比例（客服比=宾客人数（桌数）/外场服务人员人数，正式宴会以"位上"者，比值为3~4较妥；桌餐则在5以下较佳），服务人员过少可能产生效率不彰与上菜迟缓的现象。依据实际经验，菜肴美味与否有时见仁见智，但上菜速度过慢而致客人吃完还需久候下一道菜，常常会造成宾客不悦与事后抱怨，可就此与饭店业者沟通，以避免发生这种难堪的情况。

（6）事先要与业者甚至厨师沟通清楚，所有试吃的优缺点都做成记录，保留优点，缺点请其修正。在一些正式与重要的餐宴，甚至会举行多次试吃，以务求周全。

第4节　新时代菜色制定新思维

近年来餐宴的举办导入了许多新的观念与思维，在思考菜色的拟订时，也须一并考量这些观点，以避免争议与困扰，再从积极面思考，也是同为维护环境与生态，并为鼓励本地农业尽一份心力。

一、生态保护

如不吃鱼翅、发菜等食材。例如传统中菜中的高档材料"鱼翅"（鲨鱼鳍），在捕捞过程中仅割取鱼鳍部分而弃鱼体于海中，不但过于残忍，也导致鲨鱼族群的减少，破坏生态；此外，发菜的过度采集造成土地沙漠化。至于"鹅肝酱"是否能入菜的问题，因为国际上有动物保护组织认为，这种食材是强迫鹅灌食而来，鉴于虐待动物的因素而发起拒食运动，虽然法国官方农业单位否认，却仍存有疑义。

二、节能减碳

近年来对于食材的选择，已强调"食物里程"（food mileage）的观念，就是倡导吃"当季"与"当地"的食材。

所谓"食物里程"，简单来说，指的是从消费者的嘴与食物原产地之间的距离。食物里程高，表示食材经过漫长的运送过程，所有运用到的交通工具所消耗的油料与能源，还有随之产生的二氧化碳都将破坏环境。因此，为了减低食材运送所造成的能源消耗与污染，就要降低所谓的"食物里程"，这便要鼓励大家尽量吃或采用"本地生产"与"当令"的食材或食物；例如夏天的芒果，吃台湾本地产的最佳，如此既为当季又是本地所产，好吃又环保。强调"当季"和"当地"的食物，除了新鲜与减少污染，另一方面，也是鼓励与支持本地的农业经济，也同时减少了进口商、经销商等中间者的加成获利，让农民和消费者，产销之间都能够得到相对较好的利润，以及享受到好的消费产品。

为了避免无谓的污染，政府单位可借助正式宴会政策宣示：鼓励多吃没有加工、就近生产的当季食材。如果你是一般的宴会办理人，一同来响应食物的"当季"与"当地"性，不但食材新鲜，价格也可能较为节省，也能借助"绿色餐宴"为环保尽一份力量。

三、健康取向

如果是一些强调精致走向或较为高级的宴会，有机食材、天然非加工食材、非基因改造食材，也成为一项强调的重点。站在宴席承办者精算成本的营利立场，常常会有以"加工食品"与"添加物""人工合成调味料"（味精、人工甘味等）烹调的食物；尤其是为素食者准备餐食，有经验且负责任的宴会承办人，一定会仔细审查业者所开立的菜色与所使用的食材，是不是充斥着加工食材与腌制品，如"素肉""酱菜"等廉价且吃多对人体有害的菜肴内容？

因此，宴会办理者对菜单内容的审查条件，在现代的餐宴趋势之下，也要考量食材对宾客健康的影响。有些食材如有必要，偶尔可用但不要常用，例如香肠、腊肉等；但是味精、鸡精块等人工调味料，以及过度加工的食品，以作者对办理宴会一贯坚持的态度为例，一定严格把关并予以拒绝。

四、对地方产业的支持与鼓励

2012年为英国女王伊丽莎白二世所举办的登基60周年钻禧宴

放眼国际，目前各国政府对本国地方产业的支持与宣扬，有时也通过正式的宴会表达出此一理念。举个例子来说，在2012年为英国女王伊丽莎白二世所举办的登基60周年钻禧宴（Diamond Jubilee of Queen Elizabeth II Luncheon），其菜单如下[①]：

酒水
- Nyetimber Classic Cuvée 2007, Sparkling English Wine 英国起泡酒
- Sandringham Apple Juice 来自英国皇家圣德林翰宫附近产的苹果汁
- Sancerre Sauvignon Blanc, Bué Loire Valley, France 2011, 2011年法国苏维农白葡萄酒
- Château Cap de Faugères, Côte-de-Castillon, France 2007, 2007年份的法国红酒

起泡酒

起泡酒

2011年法国苏维农白葡萄酒

Sandringham Apple Juice 来自英国皇家圣德林翰宫附近产的苹果汁

2007年份的法国红酒

① 菜单内容引用来源：http://www.itv.com/news/2012-06-05/diamond-jubilee-lunch-whats-on-the-menu/（浏览时间：2013年10月30日）

菜品

• Marinated Uist Island Salmon with Lyme Bay Crab 腌鲑鱼佐来自英国南部莱姆湾的螃蟹

• Fresh Herb Salad with Lemon Soy Dressing 柠檬香草沙拉

• Saddle of Welsh Cambrian Mountain Lamb with Braised Shoulder of Lamb 威尔斯羊腰肉与炖羊肩

• Grilled Isle of Wight Asparagus, Jersey Royal Potatoes, Jubilee Sauce 来自英国南部岛屿"维特岛"的烤芦笋、加上英国有名的泽西皇家马铃薯，并佐以特调的庆典酱汁

甜点

• Chocolate Délice 巧克力松糕

• Bread & Butter Pudding 英国传统的甜点"面包奶油布丁"

• Berry Compote with Sandringham Apple Sauce 糖煮莓果佐圣德林翰苹果酱

随甜点供应的饮品与小点心

• Ceylon Tea 锡兰红茶

值得一提的是，这款红茶的来历还有个渊源：这是来自英国女王夫婿菲利普亲王（爱丁堡公爵 Prince Philip, Duke of Edinburgh）在1954年访问斯里兰卡（Sri Lanka）时所亲手栽植的茶树。

• Fairtrade Coffee "公平交易"咖啡。这是一种强调避免中间商剥削生产小农，精神在于希望能将利润直接反馈于原料生产者的公平交易概念。

- Petit Fours四小点，英国惯用的点心方式

从以上菜单来看，可以察觉宴会菜单设计的用意：使用本国知名食材与烹调传统菜肴、强调对于宣扬某精神的用意（公平交易、避免剥削等），更令人佩服的是，将内容与历史渊源相联结（菲利普亲王亲手栽植的红茶树丛所制的锡兰红茶），可以堪称菜单菜肴内容设计的经典之作。

五、创新与巧思

餐饮业者往往会以自身的"招牌菜"自豪，并以此吸引消费者，也常常因为受其拿手的菜系、风格与专长的限制，长期以来产生了菜色总是固定，而组合的菜单很少变化的现象；但是，当今餐饮消费者的想法与需求已经不同往日，享受各国各地的美食经验都已经非常丰富，甚至可以说是到了"人人都是美食家"的地步，不变的菜色恐怕已不能满足消费者了。因此，餐饮业者须顺应新时代环境的挑战，不能再以"一招半式闯江湖"的心态面对客户，尤其对于常办理宴会项目的负责单位与承办人来说，面对有限的菜色选择实在是一件很为难的事情，"求新求变"是有经验的宴会项目经理人共同的心声，宴席承办者对于委托业主的想法也必须要有所回应，那便是对菜色内容的"创新"与"巧思"。

对于菜色的创意巧思，可以从以下三方面着手。

（一）食材的变化

思考除了传统惯用的主要食材，是否也有将其他特色名产或农产品当成入菜食材的可行性？特别是配合地方产业的推广，更可以突显餐宴的主题特色与政策含义。

（二）烹调方式的变化

除了主人与主宾对餐食口味的偏好，是否可在烹调方式上求取变化，以增加菜色口味的多样性。

（三）佐料与酱料的变化

宴席承办者常常会囿于习惯与经验，面对某种食材就反射性地采用某种酱料。例如：对于"龙虾"这道食材，除了做成"沙拉冷拼盘"，以及用乳酪焗烤或蒜泥清蒸外，是否还可用其他的"配角"（佐料酱料）来开创全新的风味？

右图就是一个成功的案例。

图中对于龙虾的料理，是采用"客家橘酱"为佐料，给这道菜带来全新的感受，使得宾客颇为惊喜，也增添了餐宴的话题。

六、刀工与盘饰的变化

食材其实就像一块原木，要看雕刻师的构思巧手赋予作品生命，菜肴的烹调何尝不是如此？厨师对于刀工与盘饰的设计，就是从"美观设计"的角度出发，而让菜肴尚未入口时，就已经开始视觉上的飨宴。

对于以上变化方式，厨艺烹调的技术属于承烩的厨师，宴会承办者在菜色构思与创新的过程中，也可以参与其中，那便是根据该场宴会的属性、主人的期望与宾客的性质，可以先向承烩业者表达想法，甚至可以集思广益，最后由厨师试做以检验可行性，如果技术上可行，且经

过评估后具有相当的效果，那便可实际供应于宴会中，相信将会更加丰富宾客的飨宴与突显主办者的用心！

第5节　菜单的印刷设计

如果菜肴的内容与名称都已经确定，后续落实于现场工作与呈现在宾客面前的，便是要将文字甚至是图案印在实体"菜单"之上，对于重要的正式宴会，菜单成品的设计也是值得关注的焦点。

"菜单"的英文"Menu"来源于法文，更早甚至是源自拉丁文"minutes"，意思是"缩小"，原来菜色是写在广告牌上，而将之缩小成为桌上的菜单却是有迹可寻，从法文的"点菜单"（à la carte）意谓"广告牌所载"（according to the board），即可领略其来源。

综观历史上有关使用菜单的起源，有种说法是源自于1541年英国的布朗斯威克公爵（Duke of Brunswick），在自己的宅第举行晚宴，每一道菜公爵都要看桌上注记菜色的单子，当客人知道他看的是今天所供应的菜色内容时，也都对这张单子产生兴趣，尔后大家举行宴会便都仿效制作这种记载菜色的单子，这便成为"菜单"的起源；另有种说法，据考证桌上摆放供宾客参考吃些什么的菜肴内容，是约16世纪在法国王室做菜的厨师，为注记烹煮意大利菜的食材与烹调方法所写下的单子，这就成为菜单的起源。

一般来说，一般传统的菜单成品大多是纸制的印刷品，而且大部分主办餐宴的单位或负责人，通常都会交由承烩饭店代为制作，一则省事，二则本来就不太重视这些细节。然而，如果办理的餐宴属于非常正式且隆重的（例如国际大会中的迎宾宴、闭幕宴、庆功宴）、阶层相当高的（如国宴、正式官宴）、主题性相当明确的（国际年会、世界会员大会相关的迎宾晚宴），或是主题式的餐宴（如公开推广与营销等宣示型的餐宴，例如为推广旅游与农渔产品所举办的"花宴""茶宴""海鲜宴"等主题宴会），菜单的印制甚至是"特制"恐怕就必须由主办单位另外花一番工夫研究与准备。

对于上面所提到的重要宴会的菜单"印制"或"特制"而言，"菜单"也成了餐宴的重要角色之一。美观具设计感，甚至带有艺术价值的菜单会为餐宴增色不少，甚至增加话题与气氛，每每成为餐会瞩目的焦点，甚至有些设计精致而正好是具有纪念性的餐宴（特制菜单都会印上餐宴的主题与时间），菜单往往成为与宴宾客随身带走的最好纪念品。尤有甚者，近年来因为饮食文化的兴起，"菜单"也成为一些收藏家甚至一般人收集或留下纪念的"标的"，所以在正式的、重要的公商务餐宴项目中（特别是大型的、受人瞩目的），可印刷特别菜单，如果预算许可，主办单位或可考虑制作以增加餐宴的话题性。

精美的菜单印刷，也成为大型餐宴的工作重点。

最后，还是要再一次提醒宴会项目办理人，别忘了"易位原则"，就是要表现出对每位宾客的细心与贴心：那就是菜单的"客制化"（customization），也就是对于宾客特殊的要求或是"饮食禁忌"，除实际抽换不能吃的菜肴之外，更要进一步为他专门印制一份他所专属的菜单"内

页",相信宾客一定能体会到主办单位的细心与用心,这便是公商务餐宴工作成功的要诀,以及在细节上表现细腻心思之处。

结 语

  "餐会"的核心重点,终归将集中在餐点之上,对于餐饮内容的设计,餐会办理人必须决定方向,并与宴席承办者密切磋商,研究菜色内容。无论是中菜还是西餐,都有一套菜色的设计与顺序,以及历史传统的原则与方法,这也是餐宴办理者所必须具有的基本餐饮知识,或许主办人对餐食内容也有一些意见,这方面也必须与宴席承办者共同研讨,确定其可行性,或者是讨论调整的程度,毕竟餐食的烹调,还是要仰赖厨师的手艺与经验才能达成,在此章节所讨论的,正是考验"宴会承办者"与"宴席承办者"彼此之间的沟通诚意与信赖程度。因此,无论是对"菜色内容""上菜顺序"与"菜色命名",还是宴请外宾所需要的"菜单翻译"来说,都必须与饭店业者坦诚沟通与讨论,如此才能让宴席承办者圆满完成委托者所要呈现的餐宴效果。

  对于宴会办理人来说,贴心照料与处理宾客所提出特殊饮食的要求,也是一项很重要的工作,如果餐宴的规模较小,或许特殊饮食的宾客人数较少,尚可轻松应对;倘若宴会人数较多,相对而言提出各种不同特殊饮食要求的宾客就可能多了起来,要妥善地照顾到每一位宾客的餐食,对于餐会办理的工作来说,的确是一件非常耗费心力的事情;然而,如果要做到贴心服务,"特殊饮食"(或说是饮食禁忌)的处理就是表现餐宴管理者组织能力强弱的程度,这方面不但要餐宴项目管理人落实在宴前的询问与统计工作,更要依靠宴席承办者服务人员的精确执行,两者之间要相互密切配合,才能成就一场成功顺畅的宴会项目。

  本章在最后,也叙述了菜单设计的一些实务案例,以期让读者了解:办理餐宴不但是一项"技术",更是一种"美术"与"艺术"!相信你也可以设计出一份精美的菜单,来增添宴会的美观与精致程度!

实务案例新视野

菜名吉祥又如意,宾主尽欢皆满意

  关于菜色命名的原则,宴会项目办理者除主要针对菜肴内容做法的形容外,也可以突显宴会的特性,而采取"吉利菜单"命名的方式,最常见的就是喜宴菜单的命名,因为在此场合上,菜单就非常适合"锦上添花"。

吉祥菜单命名多根据"菜色食材内容""数量""形状""颜色"等辅以"谐音"，以紧扣宴会举行的性质与主题。例如数量喜双（双双对对）、六（六六大顺）、八（发音类似"发"），如有"九孔"上桌，就可命名为"长久"的谐音；又如"鸡"可为"凤凰"，"龙虾""龙胆石斑"可取"龙"字；"圆形"（汤圆、丸子类）可取"团圆""花好月圆"之类的谐音。

成功的宴会主办者需要有一些创意巧思，可以自己依照实际的菜色来设计这种文雅富有寓意的"吉利菜单"，因为宴会项目承办者要比承烩饭店更能掌握餐宴的性质与主题。早些年类似这种"吉祥话菜单"只印上"吉利菜名"，让宾客实在不明了到底吃了些什么，这便丧失了菜单最基本的功能与用途。现在实际中会把菜肴真实的内容以括号加注说明，改善了从前"吉利菜单"的缺点。

本章重点复习

一、餐宴菜色的安排走向，主要依据"主宾"喜欢吃些什么；每位受邀请的宾客不喜欢（甚至是不能吃）的餐食内容，这便是"饮食禁忌"。

二、因宗教因素产生的特殊饮食要求与禁忌，常见的有：
（1）佛教等：素食。
（2）伊斯兰教：不吃猪肉、不饮酒。
（3）天主教：星期五为小斋日，肉类仅吃鱼。
（4）犹太教：不吃猪肉与奶肉混合烹调的食物等。

三、对于餐食的安排，每个人都有一份责任，也就是不吃保护类及影响生态的食材，例如"鱼翅""稀有山产""发菜"等；更进一步的，可以多多采用属于本地所产的食材及农产品，不但可以减少食物里程（food mileage），更可以鼓励本土农民与生产者，具有相当大的意义。

四、增添宴会的餐饮美好气氛，菜单的角色非常重要，菜单犹如宴会的"说明书"或者是"美食节目单"，都能让来宾满心期待。"菜单设计"的三大重点工作：
（1）贴切美好的中文菜名。
（2）"信""达""雅"的菜名英译。
（3）精美的菜单美工设计与印刷。

问题与思考

思考1 如果主宾的口味偏向重口味，且酸辣不忌，你会如何挑选餐厅与菜色？

思考2 请说明以下宗教信仰对于饮食上的禁忌与要求？
（1）伊斯兰教　　　　　　（3）天主教
（2）犹太教　　　　　　　（4）佛教

思考3 面对当今世界节能减碳与生态保护的趋势与新观念，你认为有哪些想法可以融入饮食的安排之中来呼应？

思考4 如果你要为亲友婚宴的菜色设计一张"吉利菜单"，请运用您的巧思与创意，试着依照以下原菜名逐道取一个"吉利菜名"：

大拼盘(包括:烤乳猪片、烤鸭片、蒜味海蜇丝、乌鱼子片、蜜汁腰果仁)
清蒸大明虾
炸红白甜汤圆
蚝皇原只鲍烩乌参
迷迭香嫩煎羊小排
红鲟樱花虾米糕
树子蒸石斑鱼
人参枸杞淮山炖土鸡汤
什锦水果盘(西瓜、哈密瓜、葡萄、菠萝)
椰汁西米露(甜汤)

第十一章
宴会用酒实务
Alcoholic beverages

学习目标

详读本章，您应该了解：

- 对餐宴用酒的基本认识
- 正式餐宴中各阶段用酒的安排实务
- 对酒杯（酒器）的基本认识与安排实务
- 如何安排餐宴中的饮酒程序
- 如何敬酒才符合礼仪

本章概述

"吮玉液兮止渴，啮芝华兮疗饥。"

汉朝·王逸《九思·疾世》

人类文明自从有了农耕生活之后，可以说"宴会史"就是一部"饮酒史"，以酒佐餐已是餐宴的标准方式。19世纪曾有位法国政治家、律师兼美食家Jean Anthelme Brillat-Savarin说道："A meal without wine is like a day without sunshine"，意谓"食中无酒，犹如一天中不见阳光"，可见餐宴中用酒的重要性。

本章先介绍宴会中常见的杯具种类以及相搭配的酒类，并根据餐宴过程的前、中、后三阶段，来讲述各种常用的酒类，宴会办理人必须熟悉这些用酒与杯具的使用惯例，并且据以与宴席承办者沟通协调较适用的用酒与杯器，一方面提供宾客用餐的方便；另一方面也可增添餐宴的气氛，并且通过适当饮酒程序的安排，进而达到"宾主尽欢"的目的。

 未成年请勿饮酒

> **引言**
>
> 宴会除了对餐食准备的仔细考量，还有另一部分需要费心"斟酌"，那便是对于"酒水"的安排。说是"酒水"，但实际上是指"用酒"及"其他饮料"的准备，这方面对宴会的办理来说，可说是一种"锦上添花"的"装扮工作"，特别是"用酒"的学问，如果妥善安排，可为餐宴增色不少。举办餐宴的目的，不就是"宾主尽欢"吗？所以"用酒安排"就属于餐宴中"助兴"的角色，也是宴会气氛的"催化剂"，如果从"餐宴办理实务"的角度观察，对"餐宴用酒"的相关工作与经验，也必须一并说明与论述才算完整。

第1节　对餐宴用酒的基本认识

一个办理餐宴的负责人，除了对菜色的安排要有相当的知识，同样，对于餐宴用酒也必须要有基本的认识；否则，准备不恰当的用酒不但减损了桌上佳肴的美味享受，也会使用餐气氛大受影响。如果在较为正式的餐宴中，更可能被宾客解读为不懂品酒与用酒，少了一种款宴档次，对餐宴礼宾实务来说，花了钱还达不到餐宴效果，真的是一件很冤枉的事。

因此，餐宴的主办人对酒一定要有一些基本常识，才不会贻笑大方。首先，本文先说明酒的初步分类，大致可分为三大类。

一、发酵酒

顾名思义，便是将酿酒原料经发酵后产生的发酵酒液直接取用，或者经过压榨及过滤等程序后所制成的酒。一般而言，酒精浓度多在20%以下。此种酒类如果依照原料区分，常见的种类如下。

（一）果酒

例如红葡萄酒（Red Wine）、白葡萄酒（White Wine）、梅酒等。此外，值得一提的是，所谓"起泡酒"（Sparkling Wine）也属于"发酵酒"的一种，酒精度为8%~14%，富含二氧化碳，用白葡萄压汁后，在发酵中途就先装瓶，在瓶中完成第2次发酵，而且自然产生的二氧化碳就保留在瓶中，适饮温度为5℃~10℃。气泡酒中最有名的就是"香槟酒"（Champagne），依据法国政府规定，只有在法国"香槟区"（Champagne）出产的气泡酒，才可以称之为"香槟酒"，其他地方产的只可以叫做"起泡酒"（Sparkling Wine）。

（二）谷物酒

例如啤酒（原料小麦）、清酒（米）、小米酒、绍兴酒、花雕酒、黄酒等。以上英文多以"Wine"称之。

二、蒸馏酒

这是由上述的"发酵酒"再过经"蒸馏"的程序而制成，酒精浓度多在20%以上，酒性较烈，英文多称为"Liquor"或"Spirit"。

例如：高粱酒　　　　　龙舌兰酒（Tequila）
　　　白兰地（Brandy）　朗姆酒（Rum）
　　　威士忌（Whisky）　金酒（Gin），或称作
　　　伏特加（Vodka）　　杜松子酒

三、合成酒

合成酒是在蒸馏的过程中，或是在蒸馏之后添加一些香料、果香调味、药草等配方制成。

例如：参茸酒　　　　　五加皮
　　　薄荷酒　　　　　红曲葡萄酒
　　　乌梅酒

有时蒸馏酒加上各种口味的调味，也称为"利口酒"（Liqueur）。

第 2 节　宴会酒类使用安排实务

本文所讨论的是以国际间的正式餐宴为例，一般而言，可将餐宴过程的酒类使用区分为"餐前酒""餐中酒"及"饭后酒"。

一、餐前酒（Aperitif）

约在开宴前30分钟饮用，使用酒类如威士忌（Whisky）、雪丽酒（Sherry）、马提尼（Martini）、琴东尼（Gin and Tonic）等酒类。

正式宴会有时安排餐前酒会，也就是让先到的客人有机会互相聊天认识。餐前酒会除了以上所说的纯酒类，也常会用这些酒当成"基酒"加上果汁、苏打汽水（Soda）、姜汁汽水、汤力水（Tonic Water）等调制成为"鸡尾酒"（Cocktail），或者将相关的材料全都调和在同一个大酒缸里，而成为"潘

> **Tips**
>
> 什么是基酒？就是调酒中用来作为主要比例成分的酒类，酒精成分较高，多在40%以上，伏特加、威士忌、金酒、白兰地都是常见的基酒用酒。

趣酒"（Punch）。

服务人员将"潘趣酒"分装于鸡尾酒杯中供应给酒会宾客，准备餐前酒的目的与作用，除制造开宴前让宾客相互聊天认识的机会，促进社交的功能之外，饮品本身也有促进食欲的作用，也对宴会前酝酿气氛有相当的帮助。在餐前酒会上，也会提供一些开胃小吃，像是小饼干、洋芋片，或其他开胃小点心等，点心形式常可为用手指捏起一口即食的分量。而对于不喝酒的宾客，也会供应一些软性饮料，例如可乐、汽水或果汁等饮品，当然只想喝矿泉水也是可以的。另外，在欧美地区也常见供应气泡矿泉水（Sparkling Water）。

银器酒缸中的"潘趣酒"（Punch）。　　服务人员将"潘趣酒"分装于鸡尾鸡杯中，并加上装饰，为酒会增添气氛。　　在餐前酒会上，也会提供一些开胃小吃，如小饼干、洋芋片等。

二、餐中酒（Table Wine）

餐会正式开宴后的用酒，就是所谓的"餐中酒"（又称之为"席上酒"）。

在西式餐宴中，餐中酒主要以"葡萄酒"为主，而葡萄酒又可分为"红葡萄酒"与"白葡萄酒"。大致来说，如果餐中有牛肉、羊肉或猪肉等红肉类，则佐以红葡萄酒；如果有"鱼肉"等海鲜类或鸡肉等白肉菜肴，则搭配白葡萄酒。餐中酒除了红、白葡萄酒，中式餐宴也常常供应"绍兴酒""高粱酒"或"威士忌"等烈酒，而且安排实务上会在席上准备"公杯"，让宾客自行取用饮酌。

在目前的餐饮安排上，如果供应威士忌也会准备冰块让宾客取用，若不加冰块直接饮用就成了"straight up"喝法。在正式的西式餐宴中，多会安排主人、主宾致辞，或是在一些正式典礼中的仪式祝酒，常用"香槟"或前面所提到的"起泡酒"相互祝酒，这是在正式与仪式性较高的餐宴场合中常用的用酒实务与惯例。

三、餐后甜酒（Dessert Wine）

在西式餐宴中，餐后酒的用意在于帮助饭后的消化，并且维持餐宴的美好气氛，这类酒多半酒精浓度较高且甘甜香醇，例如常使用"白兰地""波特酒"（Port Wine）、"薄荷酒"（Peppermint Wine）等甜酒，以及加上白兰地以增加酒精浓度的酒类（如葡萄酒）等，即所谓的"Fortified Wine"。但是，此项在目前国内餐饮安排的实务上已经不太常见。

第 3 节　酒杯酒器的使用安排

对于餐宴中酒杯与相关使用到的容器，宴会办理人也必须要有基本的认识，而且从宾客使用的角度以及主人想要营造的餐宴气氛来检视，看看酒杯的使用类型与排列是否符合需求，如有必要，便可以与承办餐宴的工作人员沟通协调，马上加以修正与调整。

一、杯具种类

（一）水杯（water glass）

正式宴会建议使用为高脚杯（goblet），一般餐宴也可使用平底无柄直筒式玻璃杯（tumbler），包括：high ball glass或collins glass。

（二）酒杯

直筒式玻璃杯
（tumbler）

高脚杯
（goblet）

红葡萄酒杯
（red wine glass）

白葡萄酒杯
（white wine glass）

香槟杯
（champagne glass）

二、酒杯在餐桌上的排列

在中菜餐饮餐桌的实务安排上，如下页右上图所示，三个杯子呈三角形摆设，右上为"香槟杯",左下为"水杯",右下方为中式"一口杯",香槟杯是在极为正式的宴会(如国宴)中才使用,特别是安排有致辞、赠勋仪式等仪式性很高的程序完毕后,供宾客相互举杯敬酒时使用,就算准备香槟杯也是摆在红酒杯与水杯的上方,让3个杯子呈"金字塔型"排列。总而言之,杯具的排列可由餐宴负责人试着坐在座位上,然后再模拟宾客用餐的情况,检视有否不顺手的地方,并且加以修正调整。

三、其他酒类搭配酒杯的基本知识

除了上述酒杯的使用,在其他场合对于不同的酒类,也必须搭配不同形状的酒杯,在功能与目的上才能"相得益彰",以下就各式酒杯一一解说其使用方式。

(一)白兰地酒杯

杯形呈郁金香花朵形状,注酒适量后,饮用者以手掌捧握杯球,可慢慢摇晃,用意在于使手心温度促进酒香的逸出,可先以鼻嗅之品味酒香,再徐徐饮用,品尝酒液的香醇。

(二)鸡尾酒杯:杯形呈倒金字塔形

(三)威士忌酒杯:杯形呈直桶形

(四)葡萄酒杯:红白葡萄酒均可使用

(五)绍兴酒杯(一口杯)

黄酒类(花雕酒、绍兴酒等酒类)、高粱酒等中式酒均可使用。

(六)搭配黄酒类或高粱酒等中式酒所使用的"公杯"

如果是黄酒的加工饮用法,通常是稍微加热,再倒入此公杯让宾客自行适时酌量倒至"一口杯"中饮用。

(七)红葡萄酒使用的"醒酒器"(Decanter)

在开宴前约30分钟左右,先开红酒倒入"醒酒器"中,让酒液与空气充分接触,使得红酒饮用更为顺口。

四、葡萄酒知识与供应技巧

对于餐饮用酒来说,当然有许多的酒类可供选择,然而,却没有一种酒像葡萄酒一样,在中西餐宴上被广泛采用并居于主要地位,在西餐各国各式菜肴的供应,使用葡萄酒特别是"红酒"作为餐中酒,已是基本的方式与习惯。对于中式餐宴来说,现代早已采用西式供应方式,酒类也多采用"红酒"等葡萄酒于餐中享用,随之所搭配的餐点内容与杯具也颇为讲究。

(一)对葡萄酒的分类

许多人以为"红葡萄酒"就是"红酒",这恐怕是长久以来的一种误解,"红酒"属于"葡萄酒"中的一种,对于"葡萄酒"的分别,其实还有一些分类细项,如下图所示。

1. 起泡葡萄酒(Sparkling Wine)

在发酵过程中即装瓶,而保留二氧化碳气泡于瓶中,酒精浓度为8%~14%,常呈现金黄色泽,如之前所谈到的,只有在法国"香槟区"(Champagne)出产的,才可称为"香槟酒",其他地方甚至其他国家所出产的只能称之为一般的"起泡酒"(sparkling wine)。

2. 静态葡萄酒

相对于起泡葡萄酒,另一种属性的葡萄酒称之为"静态"(Still)葡萄酒,这是因为这种酒在发酵的过程中,先将二氧化碳逸出,酒精含量与葡萄起泡酒亦同。此种无二氧化碳气体留存的葡萄酒,又可依后续的酿制手法与处理方式,而产生下列三种酒类。

(1)红葡萄酒(Red Wine) 使用压碎的红葡萄,全程都连汁带皮发酵,具有极深的红色并富含"单宁"(tannin),为了柔化单宁所带来的酸涩味,有时还会将初酿的红葡萄酒注入橡木桶储存,以便装瓶后让红葡萄酒更加顺口,常成为餐中酒最多与最佳的选择,适合搭配红肉类佐餐。

（2）白葡萄酒（White Wine） 使用压碎的白葡萄或以红葡萄榨汁后去皮加以发酵，酒液多呈金黄色，适合搭配鸡肉、鱼肉与海鲜类佐餐。

（3）玫瑰红酒（Rosé Wine）如同酿造红酒的初期过程，将红葡萄带皮发酵一段时间之后，随即再经过去除外皮的过程，之后继续发酵，此酒为红色，色泽较为轻淡。

3. 加烈葡萄酒（Fortified Wine）

常列为"餐后酒"（Dessert Wine）使用，多将葡萄酒加上白兰地等以加强其酒精的含量，这在国内大多数的餐饮习惯中较少出现。

总之，从国内外的餐宴用酒实务来看，"红酒"的地位可说是首屈一指，因此对于餐饮服务与宴会筹办者来说，对于红酒如何"品味""选择"与"适当的供应与服务"，就成为一项重要的课题了！

（二）如何品味与选择红酒

宴会办理者甚至是宴会的主人，对红酒的选择也必须用心与谨慎，如果菜肴精美，却选择了不恰当的用酒，甚至是酒的口味不理想，便浪费了桌上的美食佳肴。而针对红酒口味与质量的挑选，到餐厅的一桌小型餐宴，主人可亲自为之，如果是通过宴会项目主办人所策划的大中型宴会，承办人就必须事先挑选好红酒口味。至于挑选红酒的方向是什么？红酒的出产地，长久以来以法国为知名，尤其在一些特别的产地，例如：波尔多区（Bordeaux）、勃艮第区（Bourgogne）、香槟区（Champagne）、薄酒莱区（Beaujolais）及朗格多克产区（Languedoc）等，都是极负盛名的葡萄酒产地，不同年份的红酒也代表着不同的质量甚至是身价。然而，如果宴会办理人将眼光扩大至全世界，近年来许多国家或地区所出产葡萄酒的质量也不遑多让。就红酒而言，如意大利、东欧国家、美国、澳大利亚、南美洲的智利与阿根廷，也多有许多质量不错的红酒，甚至有些在国际红酒市场上也有正面的评价，假如对法国红酒并没有特别的偏好与坚持，宴会办理人可以亲自品味红酒质量，据以选择宴会所使用的红酒。

如何品味红酒？主人或宴会办理人可以遵循以下程序与原则品味：

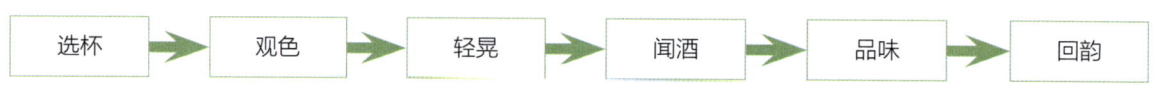

1. 选杯

挑选适当的红酒杯，酒杯应呈郁金香花朵形状，杯壁无花纹的透明玻璃杯，如果是自己品酒用，杯球部分或许可以大一些，好让倒出的酒味能集中逸出，有助于闻酒的过程；但如果是置于实际餐宴上的酒杯，尺寸大小就必须考虑到宾客饮用的方便，以及与其他餐具之间摆设的恰当比例。

2. 观色

观察红酒的色泽，颜色可从紫色、红宝石色乃至于红褐色与棕色，酒液是较为清透或是暗浊，都可以透露出此瓶酒的年份与可能的口感，品酒者可以将红酒注入酒杯约三分之一满，再将酒杯移至白纸或白色的背景前欣赏与观察。

3. 轻晃

品酒者记得要手持杯柱部分，轻轻地以逆时针方向画圆摇晃酒杯，可让酒液布满整个杯球内部后静止，一方面让红酒充分接触空气，促使酒香逸出；二来可借以观察红酒顺着杯内壁流下的情况，如果酒液呈现许多条向下的酒滴，称之为"挂杯"的情况良好，依经验多半酒液浓郁而香醇。

4. 闻酒

红酒经过以上的晃杯过程，酒液也能与空气充分混合，除了能让酒香飘散而出，也能增进品尝的顺滑口感，品酒者可以用鼻贴近杯口处轻闻，可以增进品酒的嗅觉享受，有经验者甚至可从酒的气味辨别出酒的质量高低。

5. 品味

闻酒之后，便可轻啜酒汁，请记得如果是宴会办理人要辨别与挑选适当的红酒种类，品尝与选酒前就必须保持口腔与味觉的敏感度，在品酒前15分钟左右勿吃其他味重的食物，以免钝化味觉感受的灵敏度，一般也可在品尝多种红酒之后，饮用白开水来清除口中的余味。在开始饮用时，可以用适量酒液充满口腔，之后再徐徐滑入喉中，充分感受酒液所带来的味觉感受。

6. 回韵

这是品尝一口红酒的最后阶段，让酒的余韵继续在品尝者的口中持续酝酿，这便是某一瓶红酒所带给品尝者最深的味觉享受，对此酒的评价，品酒者心中也已经有了定论。品酒者就可根据这一连串的过程，在心中询问自己：

（1）能否感受到酒汁的香醇？是清淡还是浓郁？

（2）是否感觉酸或涩？这与单宁成分的多少息息相关。

（3）酒味余韵是否令人愉快与喜爱？

（4）就您整体的评价来考量，这种酒是否值商家所开的价钱？如果是办理宴会的用酒，是否能接受这样的价格，还是超出预算，必须要降格以求？

此外，在此必须要加以补充的是，近年来颇为流行所谓的"薄酒莱葡萄酒"或称为"薄酒莱新酒"（Les Vins du Beaujolais，或简称Beaujolais），与一般红酒不同的是保存期限很短，必须尽快品尝，否则酒可能会因久放而变质影响口感。而国产许多称之为"红曲葡萄酒"或其他加味葡萄酒等，口味偏甜，严格来说不属于"红酒"，应属于"合成酒"的一种。

（三）红酒的服务方式

如果是由宴会项目主办者负责的餐宴，红酒种类与品牌都是在开宴前就已经决定，如果是邀请宾客在餐厅进行的小型餐宴，对于餐厅提供的红酒，就必须由主人亲自进行试酒与选酒的程序。

首先，外场服务人员须先将红酒酒瓶正面酒标向宴会主人展示，确认无误后，随即经过谨慎的开瓶手续，并斟于酒杯中少许给主人试酒，主人闻酒与试饮之后，经同意即可展开红酒服务工作。服务人员斟酒的次序，先是由主宾或是由主人右方的宾客开始服务，为了避免倒酒后酒液自瓶口流至瓶身，甚至污染台面，服务人员可于倒酒动作结束后微转瓶身并立即擦拭瓶口，或于瓶颈处包覆餐巾，并随时注意宾客杯中酒的存量是否过少，否则就要立即添补，至于维持杯中酒量的多寡，依照目前的实务经验，约整杯的三分之一处即可。假使宾客所使用的红酒有不同的种类，在换喝时切勿将前后不同的酒混于同一杯，应等待宾客完全喝完前一种酒时，再斟补另一种类的红酒。

鉴于红酒在开瓶之后，还需要一段时间让酒液接触空气进行氧化，以降低单宁所带来的酸涩口感，因此在餐宴实务上，多会在开宴前至少半小时进行所谓的"醒酒"程序，以柔化红酒的口感，使之更加顺滑。有时在餐宴负责人到达会场之后的相当时间内，即可将桌上的红酒先行斟妥，也有"醒酒"的功能性考量；假使宾客较多，红酒消耗量颇为快速，为了让此一程序加速并能快速处理较多的红酒量，也常常会使用红酒专用的"醒酒瓶"（Decanter），有些造型为大肚瓶形式，甚至为平底长颈的瓶身样式，形态不一而足，目的都是为了让酒液能充分接触空气而加快红酒的柔化过程。

第4节　琼浆玉液、觥筹交错：谈餐宴饮酒程序安排与敬酒礼仪

"敬酒"也就是"祝酒"，通常是在正式宴会上，由主人来引言致辞欢迎宾客，之后再请主宾致答辞或谢辞，或者只是为了简单祝酒讲句简短的"祝酒辞"，通常祝酒辞内容简单且时间不宜太长，甚至是越短越好。

如果是安排正式的致辞与谢辞，就程序来说，西式餐宴多在上甜点之前才讲话，而且仪式性强的酒会、典礼中致辞完毕，敬酒多使用"香槟"祝酒，中式餐宴则习惯在餐会一开始就说话，酒类用席中用酒即可。

再来谈参加餐宴的饮酒礼仪，敬酒宜由主人率先开始，千万不可自己与他人先敬起来，餐宴场子是属于主人的，"喧宾夺主"的举动是非常失礼的。敬酒时，中式酒系列的用杯要以双手握杯举起敬酒，更具诚意的甚至"举杯齐眉"。至于以葡萄酒杯敬酒的方式，记得以手指握杯子中段的杯柄，不要手握杯球本身，因为喝葡萄酒可不是这种方式。值得一提的是，在西式正式餐宴中，"敬酒"，尤其用"香槟杯"敬酒互祝，只能与邻座的人碰杯互敬，而不能隔着他人敬酒，然而一般餐宴的敬酒，现今就没有这么严格了。

对于现代的餐宴来说，宾客常因健康或开车等因素不能喝酒，也已经改变以往的习惯，可以用果汁或茶水代替酒来互敬，也都不算失礼，从这可以观察"礼仪"也会随时代观念的改变而与时俱进。最后，恐怕还是必须提醒一句，怂恿他人"打通关"（全桌敬酒一圈）或强迫他人干杯的饮酒习惯，在"餐桌礼仪"上不甚恰当，而且目前因为健康因素与政府加强管制饮酒驾驶的种种原因，目前这种不良风气也收敛了许多。总之，为了健康与安全，"酒"在餐宴上的角色与功用，就是"点缀装饰"，餐宴目的是"宾主尽欢"，还要加一句"健康平安"，这才是成功办理餐宴的圆满结局与真谛之所在！

结 语

对于宴会的筹办来说，酒类的准备也是餐饮项目中极为重要的一项工作，宴会项目办理人也必须对各种常见的餐宴用酒，以及所搭配的酒杯器具要有基本的认识，对于选用适合的餐会用酒，宴会办理人是责无旁贷的！而对于适当酒器的使用与摆设，办理人也必须先与宴席承办者沟通，如此才能发挥餐宴用酒"锦上添花"与"酝酿气氛"的效果。

— Tips —

"敬酒"不"劝酒"，才符合餐宴中的饮酒礼仪。

本章重点复习

一、酒的初步分类：
（1）发酵酒　例如"红葡萄酒""白葡萄酒""水果酒""谷物酒"等。
（2）蒸馏酒　酒精成数较高，例如"白兰地""威士忌""金酒""伏特加""高粱酒"等。
（3）合成酒　在蒸馏酒制成过程中，加上一些调味成分，例如"薄荷酒""乌梅酒"或"五加皮""参茸酒"等药酒。

二、在国际间的正式餐宴，依餐会过程的用酒供应次序，可分为：
（1）餐前酒（Aperitif）
（2）餐中酒（Table Wine）
（3）餐后酒（Dessert Wine）

三、各式用酒与相对应的酒杯，以及手持的方式在国际用餐礼仪上皆有一定的惯例原则，请读者再次复习本章的图片与内容。

问题与思考

思考1 葡萄酒杯的握法，以下哪一项正确？（选择题可复选）
（A）以手掌轻捧杯球的部分　　　　　　　（B）以手指握住中间杯柄的部分
（C）以拇指及食指捏住杯脚圆盘处

思考2 品酒的正确步骤应如何？（选择题单选）
1. 看酒的颜色　　　　　　　　　　　　　2. 品尝一口葡萄酒
3. 确认酒的气味
（A）123　　　（B）132　　　（C）213　　　（D）321

思考3 如果安排西餐宴客，主菜与酒应如何搭配？（单选）
（A）吃牛肉、猪肉者搭配白葡萄酒　　　　（B）吃猪肉、牛肉者搭配红葡萄酒
　　　（White Wine）　　　　　　　　　　　　　（Red Wine）
（C）吃海鲜者搭配红葡萄酒（Red Wine）　（D）吃海鲜者搭配白兰地酒（Brandy）

思考4 有关中式餐宴中敬酒的礼仪，下列叙述哪一项不恰当？
（A）主人尚未敬酒时，不要先行敬酒　　　（B）敬酒时应先向女士敬酒
（C）敬酒时应互干为敬，表示诚意　　　　（D）敬酒时，距离较近者可举杯轻碰

第十二章
外烴项目的办理技巧
Tips for off-premise catering management

学习目标

详读本章，您应该了解：

- 什么是"外烴"
- 外烴项目流程模型的建立
- 外烴业务的评估因素
- 外烴工作的准备事项
- 外烴工作的工作流程
- 外烴实务上的注意事项

本章概述

对于餐饮业者与宴会筹办者来说，"餐宴外烴"是一项非常重要的工作形式，不论是在国内还是国际间的餐饮实务上，都占有一席之地，原因在于各种节日庆典或是多种公商务场合的活动，常常必须在饭店或餐厅以外的场所举行，往往具有较为明显的"主题性"与特殊考量，而使得将所有的餐食服务移往指定的场地成为必要，"外烴"的需求便成为餐饮活动办理中重要的一环，其项目的特殊性也随之彰显，因此研究"宴会项目管理"的议题，不能不将"外烴项目"独立出来作一详细讨论。

本章除解释何谓"外烴"之外，也将"外烴项目"在餐饮学术理论上引进模型探讨，以求取完整的立论基础；并据此讨论从事外烴项目需要评估的因素，再描述与分析进行流程，特别是针对外烴所必须额外增加的项目与预算，也提供实务上的经验分享。

引言

就餐饮经营实务来观察，一家具有组织与执行能力的餐饮业者，才有信心与能力提供"外烩"的服务项目，因为此项业务必须整合"物料食材""设备器材""人员调度""交通运输""餐食卫生"与"风险管控"6大项事务的掌控能力，而且这6项外烩的管控要素彼此间相互影响并环环相扣。因此，我们可以了解为何许多经营餐厅饭店的业者，可经营于自身的餐宴场地，却不见得愿意或具有能力办理外烩事务的原因。

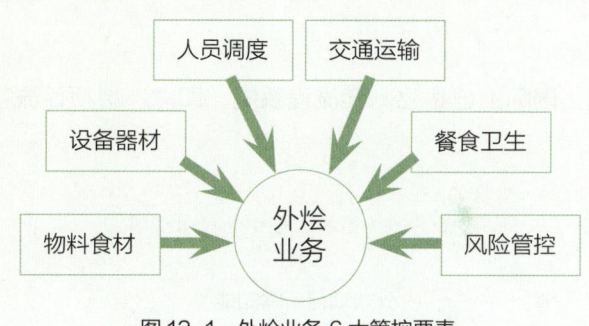

图12-1 外烩业务6大管控要素

第1节 什么是"外烩"

对于许多饭店餐厅，甚至是"办桌"业者来说，"外烩"是一项常见的服务项目，主要是配合业主（主持办理宴会者）到指定的场所承办宴会。对业者而言，是一种较为繁琐，甚至可以说是"麻烦"的承烩方式，因为有信誉、具经验的外烩业者，要将整套宴会设备，包括桌椅、锅具、食材、餐具、耗材以及厨师与服务人员外移至业主所希望的特定场所，而此场所还不见得是熟悉的场地，业者必须克服场地的各种限制，却又必须呈现原本在饭店或餐厅内所能享受到的同样的服务与餐饮水准。因此，对餐饮业者来说，"外烩服务业务"的门槛与所必须具备的条件较高，若没有能力与信心，是无法胜任与承揽这种业务的。

虽然"外烩"的要求较高、考量条件也多，但是在现代的许多场合，颇为各机关与组织所需要，"外烩业务"俨然成为许多具规模餐饮业者的主要营业项目。此外，如果从活动筹办者的角度而言，许多综合性的活动办理，例如举行多天的会议项目、庆祝大会、大型展览，甚至是婚宴，都可能必须迁就场地举行宴会的需要，此时，"外烩"的需求就产生了。因此，从活动规划的角度来看，"外烩"属于相关节目办理中的一环，也是综合性项目中的关键性活动，如果要将"外烩"作一定义，可说明为：

餐饮业者接受业主委托，通过预期利润评估后，能够掌握"食材鲜度与餐饮卫生""器材餐具的完善准备""妥善的人员分工调度""交通工具的准时派遣"（载人、载货的运输）以及"克服场地的限制条件"，而将全套餐饮服务移至业主所指定的场所办理餐宴，并且达到预定的成效，便可称之为良好的"外烩项目"。

第2节 外烩项目流程模型的建立

对于外烩项目的办理，国际上已建立一套流程系统，即"外烩项目流程模型"，依各阶段与关键要素以图12-2表示。

图12-2 外烩项目流程模型

引用与改写之资料来源：

p 24 – p 25, Chris Thomas (2012), "Off- Premise Catering Management" 3rd Edition, John Wiley &

Sons Inc., New Jersey.

由此模型可以得知"外烩项目"可以归纳为4大过程,亦即:

(1)评估及计划。
(2)前置作业阶段。
(3)现场执行阶段。
(4)预期目的达成的检验与检讨。

由此外烩四个进程中的各个阶段,便可一一探讨所需注意的因素与条件。

第3节　外烩项目业务的评估因素与规划

从这个"外烩项目流程模型"中的第一个阶段,也即先要有计划的拟订,而这所谓的"计划",不论是实际付之于文字,还是仅止于业主与承烩业者间的口头洽商结论,都是计划的一种。

对宴会项目的承办者而言,在举办宴会前对于"地点"的决定,便牵涉到是否进行"外烩"。此时,必须要先行了解与评估是否在饭店举办或是决定外烩,各自的优缺点比较与可行性,除了"经费""布置",如果也是基于其他的特殊原因,例如"隐秘性"(在饭店场地恐有曝光或其他顾虑时)、主体性(如在东道主自己的场地举办宴会,所代表的意义就比在外请客,来的更具有正式的意义)或是参加人数容量等,据此便可以决定是否以外烩的方式办理,这些便是以"宴会办理者"的角度来评估,是否采取"外烩"的方式来办理宴会。

另一方面,就承办外烩的餐饮业者来说,在"评估与计划"阶段,必须考虑以下事项。

一、营销

对于外烩业务的推广与客户的开发,宴会业务部门必须与有此需求的政府单位、企业公司乃至于一般的客户接洽,以确保客源的稳定性,并进行服务完毕后的满意度调查,优点与满意处将形成"声誉"(reputation)与口碑(word of mouth)。当然,此业务起始的阶段,必须要有实质上坚强的餐饮服务内容与表现作为业务部门的后盾,否则,再有能力的业务人员、再多的优惠项目规划与广告营销,办理一次后都可能会被客户视为推销上的花招,之后就不再委托,这对外烩业务来说,也必须善尽居于客户与内外场之间,甚至是与公司上层主管之间的意见反应与沟通工作,外烩营销业务与餐饮服务质量都能相互搭配,外烩的项目才能经营得长久。

二、场勘

场勘就是必须事先进行场地勘查。假如承办外烩者对场地陌生,那么宴会主办者就必须安排餐饮业者先行到场勘查动线与场地,人员包括厨师(内场)与供餐上菜的服务人员(外场,需领导等级),查看各项设备与服务路径如何,可以帮助承烩业者熟悉场地,以及决定现场欠缺哪些设备必须要业者自行携带,当然,这些都必须增加费用;如果宴会的规模较大,等级与正式性越高,实务上场地勘查就可能不止一次,彼此在场勘时就必须立即提出问题与答复,沟通会比较具体与顺畅。

三、接单与否的评估

宴会业务人员接到外烩的订席需求，并不是都来者不拒，还可能因为公司的政策与成本上的考量，依惯例多要求有最起码的人数与价位，这是为了符合规模上的经济效益，餐饮业者多有规定基本的消费金额或人数规模，否则多不会配合承揽。人数与金额因各家饭店、餐厅标准不一，当然，要是经费有限，或许市面上的"办桌"业者也可承办外烩，这端看业主的需求与考量。

四、菜单制订

业者与业主之间，可依照宾客属性与预算金额，相互沟通与讨论菜色内容、道数与次序等需求与细节（其余要点与技巧请再次参考本书第十章）。

五、外场服务方式确定

根据委托业主的需求与希望，来确定上菜服务方式（套餐位上、桌餐分菜，还是采取自助式供应）。

六、酒水饮料制订

决定用酒项目（红酒、黄酒、白酒类或是其他酒类，当然酒杯酒器也随之搭配），非酒精性饮料例如果汁、汽水或其他饮料，双方也必须事先加以确定。

七、设备与餐具准备

在这方面便突显出在饭店内与外烩之间的明显差距。当外烩的内外场团队离开公司前往外烩场地后，便可比喻为前线出征的部队，设备、餐具与食材的分量与数量必须充足，甚至要准备备份，以防临时出状况时能妥善应变与补足所需。此外，为了外烩食材的保鲜或保温（有些菜肴有可能在饭店时就预先烹调处理为半成品），也常常必须搭配冷藏车、保温箱餐车等特别供外烩业务所使用的设备、器材或耗材（餐巾纸、打包袋、纸袋等）。

外烩专用的餐盒食材保温推车

八、工作人员配置

基本上，外烩负责的经理必须根据宴会项目的复杂程度与规模，来安排干部与基层服务人员（含临时人员）间的比例。此外，在承接外烩项目的成本效益估算评估中，根据此工作人力的配置便可先行计算出人力成本，这也成为是否合乎外烩承接成本的考量因素之一。

九、订价策略

承烩业者接单后，依照宴会的餐饮内容、宾客人数、特殊议定服务、工作人员成本、交通运输费用等，向客户提出报价单。

十、附带服务事项

外烩服务最基本的内容之外，或许会根据委托者与承办单位的特殊需求，来增加服务项目或代为办理的事项。例如场地布置（广告牌、美工、花卉、气球）、影音设备的架设，或是专业人员（演奏、表演、司仪或主持人）的代聘等，这些附带的服务项目，有时可能会以"套装项目"的方式包套提供，尤其像是"婚宴""尾牙宴""春酒""谢师宴"等餐饮项目规划，就是此类套装方案常见的企划标的。

十一、外烩提案

当外烩项目内容、等级、报价与附带事项都一一确定，餐饮业者便可向委托业主提出提案规划。

十二、合约签订

重要的餐宴承揽，往往会要求双方订立合约，合约内容可依外烩提案为基础，并参照本书第五章合约制定的原则为基本精神，据以签订双方的外烩项目合约。

第 4 节　外烩前置作业：相关准备事项

一、采买

厨师根据餐食菜单内容开立食材的采买细项，并根据人数确定购买的分量（数量、重量等）。

二、食材准备

到了备料阶段，包括食材初步切割与预先烹调料理、酱汁配料的预先制作等工作，因为在外烩的现场时间极为有限，所有费时与费工的程序必须先在饭店完成，现场的内场工作处理的是菜肴最后的阶段，就是完成初制食材的搭配烹调炒炸蒸煮工作，以及酱料的佐味与摆盘工作。

备料工作

三、场地铺垫

一般而言,外烩的场地往往属于业主或是租借的场所,宴后的撤场、清洁与复原工作,也是外烩的重点工作之一;特别是在内场烹煮的场地,油水脏污的情形常常在料理的时候发生,为了减少对场地的污染,同时也是为了清洁的方便,场地的铺垫与相关防护措施,包括防油、防水、防火(所谓的"三防措施")的工作,必须加以监督与落实。宴会承办者对于承烩业者的宴后工作,也必须善尽监督的责任,因为场地不是自己的场所,便是向外单位借的场地,承烩厂商对场地复原工作的粗心大意,而招受抱怨的对象,往往是宴会的承办者。由此可知,场地的复原工作极为重要,观察一家承烩业者的工作细腻程度,便可以从撤场、清洁与复原工作看出端倪。根据实务经验,有时会在外烩项目结束后,接到出借场地单位的抱怨,常常是因为清洁工作不到位,以致场地地板油腻与脏污之处未能彻底去除,或是场地原物品的摆放未归回原位,这些看似"小地方"的收尾工作,也往往对承烩业者的声誉影响甚巨,不可等闲视之。如果承包的外烩规模不是很大,实务上这一阶段有时会在宴会当天进场前才进行,这当然要承烩业者自行评估,再据以规划工作的进度。

在外烩的现场时间极为有限,所有费时与费工的工作必须先在饭店配制,现场的内场工作处理的是菜肴最后的阶段。

对于承烩业者的宴后工作,宴会承办者也必须善尽监督的责任,因为场地不是自己的场所,便是向外单位借的场地,承烩厂商对场地复原工作的粗心大意,而招受抱怨的对象往往是宴会的承办者,而不是外烩饭店业者。

四、设备

外烩工作团队开赴现场前,必须再次清点相关所需设备项目与数量,以免到现场后才发现遗忘某些东西,在外烩紧迫的时间限制下,往往无法实时补足,甚至造成严重的后果与影响。

下面是外烩专业工作在出发前对于携带设备及物品的检查表范例,因为外烩工作细碎繁杂,建立对物件的查核系统化就有其必要性(详见表12-1)。

五、人员工作配置安排

当外烩的日期与时间确定,宾客人数的规模也都大致掌握,受委托业者的人力配置就可以规划与制定服务人员排班表来安排工作。

表12-1 外烩设备、物品检核表

日期： 年 月 日

项目	数量	备妥上车（打√）	备注	项目	数量	备妥上车（打√）	备注
一、器材类							
6英尺桌				塑胶圆托盘			
桌中央转盘				塑胶方托盘			
座椅				快速炉			
椅套				液态燃气			
折叠式备餐桌				便携式简易灭火器			
铝架塑胶餐车				固定绳			
手推车				塑胶方托			
推椅车							
餐具							
16英寸大盘				长方形铁盘			
12英寸底盘				快炒锅			
10英寸餐盘				铝制蒸笼			
大汤碗				不锈钢大汤锅			
小碗				大汤勺			
筷子				大锅铲			
瓷汤匙				筛网勺			
筷架				冷水壶			
小汤盅				中式茶壶			
瓷茶杯				大餐叉			
牛奶盅				大餐刀			
				点心叉			
红酒杯				餐夹			
公杯				不锈钢服务大汤匙			
一口杯				长方形小菜碟（3格式）			
玻璃直筒水杯				咖啡壶			

续表

项目	数量	备妥上车（打√）	备注	项目	数量	备妥上车（打√）	备注
餐具							
电咖啡炉				咖啡杯			
				咖啡小匙			
布巾类及其他用品							
台布				拖把			
口布				水桶			
百褶衬裙				清洁剂			
服务巾				延长电线插座			
不织布湿巾				桌面盆花			
餐巾纸				桌号牌			
牙签				桌号牌立架			
内场防污铺垫				红酒开瓶器			
洗涤擦拭抹布				毛巾盘			
垃圾袋（大）				签单（I.O.U）			
保鲜膜（大）				纸餐盒（打包用）			
大胶带				打包用塑料袋			
食材、饮料类							
食材、配料			项目数量另由主厨负责检核	酱料、调味料			项目数量另由助厨负责检核
矿泉水			乌龙茶叶				
鲜奶			100%还原盒装柳橙汁				
咖啡粉			冰块包				
红茶包							

检核人：　　　　　　　　　　　主管核章：

第 5 节　外烩工作的工作流程

一、运送

关于外烩当天的交通事宜，有两点注意事项：一是从宽估算抵达的交通时间，越是规模较大的餐宴，人员与设备越要提早出发，一方面预留充足的现场餐桌布置与餐具摆设时间，二来也避免突发事故的发生（例如堵车或车辆抛锚等意外情况）。其次，是对于食材的运送，必须以保鲜与安全为前提（冷藏车的必要性即在此），而器材餐具务必固定扎实，以避免碰撞产生器材与餐具破损毁坏的情况发生。

在外烩当天的现场工作，正是考验内、外场合作默契与协调的场合。

二、烹调

在现场的工作，内场厨师与相关人员进行烹煮与摆盘等工作，速度与节奏务必精确掌握，不可有让宾客久候的情况发生。

三、送菜服务

外场服务人员与内场人员密切搭配，传菜、上菜与撤盘工作务必流畅；此外，对于特殊饮食要求的供应服务（素食、不吃牛肉等），特别是采用套餐（位上）方式的餐饮服务，必须掌握供应对象的特殊状况，不可有上错菜的情形发生，而宴会承办者也必须在宴会现场设置"场控人员"，事前叮嘱与现场监督送菜的状况，以求供餐的正确性与对速度的充分掌控。

四、撤收

宴会结束，宾客离开后再进行现场全部的收拾工作。在这里必须强调的是，不论是在饭店宴会厅、或是外烩的餐宴现场，越是具有正式性的餐宴，外场服务人员在宴会结束时，最重要的工作是在离开的时候恭候送客，而非当着客人的面急着收拾碗盘甚至收桌巾，这对宾客来说，是非常不礼貌的举动，似乎有"赶宾客"的意味存在，至少必须等待绝大部分的客人都离场后，再进行撤收的工作较为恰当。

五、清理

正如前阶段的"铺垫"工作中所说明的，内外场场地必须确实完成"清洁"与"归位"的复原工作，宴会承办单位也必须负起查验的责任，倘未能确实完成宴后的相关工作，务必要求补充完成，以免事后与宴会场地出借者产生争议。

第6节 外烩工作的产出与效益达成

一、口碑

对于餐饮业者来说，完成一场顺利畅达的宴会，便意味着另一场宴会委托的开始，外烩业务也是如此，这便是"声誉"与"口碑"的累积。因此，良好的餐宴绩效与表现，本身就是最好的营销与免费广告；因此，当外烩项目结束时，具有制度的宴会业务部门，也必须询问业主的意见与感受，具体地了解餐宴的优缺点，由此精进餐饮服务质量，良好的"口碑"就是"效益"，就是最好的营销，甚至可说是未来尚未实现的"潜在收益"！

精进餐饮服务质量，良好的"口碑"就是最好的营销。

二、成本与收益

当外烩项目结束后，餐饮业者可以分析该场的成本收益情况，据以作为往后外烩承揽与否的决策因素，或是作为人力与物力调整的依据。

第7节 外烩实务上补充注意事项

一、增加衍生费用

因外烩需要所增加的费用项目，大致包括：

（1）桌椅租金　此项多为承烩业者统一包办。

（2）车辆运输　包括运送餐饮业者人员的车费，再加上器材、食材、桌椅等工具物品的运输，有些具规模且常承办外烩的饭店，甚至为保持较多宾客餐宴备料与食材的新鲜度，还会配备或代租"冷藏车"，费用当然需要增加。

桌椅租金也是外烩业务所衍生的费用。

包括运送餐饮业者人员的车费，再加上器材、食材、桌椅等工具物品的运输。

（3）手续费（handling charge）　此项费用包括餐具等器材的搬运费等工作费用，是因外出服务而产生的，各家饭店对于外烩所造成的此项工作费用也有不同的名目，例如："外烩费""人力费"，或者除"服务费"（service charge）外直接另收取餐费10%的金额，方式更为简单明了。

（4）其他杂项　依宴会承办单位与承烩业者双方约定即可。

二、外烩业者进场的前置工作须预留相当的作业时间

根据许多外烩经验,越大的餐会,承揽业者越要提前入场进行准备事宜,以免手忙脚乱造成宴会效果与服务质量大打折扣,甚至有时还有时间可以再次运送原先所遗忘的宴会用品。

第8节 "外烩项目"的完整阶段与反馈体系

本章节为"外烩"引进一具有完整体系的理论模型,此模型具有实务上的实用性,并可翔实描述与分析外烩项目的考虑因素与内容因子;如果将此模型的完整体系过程以宏观的角度(Macroscopic views)分析,良好(正向)的外烩产出(Output)不仅代表令人满意的利润,也会产生难以量化的声誉与口碑,这种产出的无形成果,也将会为此模型产生"反馈效果"(Feedback Effects),如果该体系运作良好,便会周而复始而产生良性循环,而这也成为外烩业务永续经营的立论基础。

此外,如果就此模型体系而言,负责外烩项目业者的总管理者(负责人),也须具备以下知识:

一、管理知识

除餐饮管理以外,也必须具备"人事管理""财务管理""物料管理""仓储管理"等相关的管理能力。

二、管理理念

关于经营管理的"理念",就像是一项经营哲学(Business Philosophies),特别是对于外烩承办与否的评估,如果坚持一定要在某特定标准以上的获利率(如两成)才承烩,或许可能会忽略一些无法量化或潜在的商业利益或社会价值。例如,为了国家的荣誉(政府涉外餐宴)或公众的利益(慈善餐会)所承办的宴会,或许达不到原本限定的规模与金额,但是仍愿意承烩,或许可以由此建立起信誉与高配合度的评价,损益之间或许不能单单以表面的账务报表来衡量。

三、中央与地方法规对于卫生与安全作业程序的差异性

假设承烩业者的业务涉及全国,负责外烩项目的主管也必须进一步考虑各地对餐宴举行的相关规定,例如"消防安全""饮食卫生""废弃物处理"等方面,是否有所差异。

实务案例新视野

知名的电子大厂"广达集团"在2011年1月14日举办犒赏员工的年终尾牙宴,当年度公司的营业额破兆元,老板与员工本可以开开心心地享受一年来的辛苦慰劳,特别在总公司开席400桌,还安排了台中市某家知名饭店办理外烩,并且声称由名厨掌勺,后来据员工网络上爆料,当天尾牙宴情况是:

先是等了1小时才上菜、佛跳墙"全是骨头、莲子也没熟"、螃蟹冬粉与烤肋排是凉的,最令人不满的是,鸡汤里的鸡肉根本还是生的!加上现场上菜混乱,在座员工"要果汁没果汁、要菜没菜",令人气愤……

广达公司福利委员会为了平息众怒,决定发给每位出席的员工500元以作为补偿,并表示餐宴进行中,就发现上菜与服务供应出现重大疏失,也立即与承烩饭店总经理与行政总主厨等高阶主管会面追究责任,饭店业者也坦承:"作业流程控管失误""食材、酒水运送延误""工作人员训练不足",饭店总经理也当场在会议上道歉,并同意提出正式的道歉声明及赔偿方案……

从这个失败的案例来看,如果从承烩业者与业主两个角色的角度观察分析:

(1)饭店坦承"流程失控"(事)"餐饮延误"(物)与"人员训练不足"(人),很明显这便是"宴会项目"组成重要元素的全面崩解,也因此闹上报纸,除了有负业主的委托,更严重伤害到饭店的商誉,至今仍成为外烩工作"经典"的失败案例。

(2)就委托业主来说,花了钱还受人诟病,最难堪的情况莫过于此!

·新人婚宴外烩办桌,70多人食物中毒·

根据2009年10月27日媒体报导,宜兰县冬山乡有对新人请外烩承办喜宴,开席15桌共宴请150名亲友,菜色包括:龙虾、九孔、贝类、螃蟹、章鱼、海参等海产,后来陆续有70多位宾客发生上吐下泻的症状,包括新郎、新娘也都被送进医院急诊,经过县政府卫生局的采样调查,判定食物不洁或是料理过程中发生问题,而导致细菌性感染而中毒。事发2天,仍然还有7人住院,其中4人住进监护病房。

由上面的案例可知,外烩项目首要注意的便是"饮食卫生"!一旦处理过程有瑕疵,食物便会遭受污染,甚至也曾经发生因为厨师手部有伤口,仍然进行食材切工与烹调料理的程序,而导致菜肴被"金黄色葡萄球菌"污染,而海鲜的保存不慎,也常会产生"副溶血性弧菌"的污染,其他如"大肠杆菌"的感染而使用餐宾客腹泻的案例也时有所闻。外烩业务因为必须配合各种场地与不同的环境,因而餐饮风险(卫生、用火及用电)都会增高,因此"餐饮卫生"除承烩业者自己必须警觉注意外,宴会办理人也必须从外烩项目的一开始,便要打听业者的口碑、餐饮营业资格(有否进行营业登记)、厨师是否有证照(健康证)等,业者与从业人员不论是内、外场工作人员,宴会办理人(或是业主自己)也要随时注意工作人员的处理过程,倘有疑虑,一定要严格要求,以避免产生类似本案例的憾事!

·新竹外烩风大，吹倒燃气钢瓶酿火灾·

在2013年12月29日的新竹市东大路与铁道路树林头夜市，早上发生一起外烩火灾，所幸火势很快被扑灭，并未造成伤亡。经了解，是因为风大吹倒了燃气钢瓶而引发火灾，据此外烩业者供称，是因为他们从南部北上承接外烩，也不曾在新竹户外办理过外烩，没想到新竹的风如此之大，把放在塑胶雨篷下的燃气钢瓶都吹倒了，因此造成火灾。

从这个案例来看，外烩业务除了食品卫生，还必须注意另一个安全要点，便是"用火"的问题，换句话说，便是小心失火！火灾的主要来源是携带的燃料，大多数是液态燃气钢瓶，也必须注意置放的环境与温度，才不会造成危险。此外，户外餐宴（包括自助餐会）常用来加温或保温的酒精，在服务人员添加时，发生烧伤工作人员甚至是顾客的情况也时有所闻，特别是在外场的工作人员，一定要确定在保温器皿下所置放的酒精碟余火已经熄灭，之后才能补上酒精！切记！

> **Tips**
>
> 外烩的用电、用火安全，请再次复习本书第八章。

本章重点复习

一、所谓"外烩项目",指的是餐饮业者接受业主委托,通过预期利润评估后,能够掌握"食材鲜度与餐饮卫生""器材餐具的完善准备""妥善的人员分工调度""交通工具的准时派遣"(载人、载货之运输),以及"克服场地的限制条件",而将全套餐饮服务移至业主所指定的场所办理餐宴,并且达到预定的成效。

二、外烩业务必须整合以下6大项事务的掌控能力:
(1)物料食材
(2)设备、餐具与器材
(3)人员调度
(4)交通运输
(5)餐食卫生
(6)风险控管

三、"外烩项目模型"可以归纳为4大过程:
(1)评估及计划
(2)前置作业阶段
(3)现场执行阶段
(4)预期目的达成的检验与检讨

四、外烩业务的"评估与计划"阶段,包括:
(1)营销
(2)接单与否的评估
(3)场勘
(4)菜单制订
(5)外场服务方式确定
(6)酒水饮料制订
(7)设备与餐具准备
(8)工作人员的妥善配置
(9)订价策略
(10)附带服务事项
(11)外烩提案
(12)合约签订

五、外烩业务的前置作业,包括:
(1)采买
(2)食材准备
(3)场地铺垫
(4)设备
(5)外烩人员工作配置安排

六、外烩工作的工作流程,包括:
(1)食材、器材的运送
(2)现场烹调工作
(3)送菜服务
(4)撤收
(5)切实的宴后清理

七、外烩工作的产出与效益达成,要素包括有:
(1)口碑与声誉的建立
(2)成本与收益的检讨

问题与思考

思考1 什么是"外烩项目"?

思考2 请说明"外烩项目"所要掌握的六大要素是什么?

思考3 请试说明,为何当今社会对"外烩"的需求如此的殷切?

思考4 请根据本章的"外烩项目模型",说明外烩包含哪四大办理的阶段?而各阶段又包括哪些重要工作?

第十三章
欧式自助餐会、酒会及茶会项目

Buffet, cocktail and tea party management

学习目标

详读本章,您应该了解:

- 自助餐会、酒会及茶会的基本认识
- 自助餐会、酒会及茶会适用场合与特性
- 酒会、茶会场地摆设与设计原则
- 自助餐会、酒会与茶会的菜色与点心内容设计
- 办理自助餐会、酒会与茶会的注意事项
- 参加自助餐会、酒会与茶会的礼仪

本章概述

对于"宴会项目"来说,以"招待会"的形式举行是相当具有弹性的办理方式,其中的种类包括"自助餐""酒会"与"茶会",在当今国际间或国内的公商务活动上,应用非常广泛,也属于公开且具正式性的活动,原因在于各种节日庆典或是多样的公商务场合,常常必须在饭店、餐厅或是以外的场所举行,往往具有较为明显的"主题性"或是"目的性"。对于筹办者来说,认识自助餐会、茶会与酒会的性质,便可以据以选择适合的餐宴方式来进行工作;而承烩业者也必须了解客户的需求与想法,对于招待会的办理便可以更加贴近与符合客户想达到的餐宴效果。

本章除说明自助餐会、酒会及茶会的性质与特性,也对场地布置、餐食准备的要点逐一说明,这种餐宴方式在商业公开活动上很常见,往往也被视为促进商务交谊最好的机会与场合,对于常须办理公商务活动的筹办人来说,是一种非常实用,而且可以弹性搭配活动主旨与目的来进行的餐宴项目,无论是活动筹办者还是餐饮业的从业人员,都必须对其内容与进行方式加以熟悉。

第 1 节　自助餐会与酒会、茶会的特性

招待会（Reception）包括"欧式自助餐会""酒会"与"茶会"，基本上这种餐饮项目的方式，是借着主办单位提供餐饮的场合，建立一个让参加者都能互相认识与自由交谈的平台，其特点如下。

1. 仍具相当的正式性

通常都会有一定的举办主旨，例如"庆祝""开幕""动工""产品发布会""迎新""欢送"（荣退或荣升）等的事由，像这种重要事由的酒会或茶会，甚至必须发送请柬，也须穿着正式服装参加。"酒会"在国际间也常于正式宴会前举行，像是"国宴""正式官宴"等正式与盛大的宴会，这种"餐前酒会"的功用，是邀请与宴宾客在正式宴会开始前一段时间（30分钟到1小时不等）先抵达酒会现场，也提供小点心、酒水等饮料让宾客享用，目的是让参加宴会的宾客有相互认识与交流的机会。

2. 不供应正式菜肴

在正餐时（中餐或晚餐时段）供应较为丰富多样的餐食则为"自助餐"，如非用餐时段则供应一口取食的小点心、水果与果汁、酒水等饮品。

3. 多具公开性

基于促进交谊的目的，只要符合资格的对象都广为邀请，有主题性的招待会还可在会中安排相关的节目与进行程序，茶会或酒会也成为附属的程序之一。

4. 多不安排固定座位

宾客可以自由走动取食与聊天交谈，方便宾客彼此的交谊。但是对于"自助餐"的安排，则必须安排餐桌与座位，以方便宾客进餐，而在国内的茶会与酒会安排的实务上，也习惯多放些座椅，以方便年长宾客或有需要者就座。

餐前酒会宾客可以自由走动取食与聊天交谈，方便宾客彼此交谊。

第 2 节　各种"招待会"的形式与说明

一、自助餐会（Buffet）

这种餐饮服务方式举行的时间多为中午或晚上正餐时间，性质即为"正餐"，基本上，也是供应餐食给宾客以能填饱肚子为目的。这种"自助餐"的供餐方式起源于瑞典，瑞典文称之为Smörgåsbord（或是Julbord），属于中古时代斯堪的那维亚地区（Scandinavia）的餐饮供应，也即在桌面上摆放多样的冷盘与菜肴给食客自行取用，往后几世纪以来，在欧洲也颇为流行。这种餐宴方式在美国出名则是在1939年的纽约世界博览会（New York World's Fair）上，瑞典代表团队就把这种餐饮服务方式作为展览的一部分[①]，自助餐会也由此风行全世界，而成为一种非常重要的宴会

---

① 资料来源：Anna Brone（2008.2.23），Straight-up Scandinavia: Understanding the Smörgåsbord. http://www.gadling.com/2008/02/23/straight-up-scandinavia-understanding-the-smorgasbord/搜寻日期：2013年10月30日

办理形式之一，也因为起源于欧洲瑞典，故也常被称之为"欧式自助餐"。

采取这种正餐上的多样化菜肴的供应方式，是承烩业者先行摆设所有的冷热餐食，并且注意"保鲜"及"保温"的加热器具也须准备，例如：保温锅、加热的酒精灯等用品。此外，大量的备用餐具也须摆放在餐台上，好让宾客自行取用，准备好餐桌与座椅，但不为宾客安排固定座位，用餐客人基本上都是自由入席与交谈的。

自助餐的供餐方式与酒会、茶会类似，都是将餐食摆放于长条餐台上供宾客自由取食，但因为自助餐属于正餐时间所供应的餐食，基本上以给客人吃饱为基本的要求，因此在餐点方面会较为丰富，也会供应许多热食及汤品，一场欧式自助餐的基本供应，大多包括以下菜肴种类：

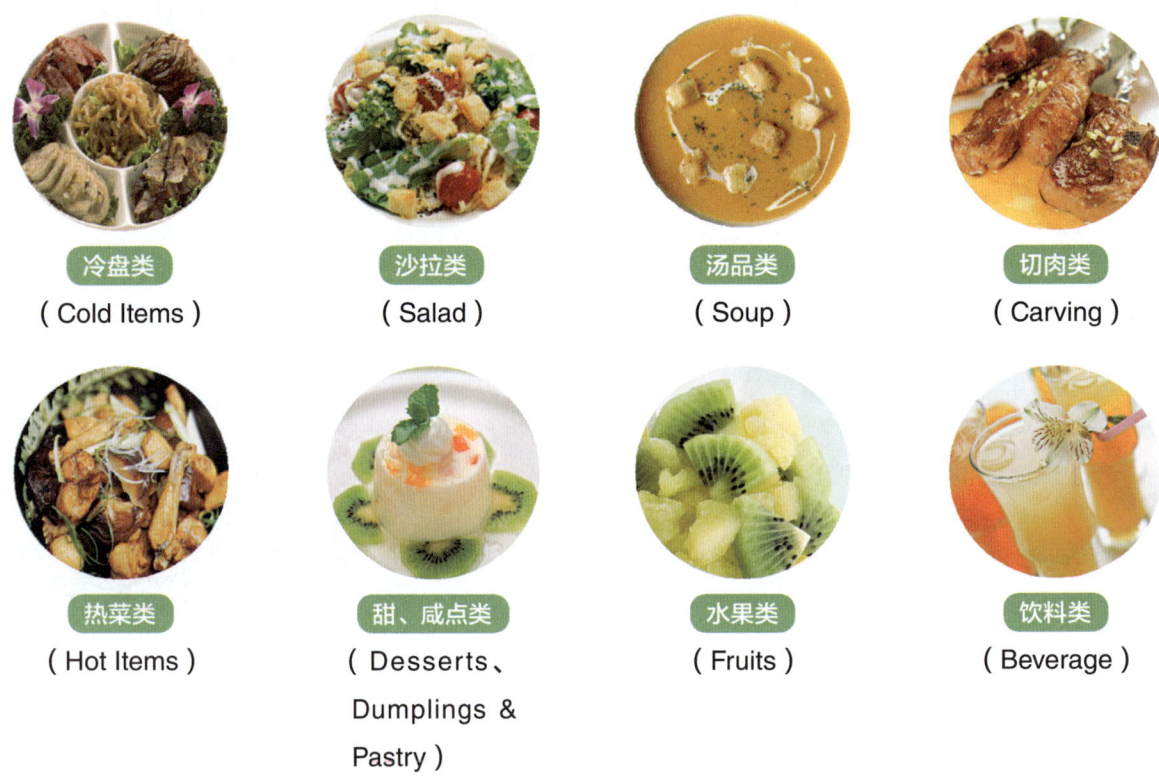

冷盘类（Cold Items）　沙拉类（Salad）　汤品类（Soup）　切肉类（Carving）

热菜类（Hot Items）　甜、咸点类（Desserts、Dumplings & Pastry）　水果类（Fruits）　饮料类（Beverage）

下面以某场自助餐会的菜单为例：

自助餐菜单Buffet Menu

冷盘类Cold Items	
烟熏三文鱼	Smoked Salmon with Condiments
烧炙彩椒鲜蔬盘（素食）	Roasted Bell Pepper with Garlic and Olive Oil（Vegetarian）
烧烤肉盘	Roast meat platter with mixed pickles
橙汁鸭肉	Sliced Smoked Duck with Mandarin Orange Sauce
日式握寿司	Nigili

续表

沙拉类Salad	
尼可斯沙拉（素食）	Salad niçoise (vegetarian)
泰式牛肉沙拉	Beef salad in Thai Style
芥末油醋芦笋沙拉	Asparagus with Mustard Vinaigrette
青椒金枪鱼沙拉	Tuna Salad with Roasted Bell Pepper
什锦素沙拉（素食）	Seasonal Green with Dressing (vegetarian)
汤品类Soup	
南瓜浓汤	Cream of Pumpkin Soup
罗宋汤	Borsch
切肉类Carving	
烟熏蜜汁火腿	Honey Ham with Pineapple Gravy
烤火鸡	Roasted Tom Turkey
热菜类Hot Items	
蚵仔煎	Taiwanese Oyster Omelette
柠檬海鲜串	Seafood Skewer with Orange Glaze
牛肉丸子	Fried Meat Ball in Smothered Onion
蒜苗蘑菇鱼	Snapper on Leek Mushroom Compot
清炒虾仁	Sautéed Shrimp
干烧伊府面（素食）	Fried Noodles (vegetarian)
炭烤德式腊肠佐洋葱	Grilled German Veal Sausage with Sautéed Onion Gravy
客家炒粄条（素食）	Stir-fried Rice Noodles (vegetarian)
彩椒山药时蔬（素食）	Sautéed Bell Pepper with Yam (vegetarian)
迷迭香羊排	Lamb Chop in Rosemary Sauce
咸点类Dumplings	
烧卖	Sao Mai
奶皇包	Egg Yolk Buns
花素蒸饺（素食）	Steamed Vegetable Dumplings (vegetarian)

续表

咸点类Dumplings	
蒸萝卜糕（素食）	Steamed Turnip Cakes（vegetarian）
蒸芋头糕（素食）	Steamed Taro Cakes（vegetarian）
甜点类Desserts	
乳酪蛋糕	Cheese Cake
提拉米苏	Tiramisu
椰汁西米露（素食）	Sweet Sago in Coconut Milk（vegetarian）
烧仙草（素食）	Sweet Herb Jelly（vegetarian）
综合水果盘Associate Fruit Plate	
饮料Beverage	
橙汁	Orange Juice
可乐	Cola
乌龙茶（热）	Oolong Tea
咖啡（热）	Coffee

在室外举行的欧式自助餐，为宾客提供各式热食。

举行自助餐会的场所在室内外皆可，现场提供冷热食与饮料服务让宾客自由取食。（此照片在室内举行）

有现场服务的台湾地方风味小吃餐点（蚵仔面线、担担面、蚵仔煎及红豆饼）颇受宾客的欢迎。

肉品现切服务的提供也是自助餐餐食的重点项目。

在国内举行的自助餐会，热食必不可少，因此承烩业者必须就保温器具（chafing dish）充分准备。

采取自助餐招待宾客的方式，可提供宾客自由弹性的用餐方式与空间，对承烩业者来说，人员服务也须充足，餐具数量准备也必须加量，无形中也形成一项挑战。

饭店外场经理或是餐宴办理人，倘发现供餐的银盘餐皿中的食物已不足三分之一时，便要提醒现场服务人员尽快补足餐食。

在餐台上的点心或餐食供应，一定要记得标注菜名，以方便有特殊饮食禁忌者自行斟酌取用；特别是有邀请外宾者，也要以外文翻译；如果菜肴点心可以供素食者享用，也一定要注明（甚至更详细标注纯素或是蛋奶素），这样才能将招待会办理得更加贴心与完善。

二、"酒会"（鸡尾酒会，Cocktail）及"茶会"（Tea Party）

"酒会"与"茶会"的举行往往具有"主题性"与"目的性"，基本上餐点饮料的准备是依附于某种仪式与活动，在此可以举出一场活动的范例。

茶会安排在典礼庆祝活动中的程序范例如表13-1。

表13-1 文化展览园区开工祈福典礼程序表

日期	项次	起止时间	活动项目	作业要项
2013年11月11日（星期一）	一	09:30 ~ 10:00	暖场活动	小学生表演节目
	二	10:00 ~ 10:10	迎接宾客	· 欢迎领导莅临 · 迎宾舞（民俗舞蹈表演） · 宣传短片播放
	三	10:10 ~ 10:15	典礼开始	民俗鼓阵：锣鼓响云霄
	四	10:15 ~ 10:30	工程简报	简报园区规划、进行阶段与预期效益
	五	10:30 ~ 10:40	领导致辞	
	六	10:40 ~ 10:50	贵宾致辞	请贵宾致辞
	七	10:50 ~ 11:20	开工祈福仪式	1. 邀请贵宾及民众代表共同祈福 2. 园区开工仪式
	八	11:20 ~ 11:30	礼成	原住民艺术团体表演
	九	11:30 ~ 12:00	庆祝茶会	品尝地方特色美食 如果把茶会移到所有节目之前，便可成为"迎宾茶会"

举行"酒会"或"茶会"时间方面的决定要素，多在上午或下午非正餐时间，搭配的场合包括：开幕酒会、庆祝酒会、产品发表会、迎新或送旧茶会等，类似这种主题性很强的节目，也一定会安排主持人或司仪进行相关的流程，例如：贵宾致辞、来宾介绍、主人致辞与主宾发表感言等程序，当这些主题都完成后，参加宾客便可进行酒会或茶会的交谈与联谊。假如采取"酒会"方式举行，除准备"一口即食"的小餐点（finger food）之外，现场也可准备红酒、潘趣酒（Punch）、果汁与矿泉水，多不设座椅，有时会设置高脚小桌，让宾客暂时放置杯具，酒会现场也会有服务人员端着点心或饮料酒水提供宾客随时取用，这便是酒会独有的"走动式服务"（pass around service）；若是现场不提供酒类饮品，纯粹供应茶、咖啡等软性饮料，便可称之为"茶会"。

主办单位如果发送邀请卡，邀请的内容通常注明整场活动的起迄时间，参加的宾客可以自行决定抵达与离去的时间，离开时也无须向主人告辞。根据酒会及茶会的性质与目的，其与正餐餐宴的不同之处在于受邀宾客到场的主要目的是参与一种"集会"（Function），基于礼貌与尊重，参加者最好在一开始的致辞以及相关重要仪式进行之前就要到场观礼或参与活动,这便是餐宴礼仪中专属于"酒会礼仪"中较为重要的一点,受邀参加酒会或茶会者,不可不留意!

就茶会及酒会所供应的零嘴小点心(Canapés),多半属于一口就可以取食的分量,所以制作上常用面包或饼干当成衬底以方便宾客取用,Canapé法文原意是"沙发"的意思,也由此可以意会此种小点心制作的特色。

下面范例便是常见茶会小点的菜色:

茶会、酒会点心单

小点心Canapés	
帕尔玛火腿蜜瓜卷	Italian Parma Ham and Melon
熏三文鱼奶酪慕斯卷	Smoked salmon with Cream Cheese Mousse Roll
鸡尾酒草虾	Boiled Shrimps with Cocktail Sauce
鸡肉咖喱饺	Deep-fried Chicken and Coriander Dumpling
苹果鹅肝彩椒塔	Fig and Goose Liver with Bell Pepper Tart
乳酪坚果小点	Smoked Cheese and Nuts Cookies
法式松露野菇咸派	Baked Mushroom and Truffle Paste Quiche
手工小酥饼	Mini Puff Pastry
烟熏三文鱼小点	Smoked Salmon Canapés
海鲜泡芙	Seafood Puff
鹅肝慕斯小点	Goose Liver Mousse Canapés
鳗鱼卷	Grilled Eel Roll
鲜虾小点	Shrimp Canapés
蔬菜牛肉卷	Beef Vegetable Roll
香料乳酪塔	Cheese Tarts with Nuts
鲜虾沙拉脆饼	Shrimp Salad Canapés
鹅肝酱慕斯	Foie Gras Mousse
水果小寿司	Fruit Sushi
鸭胸芦笋卷	Duck Breast and Asparagus Rolls
三色蔬菜条(西芹、胡萝卜、小黄瓜)佐鸡尾酒酱	Vegetable Crudities with Cocktail Dip
黄瓜酿金枪鱼	Cucumber Stuffed with Tuna
番茄镶金枪鱼	Tuna Fish with Tomato
烟熏玫瑰三文鱼	Smoked Salmon Canapés
鲜虾沙拉脆饼	Shrimps Salad Canapés
零嘴类Snack	
花生	Peanut
综合果仁	Mixed Nuts
薯片	Potato Chips
芝士饼干	Cheese Cracker

续表

综合水果盘 Associated fruit plate	
饮料Beverage（Soft Drink）	
橙子汁	Orange Juice
汤力水	Tonic Water
可乐	Cola
苏打汽水	Soda
矿泉水	Mineral Water
气泡矿泉水	Perrier
酒精性饮料 Wine & Spirit	
红酒	Red Wine
威士忌	Whiskey
白兰地	Brandy
鸡尾酒（由各种基酒调制而成，例如金酒 Gin、伏特加 Vodka 及威士忌等）	Cocktail
潘趣酒（是在一玻璃缸中混合果汁、苏打汽水、水果碎丁调和而成，有时可加少许果汁酒或其他基酒，是一种微酒精性的饮料）	Punch

茶会中令人目不暇接的可口小点心

茶会饮料台进行中的准备工作

饮料区提供多样饮品供宾客自由取用。

酒会及茶会点心台的精美布置,将会为招待会增添美好气氛。

第3节 "招待会"场地布置与桌形摆设要点

一、欧式自助餐场地摆设要点

欧式自助餐属正餐供应,场地的摆设同时考量供菜餐台、饮料吧台与宾客用餐餐桌之间的相互搭配,基本上餐台多以长桌摆设为主,辅以许多长桌合并的各式桌形变化,例如:口字形、L形、匚字形等,加上圆桌或方桌的摆设,从而搭配出许多自助餐场地的桌形布置。

对于欧式自助餐办理人来说,人数的确定也是工作的重点之一,因为这除了可以据以估算供餐分量与预估经费,也可以衡量场地能够容纳宾客的人数、摆设桌数与供餐餐台的空间,假如过于拥挤,恐怕必须另觅场地,或者减少邀请的宾客人数。

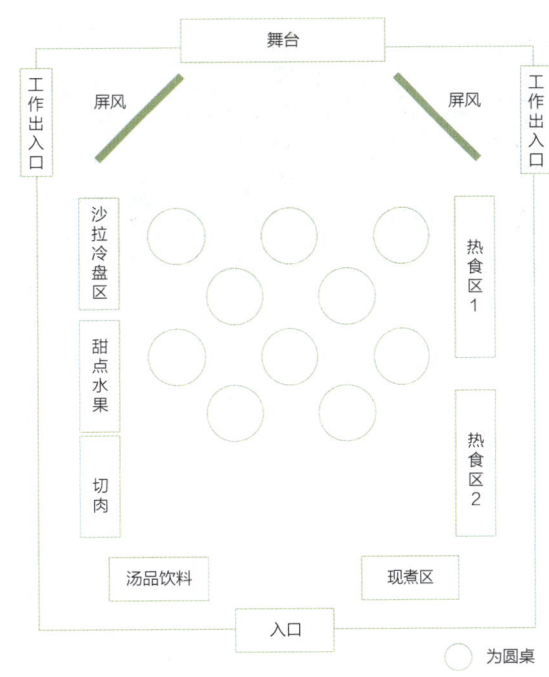

图 13-1 具主题场合的欧式自助餐场地摆设平面设计

二、酒会与茶会场地摆设要点

酒会与茶会有别于欧式自助餐的性质与供应方式，餐食的供应是附属性质，是提供宾客聚会以共同交谊的场合为目的。因此，营造轻松的气氛与突显主题性是首要考量的要点，不论是在室内还是户外场地，主舞台的设置不可少，而现场供菜餐台、饮料吧台的摆设相较于欧式自助餐来说，桌形变化较多，也多不摆设桌椅（实务中一般会在会场内摆放少许椅子，以供年长者或不方便站立人士使用）。

茶会与酒会的会场布置，以及餐台的摆设也必须将"美观"的要素考虑进去，特别是"庆祝酒会""婚宴酒会""商品发表酒会""颁奖表扬酒会"等，具有相当的正式性，为营造现场的隆重气氛，也常常摆设冰雕、花卉及气球，因此对于场地空间的需求会更加关注，这是酒会场地空间布置所必须注意的要点。

酒会中的小桌供宾客放置酒杯与饮料，如果空间足够，桌面可以大些，甚至可以放置花生干果盘供宾客享用。

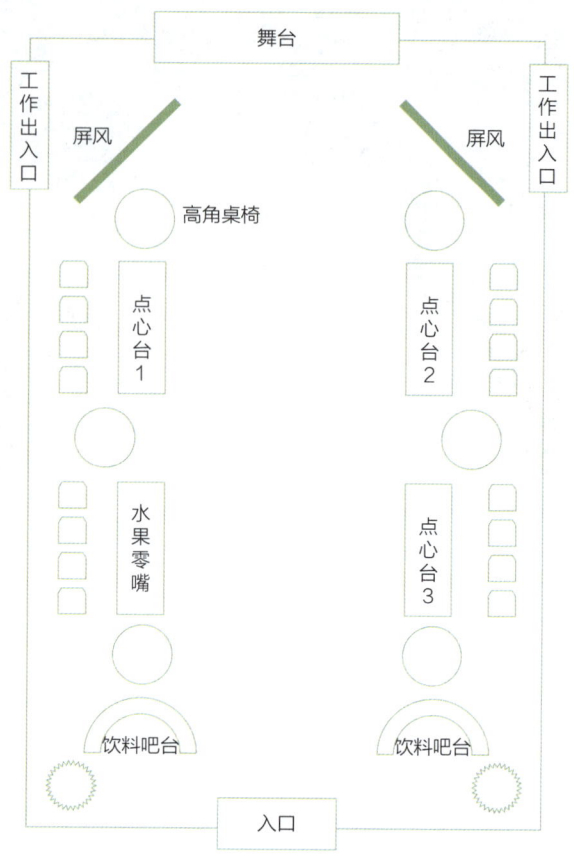

图 13-2　各种主题茶会及酒会餐场地摆设平面设计图

第4节　有关"招待会"的其他注意事项

一、有关参加自助餐会、茶会与酒会的礼仪

（1）如果受邀参加自助餐会，基本上如同参加酒会与茶会一样，属于一种社交活动，在心态上并非以饱食为目的，餐食的准备属于场合的布置与气氛的营造，作为受邀宾客的身份，不可将市面"吃到饱"（All you can eat）餐厅的"捞本"心态带到招待会上，如果仅专注于吃食而忘了宾客

之间的人际互动与交谊，不但失礼，也将错失一个建立与增进人际关系的大好机会。

（2）就参加自助餐会的用餐礼仪来说，可先就全场大致走过一遍，看看有哪些想吃的菜肴再预作取餐的构画，谨记"多次少取"的原则，须知每个人的胃口其实有限，实在无法将现场的美味佳肴尝尽。因此，酌量取用餐食勿高叠食物，也不要夹取明显超过自己所能吃下的分量，浪费食物对于自助餐会的主办者与主人来说，也是相当失礼的行为。

茶会与酒会性质上是属于社交场合，增加人际互动与交谊是主要目的，相关的礼仪也必须特别留意。

（3）招待会中进餐或取食小点心，切勿在口中留有食物同时与他人交谈，如果不慎喷出菜渣或食物碎粒，都会造成彼此的尴尬。

（4）既然酒会或茶会是属于人际交谊的公开场合，对于参加宾客之间的介绍与认识，势必相当频繁与重要，赴会前也须留意名片数量一定要携带足够，在现场因为手持酒杯与饮料杯，因此名片也要放在方便拿取的地方，以备需要时能够顺利取出，相互交换名片。

（5）酒会中与人交谈时，谈话忌滔滔不绝，如果喋喋不休而影响对方与他人交流的机会，也是很失礼的行为。

二、办理自助餐会、茶会与酒会的补充事项

（1）中国人在参加招待会的场合，往往还是不习惯全程站立，如果属于国内宾客较多的茶会或酒会，如果场地空间允许，办理者可考虑多设桌椅。

（2）参加自助餐、酒会与茶会的宾客，在场因为都是自由走动的，如能制作指示牌将路线与设备标明清楚，例如洗手间的方向与位置，将为现场的客人提供许多的便利。

（3）主办者对于"欧式自助餐"的计价方式，多以单价乘以预估人数为总金额，依惯例加上一成服务费，酒水是否另计则可与承烩饭店业者商谈议定。至于酒会与茶会点心计价方式，可以依人数估计点心分量，酒水另计，或是依一定总金额由饭店调配点心内容与分量，基本上酒会与茶会因属于主题节目的陪衬性质，总分量供应完毕就可以不再补充。

（4）在大型的酒会现场，也常会配置"走动式"（pass around）服务人员，其作用除捧盘随时供应饮料与小点心之外，也须随时与迅速收取宾客空杯盘，以及处理其他临时情况，例如回答宾客的询问，或指出洗手间的方向，以及实时收拾客人不慎打翻的杯盘（此情况经常发生），因此在重要的酒会举行前，对走动式服务人员落实工作训练，是对酒会服务质量是否精致的观察重点所在。

本章重点复习

一、招待会（Reception）包括"欧式自助餐会""酒会"与"茶会"，基本上这种餐饮项目的方式，是借着主办单位提供餐饮的场合，建立一个让参加者都能互相认识与自由交谈的平台。

二、自助餐会与酒会、茶会的特点如下：
（1）仍具相当的正式性
（2）不供应正式菜肴
（3）多具公开性
（4）多不安排固定座位

三、办理茶会、酒会或自助餐会，办理人要注意点心的多样化与精致程度，目前国内茶会、酒会不一定要委托饭店业者承包，也可委托坊间许多中小型业者办理，经济实惠，点心内容也颇为丰富。办理茶会、酒会多有一主题，或为商业营销，或为开幕庆祝等，并非让宾客酒足饭饱，主要是提供一交谊的场合，主办人可就人数与时间长短决定点心内容与种类的多少。

四、欧式自助餐菜肴与饮品内容包括：
- 冷盘类（Cold Items）
- 沙拉类（Salad）
- 汤品类（Soup）
- 切肉类（Carving）
- 热菜类（Hot Items）
- 甜、咸点类（Desserts & Dumplings）
- 水果类（Fruits）
- 饮料类（Beverage）

五、自助餐与茶会酒会场地的摆设，必须同时考虑餐台、饮料吧台与宾客用餐餐桌之间的相互搭配，基本上餐台多以长桌摆设为主，以及辅以各式桌形变化，再加上圆桌或方桌的摆设，从而搭配出许多自助餐场地的桌形布置。

六、自助餐参加人数的估计是工作的重点之一，除了可以据以估算供餐分量与预估经费，也可以衡量场地能够容纳宾客的人数、摆设桌数与供餐餐台的空间。

七、茶会与酒会的会场布置以及餐台的摆设也必须将"美观"的要素列入考量范围。

八、各式的招待会，受邀参加的心态一定要正确，请记得此类公众性聚会属于人际交谊的正式场合，除了服装必须庄重之外，进食需秉持"少量多次"的取餐原则，酒会与茶会常有相互介绍的机会，"介绍"与"名片交换"的商务礼仪须多加留意，应对谈吐也要优雅合宜。

问题与思考

思考1 什么是"招待会"?

思考2 请说明"招待会"的分类与特性是什么。

思考3 名词解释:

- Pass Around Service
- Buffet
- Taiwanese Oyster Omelette
- Beverage
- Cocktail
- Finger Food
- Punch
- Canapé
- Foie Gras

思考4 公司请你规划办理一场年终业绩表扬典礼及庆祝酒会,请回答以下相关的问题:

(1)请列出一张典礼与酒会的程序表。
(2)请设计一份贵宾邀请函。
(3)请说明这场庆祝酒会场地布置的要点。
(4)如果你是这场庆祝典礼暨酒会的受邀宾客,有何相关礼仪需要注意?

第十四章
宴会项目在会议会展产业（MICE）的应用
Banquet project in the MICE industry

学习目标

详读本章，您应该了解：

- 什么是"会展活动"
- 什么是"会展产业"
- 宴会项目管理在会展产业中所扮演的角色
- 宴会办理在会展项目中的注意事项

本章概述

"会展产业"（MICE），指的是结合"会议""国际会议""展览"与"商务奖励旅游"所形成综合性与复合式的经济产业网络，因为是属于"火车头"式的带动产业，举办一场会展项目，往往会串连起许多配合的厂商提供相关有形的产品与无形的服务，也需要相关的专业人力与之搭配，从而增加了整体相关产业的庞大商机，对国家整体经济而言，创造了巨额产值，对社会而言，也增加了许多就业机会，因此世界各国莫不重视、鼓励与扶助此"会展产业"。在会展活动中，餐食服务提供与宴会、酒会及茶会项目办理，也常常是活动中相当重要的一环，而对于餐饮业者与宴会筹办者来说，便可说是提供了一项非常重要的发挥舞台，餐饮业可借会展的举办而争取许多商机，而宴会办理者也可借由接待与宴请与会者，表达出欢迎与热忱接待来宾的地主之谊。

引言

本章除解释何谓"会展产业",也进一步将"宴会"在会展相关活动中的功能与实际运用加以阐述,特别是会展项目是由许多各种活动与场合串连而起的,"宴会""茶会""酒会"或相关餐宴项目与其他活动的联结与协调,在本章中也将特别说明。

第1节 什么是会展活动

"会展活动"实际上由许多的场合活动(Events)以及盛大的集会活动(Functions)组合而成,在当今国际化的社会中,不论政府、机关组织或是民间团体互动频繁且密切,往往需要通过举办会议、办理商业展览,或是许多参访活动来促进彼此的了解与建立相互的友谊,而这些往来的所有"食""衣""住""行""育""乐"上的必要需求与相关准备事务,便形成了一张绵密的供给与需求网络。例如,在"食"方面,涉及与会宾客的餐食准备、宴会举办、茶会点心;在"衣"方面,对于服装要求与搭配也必须具备;在"住"方面,涉及与会或参展者住宿休憩的预定及相关准备;"行"方面则有机场迎宾送客、各活动据点的交通接驳事宜;在"育"的方面,则需事前妥善规划参访活动的计划;在"乐"方面,则需安排"旅游""购物""礼品赠送"等迎宾招待事宜。因此,进一步论述所谓的"会展活动项目",便可说是以举办某项会展的目的为中心,而围绕在此中心活动的所有相关准备事宜与计划,便可称之为"会展活动项目"。

会展活动的举办可带动国家经济的繁荣,由此衍生的服务需求,也可促进许多相关产业的发展。

第2节 什么是"会展产业"(MICE)

上述已将"会展活动"加以说明,倘若"会展活动"在当今国际或区域举行频繁且相互交流热络,依时势所趋与创造的庞大商机,经过一段的时间酝酿,便可形成所谓的"会展产业",而其内容则可区分为:

(1)企业所办理的"会议"(Meetings)。

(2)由政府或非政府组织(Non-Government Organization, NGO)、营利或非营利机构(Non-Profit Organization, NPO)等,所举办的国际性会议(Conventions)。

企业所举办的"奖励旅游"也是"会展产业"中重要的一环。

（3）企业团体所举行的展示会、商品展览会（Event / Exhibition）。

（4）由企业等所举办的奖励旅游（Incentive Travel），此项特别常见于保险业、直销业或其他为犒赏员工业绩达成而举办的观光旅游，是相当常见的对员工的一种激励方式。

图 14-1 会展产业（MICE）所包括的 4 大内容

以上所提到"会展产业"的4大项目，各取其第一个英文字母，即为MICE产业。

依据世界展览权威机构"国际展览联盟"（Union of International Fairs, UFI）研究结果显示，会展产业周边的经济效益，估计为直接收益的8~10倍，也就是每投入1元，约可带动8~10元的效益产出，由此可知"会展产业"具有"高附加价值""高成长潜力"以及"高创新效益"的"三高"特点，再加上"创造就业机会大""产值大"以及"产业关联大"等"三大"特点。由上述可知，"会展产业"就国家经济政策与产业发展的角度来看，实属"本小利多"且具有"乘数效果"（Multiplier Effect）的"火车头产业"，因此世界各国政府莫不重视与鼓励会展相关产业的发展。

> **Tips**
>
> 根据经济学家凯恩斯（John Maynard Keynes）的理论，支出乘数效果是指当自发性支出改变时，收入会改变多少。用数学表示则为：
> 支出乘数 = 收入的改变/自发性收入的改变。

第3节 "会展产业"（MICE）所涉及的产业范围

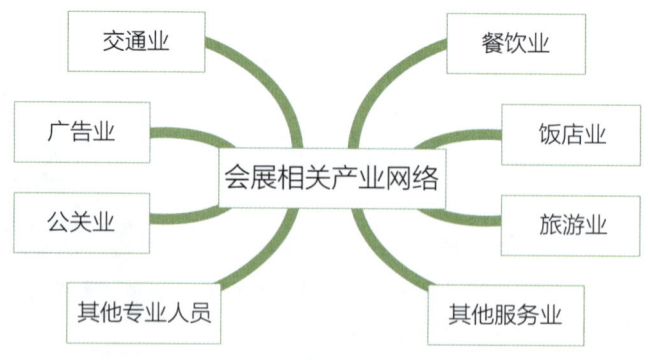

图 14-2 会展相关产业网络

"会展产业"是为了举办MICE相关活动，而必须由有关的产业所共同支援与提供服务的完整系统，所有的规划皆围绕着有形物品的提供，以及无形的智力与人力服务的支援，涉及的产业范围非常广泛。大致而言，与会展产业较有密切关联的其他配合产业与服务，包括：

1. 交通业

对于参与人员的运输接驳、会展各活动行程中的联结，交通工具的选择与妥善安排，不但影响活动行程是否准时举行，

各项餐食妥善的规划与安排，是照料参加活动宾客的基本需求，因此餐饮业的服务提供，也成为会展产业中重要的一环。

也要考虑到宾客的舒适与便利。因此，"交通安排"的规划是举办会展活动中一项非常重要的要点。

2. 餐饮业

各项餐食妥善的规划与安排，是照料参加活动宾客的基本需求，因此餐饮业的服务提供，也成为会展产业中重要的一环。

3. 饭店业

提供会展参与者的住宿需求。

4. 旅游观光业

对于参访行程的安排，特别是奖励旅游的规划，该产业更是服务的主要提供者。

5. 公关业

相关的新闻联系与发布，以及活动策划等业务。

6. 相关专业人员

例如特别专为此产业所应运而生的"口译人员""主持人""司仪"等行业，以及因产业的专业与复杂性而随之成立的"会展公司"，都在会展产业中占有重要的一席之地。

实际上围绕在"会展活动"的各种相关产业，彼此间有颇多重合交叠之处。举例来说，饭店业往往可同时提供"住宿""餐饮"及"会议场地"的服务；公关业中依其公司规模大小可提供"媒体""广告"与"活动"办理的综合业务，甚至可提供主持人、司仪及乐团等专业人员的安排；观光旅游业者也可包办"交通工具"与观光行程中的食宿安排；至于"会展公司"就专为承揽某会展项目所举行的包套业务，并执行所有专属的细项工作。由上面所提到的"会展产业网络图"来看，所有的支援产业便是围绕着会展项目所产生的需求，因此，将"会展产业"形容成"经济核心产业"也不为过。

第4节　世界当今国际会展产业的专业化体系

"会展活动"衍生出的庞大业务与服务需求，就实际上的市场网络体系来说，基本上可以分为"筹办者"与"供应协力厂商"，早期会展主办单位大多自行运筹帷幄，对于相关事务均一手打理，例如：议程排定、地点选择与预定、宾客邀请、迎宾及送行、交通接驳与安排、住宿与餐食安排、欢迎餐会、送别餐会、茶会、酒会、会议现场及相关活动场地布置、专业人员（外语口译等）的遴

聘、参观行程的安排、纪念品的采购等诸多繁琐事务。因会展项目活动的日益兴盛与频繁，以及以上所提到所有事务的办理，都是需要具有专业知识并累积相当的经验才能顺利进行。因此，在国际上会展产业的发展趋势便是"专业化"与"分工化"，在行业上便出现了所谓"专业会议组织公司"（PCO）、"专业展览组织公司"（PEO），以及"目的地管理公司"（DMC）等专门行业来承揽繁多的会展业务。

一、专业会议组织公司（Professional Convention Organizers, PCO）

PCO是国际上专为承揽筹办会议及相关活动的专业公司，主要是协助会议主办单位来规划与执行全程会议相关对人、对物及对事管理的所有过程。当然，在一定的预算下达成预定的效果，通过契约的订立提供具有专业的人力、知识、设备及其他服务来完成项目，有时PCO的角色也提供顾问与咨询的服务，或者举办者可以只借重PCO某项场合办理的专业服务，不见得整场项目全都统包给PCO；基本上，国际间会议办理如果预算许可，多半委托PCO来执行全部或部分的会议项目。

二、专业展览组织公司（Professional Exhibition Organizers, PEO）

PEO的服务内容亦可比照PCO的角色，只是承揽活动项目的标的为展览项目事务，其提供展览策划、场地选择、征展、营销、展场现场管理、活动设计与执行等服务。

三、目的地管理公司（Destination Management Company, DMC）

DMC负责会展活动在主办地的现场协调、会务、行程与旅行安排业务。而PCO与DMC间该如何分别？而其中的关联又是什么？基本上，国际会展的举办常由PCO承揽、计划与进行组织工作，当选定会展目的城市后，会将会展的分工服务再委由DMC执行相关的下包工作。DMC的属性是将会议展览所必须整合的资源进行统整，在主办地区以"会展"为中心和进行相关的专业服务，也属于"专业项目管理人"或"组织承办者"（Organizer）的角色，其全方位服务内容包括所有的MICE项目细项，以及延伸的培训活动及在地观光旅游，当然也可包括承办"宴会"、安排购物及表演娱乐活动、印刷品提供、食宿交通安排，还有专业人士的安排，如"导游""翻译人员""演奏人员""司仪主持人"等的招募。

第 5 节　会议的种类

一、"会议"的分类

1. 集会（Meeting）
各种会议的总称，涵义最为广泛。
2. 会员大会（Assembly）
一个社团组织、协会或公司全体成员的正式集会。
3. 大会（Conference）
任何公私团体与组织，希望借由讨论、意见交换、传达信息、辩论或针对某一"课题"而征求意见为目的，属于正式会议的称呼。
4. 代表大会（Congress）
出席者是以具有代表性的身份与会，例如全国或是世界性组织某分会成员代表出席的会议。
5. 年会或展览会（Convention）
如专业学术团体的专业会议以及年会等大型集会。在美国通常指工商界大型全国性甚至国际性集会，包括研讨会、商业展览等。
6. 学术研讨会、学术报告会（Colloquium）
先由一位以上的引言者就某一主题报告，再讨论相关的问题。
7. 专家讨论会、专题研讨会或讲座（Seminar）
这是由专家对某个问题作专题或系列演讲。
8. 研讨会、座谈会（Symposium，或称Small Conference）
这属于专题性学术研讨会，会议议题和讨论内容比较狭窄，而仅针对某一议题。
9. 圆桌会议、协商会议（Round Table）
相互间协商或交换意见的会议，彼此之间地位平等。
10. 工作坊、讲习班或实习班（Workshop）
以"实做"与"演练"作为讨论与研习的会议。
11. 论坛（Forum）
相互讨论以期广泛交换意见的会议，常常讨论大众所关心的议题。
12. 委员会（Committee）
为了审议或处理特别的问题所成立的议事型组织，如经济专家委员会等。
13. 高峰会（Summit）
指参与会议的成员为"高阶"人士，如果定义更为严谨，在国际间则指称"国家元首"层级或企业界"负责人"参与的会议或大会。

二、什么是"国际会议"

如果要把"国际性会议"清楚定义，国际会议组织对"国际会议"所订立的标准如下。
1. "国际会议协会"（International Congress and Convention Association, ICCA）
至少要在3个国家轮流举行的固定性会议，举办天数至少1天，与会人数在100人以上，而且主办国以外的外籍人士比例必须超过总人数的25%。

2. "国际联盟协会"（Union of International Associations, UIA）

至少在5个国家轮流举行，会期在3天以上，而且与会人数在300人以上，其中主办国以外的外籍人士比例占40%以上。

三、什么是"国际展览"

全球展览协会（Union of International Fairs, UFI；2003年改名为The Global Association of the Exhibition Industry）：外国直接参展厂商家数占总参展厂商家数的10%以上，外国参观人数和次数占总参观人数和次数的5%以上。

成功的国际性展览，不但为参展厂商拓展商机，增加能见度，而在活动的背后，亦为相关产业带来广大的服务需求。

第6节 宴会与餐饮准备在会展节目活动中的联结角色

在会展活动中，餐食安排属于相当重要的一项工作，而这项工作可以在连串的活动中独立成为一项"节目"（Program），例如举行"迎宾宴"（Welcoming Banquet）、"庆功宴"（Celebratory Dinner）与"惜别宴"（Farewell Party）等，也可能是属于会场中段休息时间的简单茶点供应（Tea Break）。对于前者，场面较为盛大与隆重，基本上便是一项"宴会项目"，办理的方式与注意事项便可将本书内容所有的论述加以实际运用；即便是对于后者，也即简易茶点的提供也丝毫不能马虎，因为从这小地方也可以看出主办单位的用心，以及办理活动的细腻程度。

宴会在会展安排中，是非常重要的节目之一。

会展活动中举办"正式宴会"的项目特性与注意事项

在庞大的会展活动中，"宴会项目"是附属于其中的一项"子项目"，如单就宴会的筹办而言，当可参照本书的各章要点办理，而在会展项目中办理宴会项目时，在一开始规划会展活动时，就必须以宏观的角度与眼光思考所有举办宴会的条件，有没有需要配合其他活动的特殊考量？例如：会议结束后，宾客从会议现场到达宴会现场，路程是否太远？是否有车辆的交通接驳？此外，有关于"欢迎宴会"的举办，大多是在会展开始的第一天举办，但实际上，倘若许多国外与会者或贵宾是当天下午才飞抵举办国，或许会因为时差、旅途劳顿与住宿安置等因素，恐怕不太适宜当晚就举办宴会，以免影响出席率或宾客的胃口。因此，会展项目中有关宴会的办理，一定要衡量所有活动的情况再加以配合，对宾客才能提供便利、舒适与顺畅的活动程序，不但表达出对参与者的尊重，也使活动的举行能准时进行而不致延误，从而造成负面的影响。

会展活动中常规划各式的宴会活动，策划单位必须注意宴会地点与其他会议场所之间的距离，以免造成宾客的不便。

本章重点复习

一、所谓"会展产业"（M.I.C.E），是结合"会议"（Meetings）、"国际会议"（Conventions）、"展览"（Exhibition）与"商务奖励旅游"（Incentive）所形成综合性与复合式的经济产业网络，也可说是属于"火车头"式的带动产业。

二、会展产业所带动相关的配合产业与服务，包括：
（1）交通业
（2）餐饮业
（3）饭店业
（4）旅游观光业
（5）公关业
（6）广告业
（7）工程与设计
（8）印刷业

三、有关会展产业专业组织者，可包括：
（1）专业会议组织公司（Professional Convention Organizers, PCO）
（2）专业展览组织公司（Professional Exhibition Organizers, PEO）
（3）目的地管理公司（Destination Management Company, DMC）

四、国际性会议，基本要符合：
与会人员来自3个国家或地区以上，以及总人数达100人以上（含会议举办国），且外国人数须达与会人数的30%或50人以上。

五、国际性展览，基本要符合"国外直接参展厂商家数达10%以上"，或来自"6个国家（地区）"以上的活动，才能称之为"国际展览"。

六、"宴会项目"是附属于"会展活动项目"其中一项的"子项目"，在一开始规划会展活动的方向与内容时，必须要以整体的角度来综合所有的条件与活动相互间的关联性，是否有需要相互配合其他活动的特殊考量。

问题与思考

思考1 什么是"会展产业"？

思考2 为何现今各国是如此重视"会展产业"的发展？

思考3　请说明什么是"国际性会议"？什么是"国际性展览"？

思考4　请说明"宴会办理"与"吃食供应"在会展活动中的角色是什么？

思考5　举办会展活动中的宴会，有哪些是值得注意的要点？

第十五章
婚宴项目管理
Wedding banquet management

学习目标

详读本章，您应该了解：

- 什么是"婚宴项目"
- 目标管理：婚宴筹办的"5W1H"
- 婚宴项目专门行业：婚礼顾问与婚礼企划等行业与专职人员
- 婚宴办理中的注意事项

本章概述

对人的一生来说，"结婚"绝对是数一数二的大事，而"婚宴"更是向众多亲朋好友分享这份喜悦的重要场合。然而，大多数的新人都是"大姑娘上花轿"，是人生的头一遭，办理"婚宴"的诸多事务，就属于标准的"宴会项目"，具有"正式""隆重""高度程序仪式性""细碎繁琐"且多为"大型"的活动，宴会的筹办本身即为专业的工作，在商务上还需具备多项知识技能与经验累积才能办理得周全与理想，更何况是一般普遍缺乏此项能力的准新郎与新娘们？因而喜宴办理事务的繁复与众多细节，长久以来困扰着每对即将步入礼堂的新人，更何况"婚事"的过程又涉及许多不同的传统礼俗。于是乎，新人们总是在忙碌且紧张的情绪中应对许多结婚的筹备事务，张罗着每项长辈与众多亲友所提供的庞杂纷乱信息与经验，为了所认为应该要做的事情而奔走忙碌，此等"终身大事"实在令人彷徨不知所措，往往成了一项"苦差事"，本章就举办婚宴的各项重要程序与节点——讨论与说明，让筹办婚礼的新人们，有了可参考依循的明确方向。

> **引言**
>
> 对于"婚宴项目"的筹办,除了运用本书的餐宴办理知识,本章也针对婚宴的特殊性,详细解说与搭配相关重点的提示来办理属于新人自己的婚宴,就算委托给时下的专业婚礼顾问公司办理终身大事的诸多事务,也必须懂得最基本的婚宴知识与关键要点,或许双方更能达成共识与充分的沟通,进而筹划出近乎完美与令人难忘的美好婚宴。
>
> 当两人愿意携手共度一生,并决定步入礼堂的那一刻开始,"婚礼"的一连串筹备过程便由此开始,不断的沟通往往需要长时间的调和,相关筹办的事项,除了提亲、择日、拍摄婚纱照、聘礼、喜柬印制、亲友邀请、新娘化妆、蜜月度假等重要事宜,最后也最重要的,便是"喜宴"的举行。

第 1 节　婚宴筹办的 5W1H

或许,我们可以说"婚宴"的圆满,可以代表着所有婚事的完成,也象征着两人人生迈入一个全新的阶段。然而,当新人讨论到婚宴的筹办,往往毫无头绪,又常在长辈的各种意见与亲朋好友的诸多建议下,思绪纷乱甚至头痛不已,此时不妨采用"5W1H"的思考方式,共同来确定办理喜宴的目标与方向:

图 15-1　婚宴筹办的 5W1H

一、何时(When)

(一)挑日子

当新人决定举行婚礼共度一生,婚期(结婚大喜之日)的决定是所有婚事筹办工作的时间标定点!因此,从"两人"的决定到"两家"的同意,对于婚礼日期的选定,不论是依传统选择"良辰吉日",还是以配合所有亲朋好友的方便为考量,倘能尽速决定,婚礼与婚宴的办理才能开始进行,特别是喜宴场地(饭店、餐厅或租借公众场所如礼堂等)的预定,才不会因为恰逢"好日子"却太晚接洽,而导致处处碰壁的情况发生。

(二)制订婚事日程表

如果从"项目管理"的角度思考,"婚事"的筹办就是一个大项目,而"婚宴项目"则可归属于其中的一项子项目,各项子项目彼此间其实相互影响,而各项细节也颇为繁复,当新人在为办理婚礼准备一连串的筹备事务时,先制订一张"婚礼筹办日程表"便有其必要性,以下便是日程表的范例与注意事项。

表15-1 订婚工作日程表

前3个月	·确定订婚日·预订文定宴餐厅·挑选喜饼·选择礼服、化妆师及造型师·选购首饰·拟定洽邀文定宾客名单·订婚当日工作人员安排·印制请帖·新娘定期美容保养及护发
订婚前2周	·文定喜帖寄出或以电话邀请·男方聘礼挑选 ·确定宾客出席情况·礼服定装及新娘试装·文定喜宴菜色选定
订婚前1天	·准备大订、小订聘金·准备各项红包礼 ·新郎新娘订婚礼服备妥·再次提醒参加订婚仪式亲友 ·车辆、停车位及司机准备事宜
订婚当天	·喜饼提前送达女方指定地点(通常为文定喜宴饭店或餐厅) ·协助的亲友与工作人员提前到场清点各项物品与任务提示

表15-2 结婚工作日程表

前3个月	·确定结婚日·预订喜宴餐厅(越早越好) ·选择婚纱摄影公司、化妆师及造型师 ·新娘定期美容保养及护发·蜜月旅行相关计划与旅行社预订
前2个月	·拍摄婚纱照·选购新人新衣、新鞋及首饰等配件 ·拟订婚宴宾客名单·结婚当日工作人员安排·印制喜帖 ·敦请证婚人(长辈或公司领导)·敦请婚礼婚宴总干事
前1个月	·喜宴现场场勘并确定布置事宜 ·喜宴试菜 ·寄出喜帖邀请 ·礼服定装及新娘试装

续表

前2周	·确定宾客出席状况 ·制作工作人员分工联系表 ·礼车预定安排 ·确定婚礼流程与喜宴流程（制表）、新娘护发及保养
前1周	·婚礼流程预演（工作人员皆参与） ·喜宴用酒准备 ·宾客出席确定并安排桌次及座次
前1~2天	·准备婚礼用品及检查（龙凤章、证书）、礼花胸花 ·准备各种红包礼 ·新郎新娘礼服备妥 ·车辆、停车位及司机准备事宜
结婚（婚宴）当天	·怀着愉快的心情 ·所有进行流程与人员调度交给婚礼总干事，新人好好享受结婚的喜悦

当以上订婚与结婚重要事项与日程都大致决定，相信新人对于婚事的办理也能成竹在胸，不至于毫无头绪而心慌意乱了！

二、何地（Where）

（一）决定宴客地区（婚宴、文定或归宁宴）

喜宴可分为"结婚宴""文定宴"与"归宁宴"，其中所谓"文定"是中式古礼的传统，又称为"送订"或"纳吉"，也就是现在的"订婚"，依礼俗男方向女方送聘致礼，一般而言，订婚仪式多在上午完成，而"文定喜宴"就在中午举行，名义上是由女方主导宴请亲友，男方只保留1桌，而且在习俗上也不会吃到最后一道菜，最迟在上水果前（多为上完一半菜道后）一定要离席，而且须留下"压桌礼"（一桌酒席金额的红包礼金），象征筵席永不散且有长长久久之意。

《诗经》中曾写到"归宁父母"，是指嫁出去的女儿，有空要回娘家探望父母以关怀双亲健康安宁，所谓"归宁"，又称为"回门"，是指新婚夫妻在结婚的第2日或第3日。携礼前往女方家里探访，女方家人通常于中午宴客，这便是"归宁宴"。对于女方而言，究竟是要请"文定"还是"归宁"，可依照家中长辈的礼俗与希望，当然，请文定喜宴就有发喜饼的工作，男方也需中途离席，方便与否也可列入考量。当今在忙碌的商务社会中，实际上常把订婚结婚订在同一天，结婚喜宴当然就是男女双方亲友共聚一堂，气氛热络也喜气洋洋，婚宴地点则多以亲友能到达的区域为考量，或结婚宴以男方决定地区与饭店，另在女方老家所在地多请一次归宁宴，如决定举行订婚喜宴，也是以女方家的地区为举行地点。

（二）决定婚宴饭店

不论是"文定宴""结婚喜宴"还是"归宁宴"，地区决定后还须考虑从众多的"饭店""餐厅"或租借场地（市公所或学校礼堂等）决定举行地点，这便是婚宴项目的细节，新人可以根据"预算""人数""交通便利性""菜色口味"甚至是"优惠项目"等因素来选定喜宴场所。在此提醒一点，因现今为避免饮酒驾车的问题，如能选在公共交通便利之处（如地铁站附近尤佳），不但可鼓励宾客尽量利用公共交通工具，也不需担心会喝酒开车，让客人也能精确掌握到场参加喜宴的时间，对宾主双方都有很大的好处。

三、内容项目（Which）

（一）菜色内容

喜宴的重点自然要以"菜色"为基本依归，新人在洽询各家饭店或餐厅时，业者多以定型化而区分不同价位的喜宴菜单提供选择，而在实际中，喜宴菜名多以所谓"吉祥菜单"命名，不只是新人，恐怕一般人也可能不甚了解这种菜单的命名原则，在这里也加以说明：

什么是"吉祥菜单"？

对于这项菜肴的命名，多以"吉祥话"与"祝福语"称之，基本上必须根据宴会场合性质与目的来衡量，就每道菜的食材、做法甚至外观与宴会的主旨之间产生关联，以期紧扣餐宴主题。"喜宴"每道菜的命名在功能上，就是为餐宴"锦上添花"而增添欢愉喜庆的美好气氛；祝福话每每与菜的内容产生联系，举例来说：鸡往往比喻为"凤凰"、汤圆成为"珍珠"代表圆满之意，便可以取名为"花好月圆"；甜点就是甜甜蜜蜜等。此外，也可根据"菜色食材内容""数量""形状""颜色"等辅以"谐音"，当然也都要紧扣喜宴性质与主旨，例如数量喜双（双双对对）、六（六六大顺）、八（发音类似"发"），如有"九孔"上桌，就可命名为"长久"的谐音；除了"鸡"可为"凤凰"，而"龙虾"或"龙胆石斑"便可名之为"龙"，"圆形"（汤圆、丸子类）可取"团圆""花好月圆"之类的谐音。

成功的宴会主办者需要有一些创意巧思，可以自己依照实际的菜色来设计这种文雅且富有寓意的"吉利菜单"，因为宴会项目承办者要比承烩饭店更能掌握餐宴性质与主题。然而，对于婚宴"吉祥菜名"所必须注意的是，早些年类似这种"吉祥话菜单"只印上"吉利菜名"，常常让宾客不明白到底吃了些什么，如此便丧失了菜单最基本的功能与用途，现在实务上会把菜肴实际的内容用括号加注说明，才改善了从前"吉利菜单"的缺点，以下便是某一场喜宴菜色的命名范例：

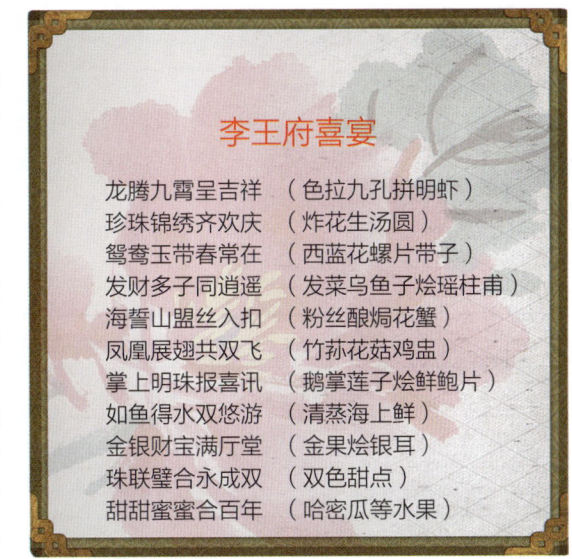

新人对于菜色与烹调口味的选择，必须考量是否符合一般人的口味，如果避免辛辣，恐怕"粤菜"就比"川菜"适合；如果想多安排海味，那么台菜海鲜楼也可以成为选项之一。对于一般国内喜宴的供餐方式，绝大多数是以"桌餐"方式为之（主桌搭配分菜服务），套餐与自助餐方式较少，当然还是要新人与双方家长合意为之才

能确定。此外,国内传统上对于"喝喜酒"的期待,还是认为要"酒足菜饱",甚至充足到可供"打包"也不足为奇,因此对于饭店业者菜量的要求也需注意,实务上常常见到参加喜宴者对筵席菜的分量不足有所批评,而使婚宴的效果打了折扣,确实是美中不足的事情。因此,新人在与饭店业者洽谈时,也必须了解菜量是否与期待有明显的落差。

(二)程序内容(观礼、致辞、节目、表演与敬酒)

"喜宴"的主角是新人本身,可不是只有吃喝而已,为了突显对新人的祝福与聚集焦点,绝大多数的喜宴都会安排一些程序与节目,以增添婚宴的隆重与喜悦气氛。以下就以举行一场结婚喜宴为例来说明步骤节点与详细程序内容。

1. 结婚喜宴的流程架构

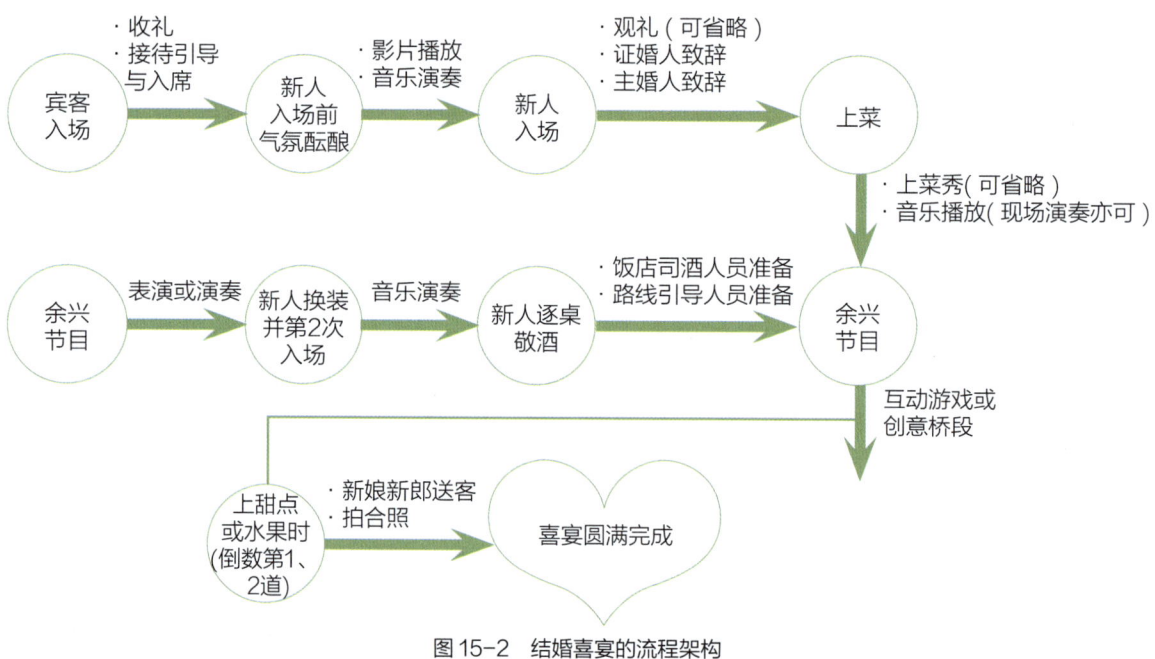

图15-2 结婚喜宴的流程架构

2. 从上图婚宴程序中可以看出,最具有相当仪式性的节目,便是安排结婚典礼请婚宴宾客一起观礼的部分,如果新人或长辈最后决定希望安排此议程,可以依照以下标准程序,酌情增减节点安排,并可安排别出心裁的设计:

表15-3 结婚典礼程序表(请婚宴宾客观礼)

次序	程序节点(由司仪宣布)	辅助工作
1	结婚典礼开始	工作人员就位
2	来宾请就座	
3	新郎与新娘甜蜜记录VCR或PPT播放	工作人员在新人行进路线旁的桌次摆放花瓣篮

续表

次序	程序节点（由司仪宣布）	辅助工作
4	双方主婚人就位	
5	介绍人就位	
6	证婚人就位	
7	新人入场	音乐播放并请宾客撒花瓣祝福
8	证婚人宣读结婚证书（可省略）	
9	新郎新娘用印（可省略）	
10	主婚人用印（可省略）	
11	介绍人用印（可省略）	
12	证婚人用印（可省略）	
13	新郎新娘交换信物（戒指）	
14	新郎新娘互行鞠躬礼（可省略）	
15	证婚人致祝辞	避免台上人员久站，可设座椅，在致辞时先就座聆听
16	介绍人致祝辞（可省略）	台上媒人位置也可省略，现今所谓媒人仅是应"礼俗"所请的"便媒人"
17	来宾致祝辞（可省略）	
18	主婚人致谢辞	
19	新郎新娘谢证婚人行鞠躬礼，证婚人退	
20	新郎新娘谢介绍人行鞠躬礼，介绍人退	可省略
21	新郎新娘向双方父母鞠躬表达感谢	
22	新人与双方父母向来宾行鞠躬礼表达感谢	
23	礼成，进行上菜流程	音乐播放

（1）新人入场队形第一种方式：

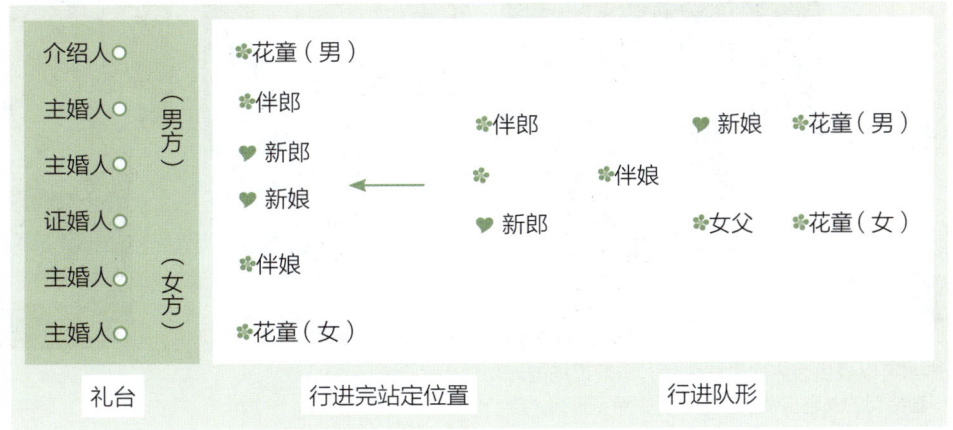

（2）新人入场队形第二种方式：象征新娘父亲向新郎托付女儿终身的含意

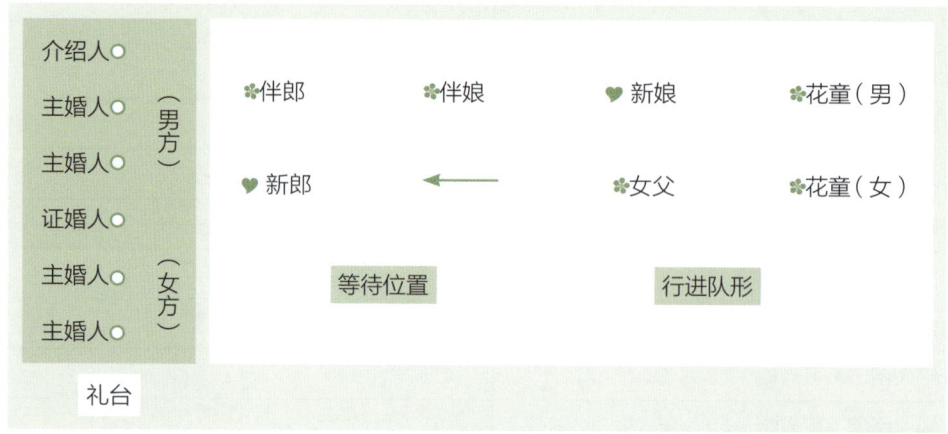

以上的程序与行进路线是大部分婚宴进行的标准建议。当然，根据现今新人们的创意巧思，总是希望参与婚宴的宾客都能留下一份深刻且难忘的回忆，也可以就以上程序加以变化。例如：一开场由新郎高歌一曲，手挽着新娘入场以带动喜悦的欢乐气氛，或是委托饭店的婚宴企划项目，搭配现场的设备，来设计一套特别的入场方式与情境塑造，看是希望营造"温馨浪漫"的气氛，还是想制造"欢乐惊喜"的趣味过程，这就要看新人自己的想法与期盼了！

四、喜宴套装项目

现今餐饮业者对于"婚宴市场"的部分，也已经相当重视并用心经营该区块的客户群，因此多会推出"婚宴套装项目"以提供新人选择采用，这对即将步入礼堂的新人来说，多了一种便利与省钱省事的选择。以下举出饭店业所推出"婚宴项目"的内容作为范例参考，大多数的饭店业者所提供的项目大多不离此范围，新人们选择时可以参考各家所提供服务内容相互比较，如有特殊需求，也可与业者要求调整，倘若确定内容也一定记得要载入婚宴合约中（或将表格列于附件成为合约的一部分）以保障自身的权益。

新人的入场方式可以委由饭店的婚宴企划，搭配现场的设备，来设计一套特别的入场与情境塑造，看是希望营造"温馨浪漫"的气氛，还是想制造"欢乐惊喜"的趣味过程，都可给宾客带来难忘的感受。

钟爱一生婚宴项目

项目项目	细项内容
餐饮内容	1. 婚宴精选广式12道佳肴美馔喜宴菜色
	2. 100%纯果汁无限畅饮
	3. 免费提供精致喜糖巧克力
	4. 喜宴试菜8折优惠（1桌）
	5. 主桌专人分菜服务
宴会场地布置	1. 两条长形接待桌提供与布置（各含1精致桌花）
	2. 各桌精致小型桌花及玻璃杯气氛蜡烛（主桌为特制桌花）
	3. 婚纱照挂架一对
	4. 入口豪华花饰拱柱一对
	5. 提供典雅桌巾与浪漫蝴蝶结椅套
	6. 路线指引牌、两府喜宴广告牌牌及宾客座次图代制
	7. 心型粉红气球60个
	8. 祝福玫瑰花瓣（8篮）
	9. 灯光、影音设备与场控服务
项目贴心服务	1. 赠送贵宾签名绸、礼金簿（2册）及签字笔提供
	2. 喜帖代制8折优惠
	3. 新人VIP休息室（新娘换装）
	4. 宾客免费4小时内停车
	5. 新人喜宴当晚"尊爵套房"免费住宿（含房内精致蛋糕、水果篮及隔日早餐2客）
	6. 奔驰E-Class新娘礼车租借优惠（另洽）

· 每桌台币28,800外加一成服务费
· 本项目保证桌数限定20桌以上

五、对象（Who）

宴会的服务对象就是以"人"为主体，婚宴除了男女主角是新人，还有哪些对象是喜宴筹办的重要人物？而对于各自的角色，又有哪些值得我们注意的地方？

（一）敬邀"证婚人"

婚礼中所敦请的重要贵宾当为"证婚人"莫属，"证婚人"通常是新郎敦请自己工作场合的高级主管或领导担任，当然恭请其他具有相当身份地位的人士也很常见，当新人确定结婚典礼与喜宴佳期之后，便要考虑"证婚人"的适当人选，当决定后便可及早洽请询问是否同意担任证婚人，并预先定下日期，这对于证婚人来说，也是最基本的礼貌与尊重。

（二）拟订婚宴邀请宾客名单

当拟订宾客邀请名单时，新人与双方家属必须谨慎考量宴客对象范围是什么？基本上，名单的研拟可以分成几大区块，一是新人的"各阶段时期同学""公司领导及同事""其他好友"等区分。而名单的另一部分，就必须请父母或长辈提出对象与确定亲友故旧或乡谊等姓名与相关资料，两大方面综合而成一份喜宴洽邀的宾客名单，建议可依以下格式一一填入造册，优点是一目了然，也可方便检核是否有重复与遗漏之处，更能方便邀请后的出席统计与精确调查，而使开桌桌数计算精确，不但能节省餐宴费用，也能使席次安排更加便利妥善。

序号	姓名	喜帖寄出	确认出席率		联络电话号码	请柬寄送地址	特殊饮食
			大人	小孩			
1	林〇〇		1				
2	林〇〇		2				
3	王〇〇		1				
4	张〇〇		1				
5	李〇〇		1				
6	温〇〇		1				素食
7	黄〇〇		1				
8	张〇〇		1				
9	许〇〇		1				
10	李〇〇		1				
11	孙〇〇		1				
12	郑〇〇		1				

续表

序号	姓名	喜帖寄出	确认出席率 大人	确认出席率 小孩	联络电话号码	请柬寄送地址	特殊饮食
13	蒋〇〇		1				
14	郑〇〇		1				素食
15	蔡〇〇		1				
16	江〇〇		1				
17	萧〇〇		2	1			

对于拟订宾客邀请的名单，注意须秉持"礼尚往来"的精神与原则，重要的与亲友切勿遗漏。相反，如果衡量彼此间并非具有相当的交情，建议就不需列为邀请对象，以免受到"打秋风"的批评。

> 据《儒林外史》第四回所载："……张世兄屡次来打秋风，甚是可厌……"，"打秋风"或作"打抽丰"与"打抽风"，是指趁某种机会（特别是餐宴）向他人索取财物之意。

（三）工作人员名单

1. 圆满婚宴的灵魂人物："婚礼总干事"

新人所委请的婚礼及婚宴工作人员便是项目执行的核心人员。首先，可谨慎考虑与挑选甚有热诚且具有经验的亲友，请他来担任"婚宴礼总干事"的职务，此工作一方面需要综合协调与指挥相关事务，包括对人的联络分配工作、交通事务的安排，以及许多琐碎事项的处理与临场应变，工作繁杂而责任重大，实为婚宴项目的核心人物。经验中也曾见过新郎与新娘亲力而为，然而往往在喜宴的当天，两人已是男女主角，实在无法分身处理婚礼及婚宴流程（时间）管控、宾客接待、工作指挥调度与其他杂项琐事。因此，新人可以自己计划自己的婚宴，但也必须敦请一位"总干事"来执行精心的策划，圆满的婚宴才能顺利完成！

妥善的婚宴分工，是顺利圆满的基础。

2. 婚礼分工与周详的计划依据

对于婚礼工作的规划与分派，建议新人最好制作以下分工表，如此工作事项条理清楚且一目了然，甚至可依男女双方不同的准备内容与接待对象（婚宴宾客、双方长辈亲友）而各有总指挥人与分工；当每项分工执掌都确定之后，便可填入姓名，并在婚礼进行前几天，把下面的表格与提醒注意事项，分送给每位协助的工作人员，好让大家知道自己明确的分工，有问题时又可以清楚知道该找谁解决，如此横向联系才责任明确。

表15-4 男方工作人员分工表

分工	姓名	手机	工作内容
新郎			
伴郎、开车陪娶			开车迎娶、喜宴伴郎
男方总干事、开车陪娶、婚礼司仪			开车迎娶、喜宴综合协调事项总指挥及司仪
开车陪娶			开车迎娶
开车陪娶、招待及总务			开车迎娶、喜宴招待、宴后收酒事宜
婚宴招待1			喜宴接待
婚宴招待2、开车陪娶			开车迎娶、喜宴招待
婚宴招待3			喜宴接待
婚宴招待4			喜宴接待
男方收礼1			登记收礼
男方收礼2			登记收礼
男方收礼3			登记收礼及写谢卡
摄影			
照相			喜宴照相、宴后收门口结婚照、收酒

表15-5 女方工作人员分工表

分工	姓名	手机	工作内容
新娘			
总干事			陪嫁、女方喜宴综合协调事项总指挥
伴娘、陪嫁			陪嫁、伴娘
陪嫁			陪嫁
陪嫁、婚宴招待1			陪嫁
陪嫁、婚宴招待2			陪嫁

续表

分工	姓名	手机	工作内容
陪嫁、婚宴招待3			陪嫁
陪嫁、收礼		迎娶礼车	陪嫁、登记收礼及写谢卡
婚宴招待1			喜宴招待
婚宴招待2			喜宴招待
婚宴招待3			喜宴招待、迎娶摄影
女方收礼1			登记收礼
女方收礼2			登记收礼
女方收礼3			登记收礼及写谢卡
新娘秘书			随行化妆与相关事宜

【注意事项】（范例，新人可以自己构思写出对工作人员的提醒要点）

（1）新郎地址：新北市新庄区××路一段31巷6号2楼（可附上地图）

新娘地址：台北市南港区××路122巷12号6楼（可附上地图）

喜宴地址：××大饭店（台北市中山区中山北路二段 号，饭店旁有附设停车场，先到先停）

迎娶礼车

（2）六辆迎娶车辆车把系彩带跟紧，如遇红灯通过车辆请于前方稍待。

（3）请所有工作人员手机全天开机，并携带此名单互相保持联系。

（4）开车迎娶人员请于早上7时40分前到达新郎家，预计8点出发，8时30分抵达；10时前迎娶新娘回新庄。

（5）中午迎娶人员于新庄用便餐，下午2时出发至饭店准备，招待人员请于5时抵达。

（6）晚上6时婚宴入席，6时30分观礼，仪式结束后喜宴开始。

（7）喜宴入席时请招待及所有工作人员帮忙带位，约6时45分请宾客并桌坐满。重要工作！

（8）工作人员归于所属亲友桌，抵达时请先占位。

（9）礼金收受登记男方女方分开收，请大家协助引导宾客。

范例：迎娶流程表（工作人员每人一份）

时间：××××年11月12日

时间	内容	主导	地点	准备事项	参与人员	备注
06:00～07:30	新娘梳妆	女方	婚纱摄影公司		新娘造型师、新娘姊妹	备花事宜：主婚人、介绍人、证婚人、新郎、新娘胸花（8朵）及男女宾相、招待人员胸花（24朵）
07:40～08:00	礼车集结挂车彩	男方	男方家	车彩		
08:00～08:30	出发迎亲	男方	新庄至南港（附路线图）	新娘捧花、米筛、新郎带足红包	新郎＋伴郎＋司机5人＋媒人＋亲友2人（10人迎娶）	
08:30～08:35	开车门	女方	女方家	红包1份	新娘弟弟	
08:35～08:45	食福圆汤圆	女方	女方家	福圆汤圆	迎娶人员	
08:45～08:50	讨喜—持捧花接新娘	女方	女方家	捧花	新郎、新娘陪嫁姊妹	父母盖头纱
08:50～09:00	祭祖拜别父母	女方	女方家	祭祖用品	新郎、新娘女方父母	
09:00～09:40	新娘上车	女方	女方家门口	黑伞扇子（绑红包）一汤匙水宫灯	新郎、新娘、陪娶人员、陪嫁人员、"好命妇人"撑黑伞牵新娘上车	·车子开动后丢扇 ·新娘弟弟捡扇 ·新娘父亲泼水（用汤匙装）
09:40～09:50	新娘下车	男方	男方家门口	苹果	·小男孩捧苹果开车门 ·新娘摸一下苹果并给红包 ·媒人撑米筛，新郎牵新娘进家门	
09:50～10:00	祭祖、拜见高堂	男方	男方家	祭祖用品	男方父母新郎及新娘	
10:00～10:10	食新娘茶	男方	男方家	汤圆或甜茶	新郎及新娘	
10:10～10:30	拍照	男方	男方家		全体亲友	拍全家福照留念
10:30～11:30	进新房	男方	男方家		新郎及新娘陪嫁人员	
11:30～13:30	午餐	男方	男方家	Pizza 面食 小菜	全体亲友	
13:30～14:00	休息	男方	男方家		全体人员	

续表

时间	内容	主导	地点	准备事项	参与人员	备注
14:00~15:00	出发至饭店	男方	××大饭店	放大结婚照、结婚照、结婚礼服及过夜行李	新郎及新娘工作人员	办理入住，知道房号后通知新娘父母
15:00~16:00	确认喜宴会场布置		××大饭店宴会厅	照片、祝贺镜屏、花篮、桌卡、座次表、收礼台等物品摆放		
16:00~17:00	邀请女方父母		××大饭店宴会厅	工作人员开车迎接至饭店		
17:00~18:00	招待就位、确认桌卡、确认平面图、收礼就位、花童着装	双方总干事现场指挥	××大饭店宴会厅	酒、糖（每桌两盘）、礼金簿、签名绸、签字笔6支、谢卡、计算机		
18:00~18:30	典礼开始	如典礼程序表				
18:30~21:00	喜宴进行					
21:00~21:30	送客					

（四）目的与效果（What）

"婚礼项目"或是"婚宴项目"，就跟一般的项目管理一样，最后总是有项"绩效评估"，而对这终身大事活动的效果衡量，可以用实际花费（客观指标）与宾主的满意程度（主观认知）来观察：

- 期待的"调性"与"效果"VS. 预算控制与分配

同样是筹备"婚姻大事"，豪门婚宴可以一掷千百万金，而一般升斗小民也可以在有限的预算下办得隆重而令人难忘；因此，新人在办理婚宴之前，两人就要与双方长辈达成共识，婚宴的方式与主轴是希望"简单隆重"还是"豪华气派"？还是期待"姻、亲、戚、友、乡、寅、谊"兼隔壁邻居全都齐聚一堂？婚宴办得热热闹闹，加上乐团演奏与歌唱表演，如此预算绝对不会少；相反，如果仅邀请至交好友与亲近长辈，而"调性走向"属于感恩温馨者，同时也无须繁文缛节与冗长程序（连现今流行跟宾客的互动游戏也一并免除），花费自然节省许多。

- "省钱大作战"

就婚礼与喜宴来说，新人们总是满怀憧憬和满心期待，并充满许多浪漫想象，因此往往在筹办婚事时，因为氛围良好而多了"现场感觉"，却因此少了"实际上的理性思考"，最明显的便是常常超出结婚预算，或是佳期越近而花费越多，甚至到了"失控"的状态，例如：挑选婚纱照常难以取舍，于是超出原先预定的组数而增加购买；或是洽商饭店时，当下眩惑于各种婚宴项目，而未能仔细考量搭配内容是否符合新人所需。以上现象，便因为新人总认为是办理人生的大事，务求最好与高贵，因而产生了经费紧张现象，这对婚事与喜宴的筹办来说，便是相当不利的因素。总之，具有"浪漫"与"美好记忆"的婚宴，不见得与花费成正比，多由新人与双方家庭对喜宴的看法来决定。

第 2 节　幸福产业：有关婚礼顾问、婚礼企划与专业人员

"婚宴项目办理"属于"宴会项目"中特别且专门的一项业务，诚如本章导读所述，大部分新人毫无宴会筹办的知识与经验，偏偏"婚宴"又是复杂繁琐的事务，也有时间上的压力，新人在紧张压力下还须处理他们所不擅长且毫无经验的活动事务。于是乎，"强烈需求"带来的是专业人士与相关服务的"供给"，所谓的"婚礼顾问""婚宴企划"与"相关专业人士"的委托业务便应运而生，新人除"有时间""有能力"与"有信心"愿意自己一手筹办婚礼大小事之外，也可以考虑是否全部或部分委请以下各节所述专业公司与人员，来协助办理终身大事。

一、婚礼顾问公司（婚顾）

婚顾公司便是从事婚礼（订婚与结婚）与婚宴等所有策划与执行工作，为新人承揽所有相关事务的专业服务团队，具体项目包括：婚礼礼俗咨询、婚礼及婚宴流程规划、婚纱公司推荐、主题婚宴策划与执行、婚礼婚宴场地规划布置、节目设计、婚礼专业人员安排（婚礼主持人、司仪、新娘秘书、设备与场控人员、新娘化妆人员、乐团等演奏人员），也就是包办所有婚礼过程中的所有事务，公司作为专业代办策划的经纪业务，可经过沟通后为新人（甚至是家人），量身策划出业主所想要的目的与效果。既然婚顾公司是以婚事为服务主轴，于是经营的业务便串连起"婚纱摄影""饭店餐饮""花艺布置""影音视讯""礼车租赁""印刷"等相关产业，而有关的专业从业人员又包括司仪或主持人、音乐演奏、新娘秘书等个人从业者，因此婚顾公司常常与前面相关的产业结合，共同合作，相互成为"协力厂商"，而后者的专业人员，亦受婚顾公司的邀约委托，而为新人提供婚礼婚宴场合的专业服务。因此，我们可以说，婚顾行业也形成了一特殊的产业圈，故称之为"幸福产业"也相当契合！

对于新人而言，是否委由"婚顾公司"策划进行婚礼（含婚宴）项目，所需考虑的要点包括：新人本身是否因工作忙碌实在无暇亲办婚礼？婚事预算是否允许委托婚顾服务？又是否只需婚顾公司协助婚宴或其中某项目的服务即可？这些都是新人们应该仔细考虑的决定因素。

花艺布置从业者也是"幸福产业"中的重要角色之一。

婚礼、婚宴的主持人是活动气氛的掌握者，热络或感性的时刻就有赖于他们的专业表现！

"新娘秘书"提供新娘贴身造型打理及相关工作的支援，让新娘一生最美的时刻完美呈现。

二、婚宴企划

目前婚宴市场对于饭店与餐厅业者而言是一块主力业务范围，因此，许多星级的饭店业者与经营"婚宴广场"的餐厅业者，也往往推出多种样式的"包套婚宴项目"，甚至在宴会业务部

门设有"婚宴企划专员",专为喜宴客户提供婚宴企划的项目服务;基本上,婚宴企划人员归属于餐厅饭店业者,仅是依据婚宴业务而提供客户规划喜宴流程、设备提供服务、影音设计与播放、出菜设计,甚至支援司仪进行宴会流程。总而言之,此服务多附属于饭店业者的宴会设计与支援搭配工作,虽然服务广度与深度不及婚顾公司,但也不失为新人考虑的选项之一。

三、婚礼专业人员

在婚礼产业中,也有"婚礼主持人""婚礼司仪""新娘秘书""场控人员""乐团"或"乐师"等专业人员,可于婚宴中提供专业服务,而这些专业人员多以自行承接委托婚宴个案为主,"口碑"与"客户信赖"成为其业务承接的助力,实际上他们也多与婚顾公司联盟特约,这也是客户的来源之一。

第3节　针对婚宴项目管理特殊要点的补充与提醒

一、确定每桌可坐人数

新人在与饭店业者洽谈喜宴场大小与可能桌数时,请别忘了确定每桌最多可容纳的宾客人数,例如依据桌面大小可坐10人或12人(主桌也须确定),以免误判桌数并据此预估餐宴的金额。

二、桌次与座位的适当安排

谨记喜宴也是正式且隆重的宴会场合,除了注重仪式外,相关的排序与座次礼仪也须谨慎;原则上,针对坐有高阶、长辈或重要贵宾桌,尽量安排近主桌与视野较佳的桌次,方能突显尊重与礼貌。此外,新人也往往不清楚主桌到底安排请谁入座方属恰当?建议除新郎与新娘之外,可安排双方父母、祖父母、母舅与媒人入席,其相关座次建议范例如下:

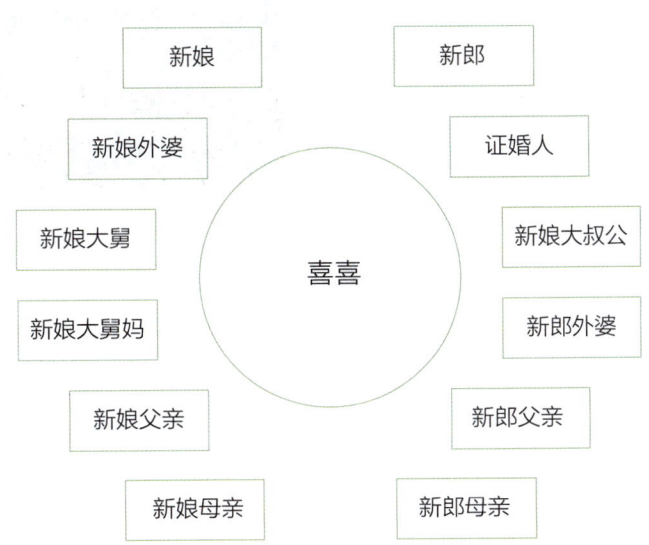

三、特殊饮食（素食）座位的安排建议

当统计宾客出席的情况时，也须一并了解出席者的特殊饮食要求，最常见的便是"素食"的安排，可以考虑将所有的素食宾客都安排于同一桌，优点是上菜统一且方便，不需要另外准备分散在各桌素食者的额外素食套餐，不但便利还可节省餐费；缺点则是同桌素食宾客之间极可能彼此不认识，宾客或许会略显尴尬，新人可思考两者何者为佳，再决定是否设有素食桌。

婚宴可设素食桌，优点为同桌上菜较为便利，也不需另外处理分散各桌素套餐的额外费用。

四、注意开宴时间

根据作者长久以来参加国内喜宴的经验，实际上菜时间总是比原订开宴时间延迟甚多，甚至延宕1小时者也不足为奇，往往造成宾客久候，饥肠辘辘者有之、小孩哭闹者有之，此种情况十分失礼且不当，不但浪费时间，也可能造成婚宴结束时已很晚，宾客也可能提前离席，对喜宴效果将造成负面影响，然此不当的积习似乎大家也见怪不怪。近年来，全社会积极倡导"准时开宴"的观念，现今也已逐渐收到成效。因此，新人如有准时开宴的打算，也可在喜帖上附注"准时开席"以提醒宾客；但如果还是希望等到宾客坐满八成以上才开席，作者也曾见过喜宴现场各桌都备有手工饼干或小餐包，让等待的宾客先止饥，这些都是筹办婚宴的贴心之处。

五、精准管控上菜的速度

前节曾规划出婚宴的流程节点，其中各段时间进行的参考点，主要是以每道菜上菜的情况来控制（例如：上第2道菜，新娘便要到休息室换晚礼服、上所有菜的一半便可开始敬酒、甜点上桌新郎新娘便可准备在宴会厅门口捧喜糖送客）。因此，上菜的速度如果过慢，不但会让宾客久等甚至感觉不耐，也会严重延迟所有节目仪程的时间。那么，经过新人长时间精心策划的婚宴，气氛与效果很有可能因此大打折扣而造成遗憾，所以婚宴总干事可与宴会外场经理事先取得协调，在喜宴进行中监督出菜速度，以避免上菜速度过慢所带来的不良后果。

婚宴的进行也是有时间节点的，上菜速度与节奏也必须掌握，才不会让喜宴效果打折扣。

本章重点复习

一、对于"婚宴项目"的办理，可以依循"5W1H"思考模式：

1. 何时When
（1）决定婚期
（2）订定婚事日程表
2. 何地Where
（1）决定宴客地区（婚宴、文定或归宁宴）
（2）决定婚宴饭店
3. 内容项目Which
（1）菜色内容
（2）程序内容（观礼、致辞、节目与表演）
4. 对象Who
（1）敬邀"证婚人"
（2）拟订婚宴邀请宾客名单
（3）拟订工作人员名单
5. 目的与效果What
（1）期待的"调性"与"效果"
（2）预算控制与分配

二、新人在面对婚宴如何办理时，两人请先与双方家庭沟通婚礼婚宴举办的原则，看是希望"简单隆重""温馨浪漫"还是"广邀亲友""风光气派"等，再决定是要自行筹办婚宴，还是委托专门业者代为办理。

三、现今专为筹办婚礼婚宴的专门行业，大致可分为"婚礼顾问""婚宴企划"与新娘秘书与化妆、婚礼主持、摄影师及婚礼乐团等相关专业人士，其所需配合的服务行业自成一个产业系统，也可称之为"幸福产业"。

四、新人对于婚礼婚宴的筹办，当然充满了浪漫的想法与理想，俩人也需保持理性规划与耐心沟通（当然也包括了与家族长辈的沟通），好让婚宴的筹办达成共识，如此才能继续落实于办理的技术层面。婚礼与婚宴的筹办如果能将本章融会贯通，大致的重点即可掌握，当你在办理婚宴项目时，相信必能吃下定心丸而享受筹备婚事过程的幸福感觉，虽然辛苦心中却很踏实，祝福天下有情人终成眷属！

问题与思考

思考1 什么是筹办婚宴的"5W1H"原则？请详述各要点的具体内容。

思考2 请制订一份"订婚工作日程表"。

思考3　请制订一份"结婚工作日程表"。

思考4　请发挥你的创意与巧思,设计一份"结婚喜宴节目流程表"。

思考5　请说明"幸福产业"可以包括的行业与专业人员有哪些。

第十六章
餐宴进行中的流程管控
Supervision and monitoring procedures

学习目标

详读本章,您应该了解:

- 宴会开始前、中、后的流程要点
- 宴会项目办理人对于场地与工作人员配置细节的检核项目与要点
- 餐宴进行中对于上菜服务人员的服务质量与效率的监督
- 如何依照餐宴举行的地点,决定宾主谁来告辞的礼仪
- 酒会与茶会的补充要点

本章概述

当宴会即将开始,好比将表演的舞台搭好,就等着宾主双方进场了,此时宴会办理者便要见证事前缜密的计划——付诸实现,而这时候只能袖手旁观,眼见宴会自自然然地"水到渠成"吗?正好相反,办理人必须监控着现场进行的流程,依照原先所计划的情景一步步推进,这便要从宴会开始前几个小时,重要的餐会甚至前几天便要入场确定逐项检核设备与工作项目,以确保餐宴专案的各个细节与流程都能实行,这便是本章所要强调的重点。

> **引言**
>
> 所谓"养兵千日,用兵一时",对于宴会项目筹办而言,何尝不是如此。在宴会开始之前所有的准备与规划,都是为了实际进行的那两三个小时,也就是在宴会现场,所有的努力与辛劳才能见真章,也考验了"宴会项目经理人"现场的执行能力。
>
> 因此,当宴会即将开始之前,与宴会正式开始后,有哪些工作必须进行?下面依照宴会当日时间顺序与流程讨论相关的注意事项。

第1节 宾客再次确定

办理宴会项目顺利与否,有几项关键要点:
(1)出席状况的精确掌握。
(2)座位安排。
(3)餐食的妥善安排与服务质量。

而宾客出席状况的掌握往往又连带影响座位安排工作、实际餐食供应的数量与经费支出;因此,在宴会开始之前一段适当时间,再次打电话提醒客人,一是提醒宾客出席,其次可再次掌握宴会实际的出席人数,如此可以把宴会现场的变量与风险降到最低的程度。

第2节 重要宴会的程序

一、即将开始前的重点工作

如下图所示:

图16-1 重要宴会程序

二、主人致辞与主宾答辞的方式与时机

在中式的餐宴中,通常会安排主人在开宴前讲话,目的是说明宴请的缘由,并且感谢宾客一行的赏光等词语,有时也可以安排主宾说话以答谢主人的款宴,再接着向主人回敬酒。

第3节　对工作人员与宾客随员的照料

当宾客到达宴会会场的接待与入席带位都顺利完成后(相关技巧请复习本书第六章),正式的商务宴会中,特别是政府单位的官宴,宾客层级往往很高,这时随同前来的就恐怕不止上座的宾客一人了,还常常包括司机甚至随行的秘书,基于主人的礼仪与贴心,也必须善尽照料之责,习惯上会另外准备简单餐点与茶水进行招待,等候他们的老板直到宴会结束后随行离开。当然,对于宴请主办单位本身的工作人员,也必须准备他们的膳食。

第4节　供餐服务顺畅与否是宴会的成败关键

"宴会项目"的办理跟所有的礼宾项目活动一样,都有特定服务的对象,对于宴会的办理绩效评估,请复习本书第三章所提出的"3C"评估原则,其中一项就是"满意程度(Content)",这项评估最主要是由宾客的感受所决定的。那么,读者可以思考:当在宴会进行之中,除了对餐食的评价,还有什么重要因素对客人的感觉具有重大的影响?那便是"餐饮服务质量"。

根据办理餐宴的经验,宾客对上菜速度过慢,还要苦等久候,反应最为强烈!因此,主办宴会的负责人在与宴席承办者洽谈细节时,一定要就以下事项清楚说明与要求,以确保现场服务质量。

> **Tips**
>
> 外场"客服比"=宾客/外场服务人员,也即评断外场服务人员是否足够的衡量指标,数值不要大于5,在正式的餐宴上,数值常小于3。

(1)请宴席承办者根据当日宾客人数,谨慎调配内外场人力配置,如果是非常具有正式性的餐宴,那便要多安排资深熟练的人员服务,上菜服务的人数也一定要足够。

(2)请服务人员以"稳健""安静"及"顺畅"为要点,如倒菜渣等工作可移至场外,以避免噪音产生而影响宾客用餐情绪。

(3)如采用位上方式,同一桌的上菜速度,同道菜尽量一齐上桌,不要有延迟的情况发生,宴会负责人须现场监督与掌控同一道菜,是否全数备妥并同时上桌,切勿只上了其中几位就停顿下来,如此一来,同桌其他客人是不敢动筷子的。

(4)在人数较多的宴会,各桌之间每道菜尽量整齐一致,也不要有遗漏未上菜的情况发生。

(5)各道菜之间的间隔时间不要太久,否则引发宾客不耐久候的情绪,将会造成严重的反弹与

抱怨，根据经验，当这种情况常发生，通常都会有很严重的后果。

（6）桌上酒水请服务人员随时补足，勿让宾客有自己寻找酒、果汁或茶水的窘状发生。

（7）在多年经验上，作者曾见过饭店服务人员做出具有风险的动作，例如：收餐具时叠高盘，或一人多盘同时收放等情形，作者甚至多次目睹服务生因为失手而导致杯飞盘砸的惨状发生。因此，一定要叮嘱现场的外场主管，要求服务人员务必以安全稳健的态度与动作提供服务。

（8）宴会进行中如有任何突发情况，要求现场服务经理一定要立刻反映给宴会承办负责人，以决定后续的处理方式。

请宴席承办者根据当日宾客人数，谨慎调配内外场人力配置，如果是重要且正式的餐宴，那么要多安排资深熟练人员到场服务。

各道菜之间的间隔时间不要太长，以免宾客由于久候而不耐或抱怨。

宴会进行中如有任何突发情况，现场服务经理要立刻反映给宴会承办负责人来决定处理方式。

第5节　宴会即将结束时，宾主间的"兴辞"原则

当吃完水果与甜点之后，宴会就即将进入尾声，而当所有的菜都上完，服务生端上热茶后，就代表宴会随时可以结束，此时就要看主人何时提出宴会结束的意思，通常的方式是主人举酒杯敬酒，并且再次感谢宾客的光临，客人此时就知道宴会到此结束，主人要送客了！至于谁该提出宴会应该结束的表示？此时在餐宴礼仪上就有个原则：

在外面的饭店餐厅等场所宴请	·由主人主动提出宴会结束 ·借场地举办亦可如此
在主人家里举行	由主宾适时提出感谢与告辞之意

以上就是主人与主宾之间"兴辞"（提出宴会结束的意思并告辞）的原则。因为在主人家中宴请宾客，如果是由主人提出宴会结束，就感觉好像是在赶客人似的；如果由主宾提出，就是站在体谅主人的角度思考，好让主人能多点时间整理自家场地并且早点休息，这也是基本的做客之道。

当宴会结束，宴会办理人除了完成协助主人送客的工作，完毕后也要将用酒与果汁数量一一清点，并立即将账单明细项目逐项核对与确定，皆无误后签字，并依照办理单位相关规定据实处理核销事宜。

> **Tips**
>
> 在西方的餐宴上，当主人决定结束宴会时，常习惯用汤匙轻敲水杯，借着发出声音以吸引宾客注意，之后主人便举杯敬酒且表示感谢，宴会便可告一段落。

结 语

"宴会"之所以需要一套"管理系统",便是对于"人力"的分派与职责划分、"物力"与"场地"的检查与熟悉,以及对"流程"的监督与掌控,因为这些都是宴会实际执行的成效展现,办理人必须确保餐食的质与量,对于餐宴的服务过程与速度,要能够精确掌握并提醒宴席承办者,宾客除了能好好享受餐食,更要能感受到服务的殷切与周到,如此才能达到宴会项目绩效的要求。读者还记得本书第一章所描述的西洋宴会史,其中公爵宴绘画里手持长杖的"宴会总管"吗?在现代的宴会现场,"宴会项目管理人"就好比中世纪的"宴会掌控官",宴会进行中必须一一督阵并随时提示配合的工作人员,如此才能让您所精心策划的"宴会项目",每个细节都能精确执行直到宴会结束,进而完成主人想要达到的目的与效果。

本章重点复习

一、宴会开时前的数个小时，要执行以下工作

　　（1）餐桌检查

　　餐具摆放位置是否正确

　　再次核查菜单位置与特殊饮食菜单的正确位置

　　座位卡片的置放与查对

　　酒水检查

　　（2）场地检查

　　清洁检查

　　花卉与布置的稳定度与位置调整

　　路线指示牌的位置

　　（3）设备检查

　　音乐与音响设备试音

　　麦克风试音

　　视频试播

　　各项音量调整

　　（4）工作人员就位并提前到场熟悉位置与路线

　　接待人员就位与工作提示

　　主持人与司仪（预演）

　　餐饮服务人员就位（重要大型餐会提前走位练习）

二、宴会进行中的注意事项

　　（1）不要忘记对随行工作人员的餐食照顾与休息空间的安排。

　　（2）请注意上菜速度的监督与掌控，实务上宾客对宴会不满意的情况，除餐食本身的问题之外，还有就是对于上菜速度过慢而让客人久候的情形最让人感觉不耐。

　　（3）宴会办理人不要兼任司仪或主持人，这些仪程宣布的工作应另外安排专人担任，宴会承办人就是监督宴会程序与节奏快慢的掌握者，只负责指挥与调度宴会的工作。

三、宴会结束时，谁提出告别之意？原则如下：

　　（1）在主人家做客，由主宾主动提出。

　　（2）主人在外请客，由主人主动提出。

四、办理茶会、酒会或自助餐会，办理人要注意点心的多样化与精致程度，目前国内茶会、酒会不一定要委托饭店业者承包，也可委托坊间许多中小型业者办理，花费经济，点心内容也颇为丰富。办理茶会、酒会多有一主题，或为商业营销、或为开幕庆祝等，并非让宾客酒足饭饱，主要是提供一交谊的场合，主办人可就人数与时间长短，据以决定点心内容与种类的多少。

问题与思考

思考1 当你筹办一场重要的餐会，宴会再过2小时就要开始，你认为有哪些项目需要切实检查？

思考2 请说明宴会进行中对于上菜服务，有哪些需要掌握的方向与要点？

思考3 如果宴会是在主人家举办，当菜也上完了，话题也聊得差不多了，此时谁该提出宴会结束的提议并敬酒告辞？
（A）男主人　　　　　　　　（B）女主人
（C）主宾　　　　　　　　　（D）在座的其他陪宾

思考4 承上题，你所选择的答案理由为何？

第十七章
宴会结束后的评估与检讨
Evaluation and self-assessment after banquet project

学习目标

详读本章，您应该了解：

- 宴会结束后所应该处理的收尾事项
- 有哪些应予回顾与检讨的项目
- 对现代公商务餐宴创新与改良的建议

本章概述

当宴会顺利结束，宴会办理人辛苦的成果终于呈现给所有与宴宾客，无论每位客人对这场餐宴是否有所评价，重点在于项目办理人对这场宴会的想法如何？"宴会"属于"礼宾活动"其中一项，特性就是对人的服务"无法完美"，但总是追求"尽善尽美"，而就在这自我要求与力求圆满的态度下，可以再从"餐食""接待服务"与"供餐服务"上，检视成果如何，找寻其中的优缺点，优点保持、缺点则记录下来加以改进，整理成档案留作以后的参考，而这些都已经成为专业宴会办理者的标准作业规范（Standard operating procedure，SOP）中的一项。最后，本章根据作者处理餐宴的多年心得，汇整出对公务餐宴改良方式的一些建议与看法，相信也能对现今宴会的办理提出一些具有建设性的思考方向。

> **引言**
>
> 　　如果你的工作常要办理餐会项目，例如公关礼宾或秘书部门，甚至是公关、会展与相关餐饮代办等行业，当一场餐宴项目结束后，还有一些重要的工作要完成，那便是对于最后成果的检讨，而观察的角度，可以从承办者的角色以及被服务对象（主人与客人）的角度来审视。

第1节　餐食检讨

宴会中所实际上桌的餐食，就是在项目中的主角，我们可以从下列几个方向审视。

（1）食材质量　有否达到原先宴席承办者所承诺使用的食材种类与等级？是不是质量良好或新鲜？

（2）数量　食材与餐食分量是否足够？

（3）烹调与口味　咸淡程度如何？肉类生熟程度如何？火候口感如何？

（4）刀工与盘饰　上桌菜肴的精致程度如何？刀工是否细腻？

以上都考验着宴席承办者与厨师的功夫与用心，这些也都是承办与组织宴会者的检核项目，同时也可进一步征询主人与抽样询问宾客的感受，这才是对餐宴办理成果最直接，也是最真实想法的意见反映。

第2节　供餐服务质量

有时对于菜色口味来说，每个人都有不同的喜好，有人喜欢清淡，有人却酷爱咸辣等重口味；有人喜欢清蒸水煮，也有人偏好油炸爆炒。对于菜肴的内容与口味，属于主观上的认知，因此对于宴会所供应餐食评价的好坏，或许还存在一些弹性认知与解释的空间。但是，对于餐宴上菜与对宾客的服务，恐怕就没有什么模糊地带了。对于办理餐会的宴席承办者服务的质量，可以由以下指标观察评量。

一、各道菜的上菜速度与整齐性

本书前面已讨论过宴会服务的效率性，此点必须事先再与业者沟通并提醒，现场承办者也须派人现场监督，如有过慢与不整齐的上菜状况，场监人员必须通知服务人员立即加强，宴会办理者必须谨记：

宴会的圆满成果或是发生缺点的后果，宾客都会认为是主办者所必须要负的责任！

二、顺畅度

训练有素的上菜服务人员，特别是在大型的宴会场合，上菜与收盘动作须一致且流畅，一气呵成并且一次到位；笔者常常见到许多餐厅或饭店服务人员入场上菜时路线凌乱，全场犹如菜市场般的混乱，这便是餐厅主管没有将各桌划分责任区也缺少事前演练的结果，甚至许多人员入场上菜时还相互询问交谈，常常不清楚全场的上菜状况，不但现场嘈杂，甚至还经常发生客人少了筷子、叉子，甚至同桌独漏一位宾客迟迟未能上菜的情况发生。宴席承办者现场服务人员的素质、训练与工作态度，甚至可以说是整场餐宴成功的关键所在，宴会承办者委托宴席承办者来执行餐宴项目，事前必须要沟通清楚，到现场也必须仔细监看流程与速度，特别是对于仪式性很高与礼仪性很重的餐宴，承办单位更是需要配置自己的"场监人员"，并且建立起与宴席承办者彼此联系通知的单一窗口人员。

再次强调：

流畅的餐饮服务，就是让宾客感受到尊重与礼遇的最好方式！

三、灵巧性与熟练度

重要的餐宴，可与业者沟通服务人员的组成，多以具经验的现职人员担任，若为兼职者（工读生、实习生）也必须具有一定时期的经验与训练；特别是在宾客交谈时，外场服务人员切勿为了上菜或询问相关事项而强行打断宾客间的对谈；根据经验观察，许多宾客对此颇感恼怒，必须事先提醒服务人员，以避免这种情况的发生。

第3节　对宾客联系接待组织工作的评价

考评过宴席承办者后，宴会主办单位也必须要"反躬自省"，对宾客接待服务上有没有不足之处？例如：

（1）邀请与联络宴会宾客的过程中，有无瑕疵与缺点？

（2）主办单位或承办人对宾客出席情况的掌握（也包含特殊饮食要求与前来的交通方式等细节），有无切实联系与统计？

（3）对于宾客到场入席的接待与引导入席，是否顺畅迅速？
（4）礼宾座位安排，是否得当？

以上服务安排的成效，也可以通过询问多位宾客的感受、评价与意见，了解是否还有需要改进之处。

第4节　费用检讨与项目归档

对于因公务必须申请经费办理宴会项目的案件，在结报经费核销时，须针对以下事项详加检查。

（1）单据上的公司抬头（title）与统一编号是否正确？
（2）各项餐饮、布置、器材项目与各餐宴细项是否正确？是否有虚列或遗漏之处？
（3）各项目数量是否正确？尤其是用酒与果汁的实际使用量，如果是"实报实销"，就不要怕麻烦，必要时必须花些时间详细清点，避免业者计算错误，甚至有"灌水"虚报的情况发生。
（4）各项目金额是否正确？
（5）"代支代付"金额是否正确？此项是否计入"营业税"的项目中须另加收税金，必须向业者询问清楚。
（6）各种发票、收据与签单的正确性：例如是否有加盖店章与签名等要件。否则一再被财务部门退件时，实在是一件很烦人的事情。

当您顺利地完成一场"宴会项目"，相关费用也都结报完成，请别忘记将此次所有相关的文件与记录汇集整理，整份档案就成为您辛劳的成果，甚至充满着主人的肯定与宾客的赞许！这份"成就感"，就是宴会专案经理人不断努力与创新的动力来源。

第5节　宴会项目管理新视野：对于商务宴会创新与改良的新思维

成功的"宴会项目管理"，不单要综合许多知识与技术，更是一种巧思与协调"人际关系"及处理公众事务的艺术工作。当您熟悉许多原则，甚至办理过许多场次的宴会，一定会累积起属于自己的经验与心得。在当今的国际社会中，人与人交流往来是如此的频繁，"宴会"的举行更具有新时代的意义与功能，种类与方式的演进更是根据人际需求而不断改变，顺应现代各种商务活动与需要，我们也可以思考将宴会不断加以改良，以下便是本书对于新时代商务宴会办理的改良办法与建议。

对商务宴会举行改良方式与适用场合分析

	内容与供应方式	优点	缺点	适用场合
精致餐盒	盒餐附水果置于桌上	1. 进行方式最为简单便利 2. 备食较为方便 3. 费用最为节约 4. 用餐时间简短 5. 进餐时可深谈	1. 单纯解决用餐考量,重点在于会谈 2. 因餐盒需提前备妥,热度恐需特别注意	召开会议、座谈会
自助餐会	1. 餐台备多样荤素菜色、汤品、甜品、水果、饮料,由宾客自由取用 2. 可分无座位站式与有餐桌座位用餐方式进行	1. 餐点、饮料丰富多样化 2. 宾客可依喜好与饮食习惯取食 3. 宾客可自由走动与交谈 4. 气氛轻松热络 5. 费用较套餐、桌餐形式节省	1. 热闹有余而庄重性不足,宾客四处走动,谈话无法深入 2. 餐食分量不易控制,过多形成浪费,需依经验精算分量力求节约,然而也可能因临时特殊状况而导致餐食不足	参与人数约50人以上,适合联谊性质
平价桌餐	各道菜上桌后宾客自行取食(桌中转盘),也可由服务生于桌边分菜	1. 同桌宾客固定,宾主可于用餐时深谈 2. 较为节约费用 3. 宾客可酌量取食进餐	1. 主桌宾主仍需服务人员分菜 2. 因预算所限,食材可能无法与套餐等级相比	属联谊、感谢、犒赏等性质
精简套餐	5道以内菜色套餐,逐位上菜	1. 盘式较为讲究 2. 人员服务较为周全 3. 可精简用餐时间 4. 进餐时可深谈	菜色有限	1. 30人以下重要的国内外人士,方便与宾客深谈者 2. 尤适用于午宴
精致套餐	8~12道菜色,逐位上菜	1. 盘式讲究 2. 人员服务较为周全 3. 用餐时可深谈 4. 较为正式,适合外宾与地位隆重的宾客	1. 菜色安排需特别讲究,依往例均有一定进行程序,较缺乏弹性 2. 如胃口不大的宾客易过于饱食,对健康造成负担 3. 用餐时间较为冗长	外宾与国内外重要地位的宾客,较适用于晚宴
其他	建议午宴不饮酒,以免影响宾主双方下午工作精神,如需敬酒则以水杯(矿泉水)或另备果汁代替。午宴建议采精简套餐、自助餐会或精致餐盒方式进行,以避免用餐时间过于冗长,影响下午宾主双方行程以及过于饱食的缺点			

成功的"宴会项目管理",不单综合许多知识与技术,更是一种巧思与协调"人际关系"与处理公众事务的艺术工作,当您熟悉许多原则,甚至办理过许多场次的宴会,一定会累积起属于自己的经验与心得。

结 语

要成为一位"宴会项目达人",不仅要累积许多宝贵的经验,更要懂得在每场宴会项目之后,虚心检讨:

- 有哪些做得还不够完善?还有哪些地方需要特别注意?
- 有哪些优点与宾客的赞美值得以后继续传承下去?

这便是宴会项目执行完毕后的绩效评估与优缺点检讨事项,也可以让主要的工作参与者再次集合一起加以讨论,就如项目开始筹划时的会议一样,期盼大家能够集思广益并写下记录,而这一切与执行成效及要点,便成为另一场成功宴会项目的开始!

本章重点复习

一、对于宴会项目执行完毕的检讨评估，项目包括：
（1）餐食检讨
（2）供餐服务的效率与质量
（3）对宾客联系接待组织工作的评价

二、宴会项目完成后的工作，还包括有：
（1）经费结报与核销
（2）项目资料的妥善归档备查，以成为往后餐宴项目的重要参考依据

问题与思考

思考1 假如你主办一场商务餐宴，当宴会宾主尽欢，顺利完成之后，你认为还有什么事情需要追踪完成？

思考2 请说明宴会餐食方面的检讨项目。

思考3 请说明一场餐宴结束后，就人员服务方面，可就哪些方面与项目进行检讨？

思考4 当你办理一场公司的尾牙宴，然而预算非常有限，另一方面，公司同仁还都期待一场美味的飨宴，不见得人人都能体会你的困难。此时，你该怎么应对？除争取经费增加的方式之外，还有哪些做法可以达到或贴近公司与同仁的期盼？

参考文献

中文书籍与刊物

- 丁应林． 宴会设计与管理． 北京：中国纺织出版社，2011．
- 许顺旺． 宴会管理——理论与实务． 第2版，台北：扬智出版社，2012．
- 梁崇伟． 公商务活动项目与礼宾工作实务． 台北：博客思，2012．
- 睿呈． 现代公商务礼仪——原理与实务． 台北：博客思，2010．
- 罗伊·斯特朗（Roy Strong）著． 欧洲宴会史． 陈法春，李晓霞译． 天津：百花文艺，2006．

英文书籍

- Chris Thomas. Off-Premise Catering Management. 3rd Edition. New Jersey: John Wiley & Sons Inc., 2012.

新闻报章

- 颜琼玉． 接风宴另类交流百瓶红酒不够喝． 中国时报，2008-11-4．
- 广达尾牙员工怒谯：史上最烂． 联合报，2011-1-16（A6）．
- 新人挂急诊吃办桌70多人食物中毒． 联合报，2009-10-27（B1）．
- 台湾美食月6月登场让国内外商务人士大快朵颐． 联合报，2013-5-27．
- 加强投资策略性服务业实施方案投资说明会6/11举行． 联合报，2013-6-4．
- 102年台湾会展奖鼓舞提升全台会展竞争力． 联合报，2013-9-15（A12）．
- 赵心屏． 五大优势推广台北市会展业． 经济日报，2011-11-3（A23）．
- 风太大！瓦斯钢瓶被吹倒窜火烧棚架． 苹果日报，2013-12-29．

杂志

- 第257期服务业大考验/消费者的天堂与地狱 10个天使vs.10个魔鬼． 远见杂志，2007，（257）．

网页资料

- 英国女王伊丽莎白二世所举办的登基60周年钻禧宴（Diamond Jubilee of Queen Elizabeth II Luncheon）菜单内容：

    http://www.itv.com/news/2012-06-05/diamond-jubilee-lunch-whats-on-the-menu/.

·The First Feast（人类的第一场餐宴）：康乃狄克大学（University of Connecticut）网页新闻（2010年11月22日）http://today.uconn.edu/blog/2010/11/getting-the-party-started-2/（2013年10月30日）.

·"亚都丽致大饭店官方网站-投资人讯息-公司治理-公司组织架构"：http://taipei.landishotelsresorts.com/chinese-trad/pop_1.aspx.

·美国socialtables公司网页：https://www.socialtables.com/.

系统软件的操作示范影片：Social Tables Howto: Seating Arrangements http://www.youtube.com/watch?v=LK9TJY2IUDY.

·欧式自助餐从美国开始风行的起源：Anna Brone (2008,2,23), Straight-up Scandinavia: Understanding the Smörgåsbord. http://www.gadling.com/2008/02/23/straight-up-scandinavia-understanding-the-smorgasbord/.

·高雄市宣告打造亚洲港湾会展城http://edbkcg.kcg.gov.tw/style/front001/bexfront.php?sid=bmddyna&item=detail&id=2319.